解説とQ&Aでわかる

電子帳簿等保存制度の実務

川上 文吾 編著

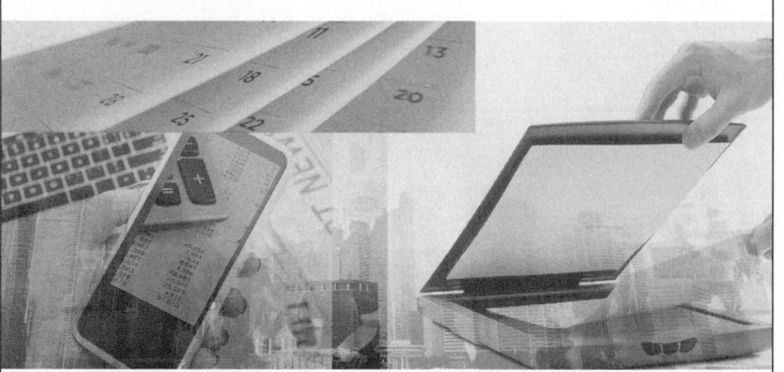

令和3年度税制改正において大幅な見直しがされた
電子帳簿等保存制度の内容を詳細に解説!!

実務に役立つQ&Aを100問掲載!!

電子帳簿保存法・同法施行令・同法施行規則三段対照表／
電子帳簿保存法告示／電子帳簿保存法取扱通達

一般財団法人 大蔵財務協会

はじめに

平成10年に、情報化の進展を踏まえ、規制緩和などの観点から、適正公平な課税を確保しつつ納税者等の帳簿保存に係る事務負担やコスト負担の軽減を図る等のため、電子帳簿保存法が制定され、国税関係帳簿書類の電磁的記録等による保存制度が創設されました。この制度は、記録段階から電子計算機を使用して作成する国税関係帳簿書類について、一定の要件に従って、電磁的記録又はCOMによる保存等ができることとするものです。

また、平成17年には、書面の保存等に要する負担軽減を通じて国民の利便性の向上、国民生活の向上及び国民経済の健全な発展に寄与するため「e-文書通則法」が平成16年12月に制定されたことと併せ、「e-文書整備法」において電子帳簿保存法を改正し、スキャナ保存制度が創設されました。この制度は、スキャナにより記録された電磁的記録を保存することをもって、国税関係書類の保存に代えることができることとするものです。

国税関係帳簿書類の電磁的記録等による保存制度及びスキャナ保存制度については、近年、その利用促進のための改正が行われており、利用件数は堅調に増加しています。また、令和３年度の税制改正において、経済社会のデジタル化の状況を踏まえ、経理の電子化による生産性の向上、テレワークの推進、クラウド会計ソフト等の活用による記帳水準の向上に資する観点から、帳簿書類等を電子的に保存する際の手続について、その適正性を確保しつつ、抜本的に簡素化するための各種の措置が講じられました。

本書は、令和３年度の税制改正後の国税関係帳簿書類の電子保存等の方法の全体について、平易な解説と具体的な問答によりわかりやすく解説したものです。

また、解説に当たっては、制度の仕組みや手続についてより具体的に理解していただくために、仕組み図や流れ図などを交え一目でわかるように工夫しております。本書が、個人事業者や法人企業等においてこの制度を導入するに当たってはもとより、実務家の方々の理解の一助となれば幸いです。

なお、本書は、筆者らが個人の立場で執筆するものであり、本書中意見にわたる部分は、筆者らの個人的見解であることをあらかじめお断りしておきます。

令和３年11月

川上　文吾

○帳簿書類等の保存方法

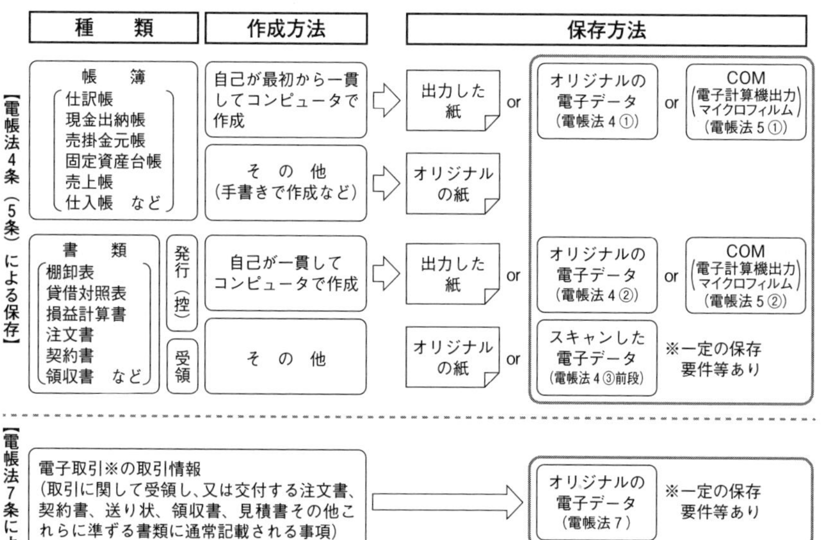

※取引情報の授受を電磁的方法により行う取引をいいます。

〔凡　例〕

本文中に引用している法令等については、下記の略称を使用しています。

電子帳簿保存法 電帳法	電子計算機を使用して作成する国税関係帳簿書類の保存方法等の特例に関する法律
電子帳簿保存法施行令 電帳令	電子計算機を使用して作成する国税関係帳簿書類の保存方法等の特例に関する法律施行令
電子帳簿保存法施行規則 電帳規	電子計算機を使用して作成する国税関係帳簿書類の保存方法等の特例に関する法律施行規則
電帳通	電子帳簿保存法取扱通達（法令解釈通達）
通法	国税通則法
通令	国税通則法施行令
所法	所得税法
所令	所得税法施行令
所規	所得税法施行規則
法法	法人税法
法規	法人税法施行規則
消法	消費税法
酒法	酒税法
酒令	酒税法施行令
令和３年改正法	所得税法等の一部を改正する法律（令和３年法律第11号）

（注）　本書は、令和４年１月１日現在の法令、通達によっています。

目　次

第1編　解　説　編

電子帳簿保存法の概要（基本構造）

電子帳簿保存法の制定及び改正の経緯

用語の意義

制度の具体的内容

二 国税関係書類のスキャナ保存制度

三　電子取引の取引情報に係る電磁的記録の保存制度

四　各税法その他の法令の適用

第2編　問　答　編

国税関係帳簿書類の電磁的記録又はCOMによる保存制度・優良な電子帳簿保存制度

スキャナ保存制度

電子取引の取引情報に係る電磁的記録の保存制度

電磁的記録等に対する各税法の適用

令和３年度の税制改正の適用関係について

第３編　関係法令等

第 1 編

解説編

電子帳簿保存法の概要（基本構造）

個人事業者や法人企業等は、帳簿（総勘定元帳、仕訳帳、現金出納帳など）を備え付けてその取引を記録するとともに、その「帳簿」と取引等に関して作成又は受領した「書類」（契約書、領収書など）を、所得税法や法人税法などの各税法に基づき一定期間の保存が必要とされています。これらの帳簿書類の保存方法については、各税法において紙による保存が原則とされていますが、電子帳簿保存法は、一定の要件の下で、紙による保存によらず、電磁的記録（電子データ）により保存することができることとするものです。

電子帳簿保存法は、大別すると、①自己が電磁的記録により最初の記録段階から一貫して電子計算機を使用して作成する帳簿書類について、電磁的記録で保存することができる「国税関係帳簿書類の電磁的記録による保存制度」、②保存すべき書類について、スキャナにより記録する電磁的記録で保存することができる「スキャナ保存制度」、③自己が最初の記録段階から一貫して電子計算機を使用して作成する帳簿書類について、電磁的記録の電子計算機出力マイクロフィルム（COM）により保存することができる「国税関係帳簿書類のCOMによる保存制度」、④電子取引をした場合に、その電子取引に係る電磁的記録を保存することが必要とされる「電子取引の取引情報に係る電磁的記録の保存制度」の4つの制度で構成されています。これらの制度の要旨は、次のとおりとなっています。

1　国税関係帳簿書類の電磁的記録による保存制度

保存義務者は、国税関係帳簿書類の全部又は一部について、自己が最初の記録段階から一貫して電子計算機を使用して作成する場合には、その電磁的記録の備付け及び保存をもってその「帳簿」の備付け及び保存に代えること、又はその電磁的記録の保存をもってその「書類」の保存に代えることができます（電帳法4①②）。

2　スキャナ保存制度

保存義務者は、国税関係書類（決算関係書類を除きます。）の全部又は一部について、その記載事項をスキャナにより電磁的記録に記録する場合には、その電磁的記録の保存をもってその「書類」の保存に代えることができます（電帳法4③）。

3　国税関係帳簿書類のCOMによる保存制度

保存義務者は、国税関係帳簿書類の全部又は一部について、自己が一貫して電子計算機を使用して作成する場合には、その電磁的記録の備付け及びCOMの保存をもってその「帳簿」の備付け及び保存に代えること、又はそのCOMの保存をもってその「書類」の保存に代えることができます（電帳法5①②）。

4　電子取引の取引情報に係る電磁的記録の保存制度

所得税（源泉徴収に係る所得税を除きます。）及び法人税に係る保存義務者は、電子取引を行った場合には、その電子取引の取引情報に係る電磁的記録を保存しなければなりません（電帳法7）。この電子取引の保存は、「することができる」というものではなく、全ての保存義務者が必要とされているものです。

電子帳簿保存法の制定及び改正の経緯

電子帳簿保存法は、平成10年度の税制改正において制定された以後、平成16年12月の改正によるスキャナ保存制度の創設、平成27年度及び平成28年度の税制改正によるスキャナ保存制度の大幅な拡充、令和元年度の税制改正によるスキャナ保存制度の対象の拡充、令和２年度の税制改正による電子取引に係るデータ保存制度の要件の緩和など、累次の改正が行われてきています。また、令和３年度の税制改正において、帳簿書類等を電子的に保存する際の手続について、その適正性を確保しつつ、抜本的に簡素化するための各種の措置が講じられました。これらの電子帳簿保存法の制定及び改正の経緯は、次のとおりとなっています。

1　電子帳簿保存法の制定（平成10年度の税制改正）

高度情報化・ペーパーレス化が進展する中で、会計処理の分野でもコンピュータを使用した帳簿書類の作成が普及してきており、経済界をはじめとする関係各界から、帳簿書類の電磁的記録（電子データ）及びマイクロフィルム（COM）による保存の容認について、かねてから強い要望が寄せられていました。政府においては、こうした要望を受け止め、規制緩和推進計画等の閣議決定、緊急経済対策、市場開放問題苦情処理対策本部決定等において、平成９年度末までに、帳簿書類の電磁的記録等による保存を容認するための措置を講ずることが決定されました。

このような関係各界からの要望や政府全体としての取組を踏まえ、平成10年度の税制改正において、適正公平な課税を確保しつつ納税者等の帳簿保存に係る負担軽減を図る等の観点から、国税関係帳簿書類の電磁的記録等による保存制度等の創設等が行われました。

2　スキャナ保存制度の創設（平成16年12月の改正）

法令により義務付けられている紙による保存が、民間の経営活動や業務運営の効率化の阻害要因となっており、日本経団連をはじめとする民間企業等から政府に対して、法令により義務付けられている紙による保存について早期に電子保存が可能となるよう数度にわたり強い要望がなされていました。また、技術的にも情報通信技術の進展により、紙による保存に代えて、電子的に保存することが基本的に可能となっていました。このような状況を踏まえ、書面の保存等に要する負担軽減を通じて国民の利便性の向上、国民生活の向上及び国民経済の健全な発展に寄与するため、民間事業者等に対して書面の保存が法令上義務付けられている場合について、税務関係書類を含めた原則として全ての書類に係る電磁的記録による保存等を行うことを可能とするため、IT 戦略本部を中心に検討が進められました。

この結果、民間の文書保存に係る負担の軽減を図るため、紙による保存を義務付けている多数の法令について、統一的な方針の下に電子保存を容認する措置を講ずることとされ、高度情報通信ネットワーク社会形成基本法に基づき作成された「e-Japan 重点計画－2004」（平成16年６月15日 IT 戦略本部決定）において、民間における文書・帳票の電子的な保存を原則として容認する統一的な法律の制定を行うものとされたことを受けて、「民間事業者等が行う書面の保存等における情報通信の技術の利用に関する法律（平成16年法律第149号）」（以下「ｅ-文書通則法」といいます。）及び「民間事業者等が行う書面の保存等における情報通信の技術の利用に関する法律の施行に伴う関係法律の整備等に関する法律（平成16年法律第150号）」（以下「ｅ-文書整備法」といいます。）が、平成16年12月に公布されました。

ｅ-文書通則法は、民間事業者等が電磁的記録による保存等をできるようにするための共通事項を定めたものであり、通則法形式の採用により、約250本の法律による保存義務について、法改正せずに電子保存が容認されました。また、ｅ-文書整備法においては、文書の性質上一定の要件を満たすことを担保するために行政庁の承認等特別の手続が必要である旨の規定等、ｅ-文書通則法のみでは手当てが完全でないもの等について、約70本の個別法の一部改正により、所要の規定が整備されました。税務関係書類については、適正公平な課税の確保のため、所轄税務署長等の事前承認を要件としており、ｅ-文書整備法において電子帳簿保存法を改正して措置されました。

国税関係書類の電子化については、税務行政の根幹である適正公平な課税を確保しつつ、電子化によるコスト削減を如何に図るかという観点から、業界団体等とも意見交換しながら、積極的に検討が進められてきました。平成16年12月の電子帳簿保存法の改正では、適正公平な課税を確保するため、特に重要な文書である決算関係書類や帳簿、一部の契約書・領収書を除き、原則的に全ての書類を対象に、真実性・可視性を確保できる要件の下で、スキャナを利用して記録された電磁的記録による保存（以下「スキャナ保存」といいます。）ができることとされました。

3　スキャナ保存制度における要件緩和等（対象に3万円以上の領収書等を追加等）の大幅な見直し（平成27年度の税制改正）

上記2のスキャナ保存制度の創設以後、大きな見直しがないまま、ほぼ10年が経過する中、その承認件数は低調に推移していたところ、その要件緩和に関する民間企業等からの要請を踏まえ、「規制改革実施計画(平成26年6月24日閣議決定)」において指摘がなされており、スキャナ保存制度の見直しについて課題とされていたところです。

平成27年度の税制改正においては、こうした状況を踏まえ、適正公平な課税を確保しつつ、電子保存によるコスト削減等を図る観点から、スキャナ保存制度について、次のとおり要件緩和等の大幅な見直しを行うこととされました。

(1)　対象となる国税関係書類の範囲の拡充

スキャナ保存制度の対象となる国税関係書類について、全ての契約書・領収書等が対象とされました。

(2)　スキャナ保存制度の保存要件の緩和

①　業務処理サイクル方式（国税関係書類に係る記録事項の入力を業務の処理に係る通常の期間経過後、速やかに行う方法をいいます。）により行う場合に必要とされる国税関係帳簿に係る「電磁的記録等による保存制度の承認要件」が廃止されました。

②　国税関係書類をスキャナで読み取る際の電子署名が不要とされ、これに代えて、国税関係書類に係る記録事項の入力を行う者又はその者を直接監督する者に関する情報を確認できるようにしておくことが要件とされました。

③　国税関係書類の作成又は受領からスキャナでの読み取りまでの各

事務について、その適正な実施を確保するために必要なものとして次に掲げる事項に関する規程を定めるとともに、これに基づき処理すること（適正事務処理要件）が要件に追加されました。

イ　相互に関連する各事務について、それぞれ別の者が行う体制

ロ　その各事務に係る処理の内容を確認するための定期的な検査を行う体制及び手続

ハ　その各事務に係る処理に不備があると認められた場合において、その報告、原因究明及び改善のための方策の検討を行う体制

(3)　スキャナ保存制度の適時入力方式に係る要件の緩和

①　電子計算機処理システムについて、一般書類（資金や物の流れに直結・連動しない書類）をスキャナで読み取った際に必要とされる書類の大きさに関する情報の保存は不要とされるとともに、カラー階調を必要とする要件につきグレースケール（いわゆる「白黒」）による読み取りも可能とされました。

②　国税関係書類をスキャナで読み取る際の電子署名が不要とされたことを踏まえ、タイムスタンプを付すとともに、国税関係書類に係る記録事項の入力を行う者又はその者を直接監督する者に関する情報を確認できるようにしておくことが要件とされました。

(4)　電子取引の取引情報に係る電磁的記録の保存制度における電子署名要件の廃止

電磁的記録の記録事項に行う電子署名が不要とされ、これに代えて、電磁的記録の保存を行う者又はその者を直接監督する者に関する情報を確認できるようにしておくことが要件とされました。

4　スキャナ保存制度における社外でのスマートフォン等による保存の認容等の見直し（平成28年度の税制改正）

従前のスキャナ保存制度においては、「社内」において経理担当者等が経理処理の際に領収書等の現物を確認した上でスキャナによる読み取りを行うことを念頭に置いた仕組みとされていましたが、近年における画質性能の高いカメラを搭載したスマートフォンやクラウドサービス等が発達してきた中、データによる経理処理を行えるようスマートフォン等を使用して「社外」において経理処理前に国税関係書類の読み取りを行う仕組みの整備が課題とされていました。

平成28年度の税制改正においては、こうした課題に対応し、適切な改ざん防止措置を講じた上で、利用者の更なる利便性の向上を図る観点から、スキャナ保存制度について、次のとおり社外における手続も可能とする等の見直しが行われました。

(1)　国税関係書類の読み取りを行う装置に係る要件の緩和

国税関係書類の読み取りを行う装置について、「原稿台と一体となったもの」に限定する要件が廃止されました。

(2)　受領者等が読み取りを行う場合の手続の整備

①　国税関係書類の受領者等が読み取りを行う場合には、その国税関係書類に署名した上で、その受領等後、特に速やかにタイムスタンプを付すことが必要とされました。

②　国税関係書類の受領者等が読み取りを行う場合には、その書類の大きさがＡ４以下である場合に限り、大きさに関する情報の保存を要しないこととされました。

③　国税関係書類の受領者等が読み取りを行う場合における相互けん

制要件については、受領等事務と読み取り事務をそれぞれ別の者が行うこととする要件が不要とされ、これに代えて、受領者等以外の別の者により国税関係書類に係る記録事項の確認を行うことが要件とされました。

(3) 相互けん制要件に係る小規模企業者の特例

小規模企業者に該当する保存義務者については、定期的な検査を税務代理人が行うこととしている場合には、相互けん制要件は不要とされました。

5　過去分重要書類のスキャナ保存の整備、承認申請手続の簡素化等の見直し（令和元年度の税制改正）

上記**3**・**4**の利用促進のための措置（平成27年度及び平成28年度の税制改正）が講じられたこと等により、利用件数は堅調に増加しているものの、その伸びしろは依然大きいものと考えられ、平成29年の政府税制調査会の報告（経済社会の構造変化を踏まえた税制のあり方に関する中間報告②（平成29年11月20日））においても、「社会のデータ活用の促進や納税者の文書保存に係る負担軽減を図る観点から、当該制度の利用促進のための方策について検討を行うべき」であるとともに、「適正課税の観点から、帳簿書類の正確性を担保する仕組みにも配意が必要」との指摘がなされていました。

令和元年度の税制改正においては、こうした状況を踏まえ、電子帳簿保存及びスキャナ保存制度について、適正性を担保しつつ、保存義務者の利便性向上を図る観点から、次のとおり、制度の更なる促進に向けた各種の措置が講じられました。

(1) 新たに業務を開始した個人の承認申請期限の特例の整備

新たに業務を開始した個人が国税関係帳簿書類の電磁的記録等による保存等の承認を受けようとする場合において、その承認を受けようとする国税関係帳簿書類の全部又は一部が、業務の開始の日から同日以後5月を経過する日までに保存等開始日が到来するものであるときは、その業務の開始の日以後2月を経過する日までに承認申請書を提出することができることとされました。

(2) 過去分重要書類のスキャナ保存の整備

スキャナ保存の承認を受けている保存義務者は、国税関係書類の電磁的記録の保存をもってその国税関係書類の保存に代える日（基準日）前に作成・受領をした重要書類について、あらかじめ、その書類の種類等を記載した適用届出書を税務署長等に提出した場合には、電磁的記録の保存に併せて、その電磁的記録の作成及び保存に関する事務の手続を明らかにした書類の備付けを行った上で、一定の要件の下、スキャナ保存を行うことができることとされました。

(3) 一定のソフトウェアを使用する保存義務者の承認申請手続の簡素化

運用上の対応として、市販のソフトウェアのうち公益社団法人日本文書情報マネジメント協会（JIIMA）において電子帳簿保存又はスキャナ保存の要件適合性に係る認証を行ったソフトウェアを使用する保存義務者について、記載事項を簡素化した承認申請書を用いることができるほか、そのソフトウェアに係る書類の添付を省略することができる取扱いとされました。

6　電子取引を行った場合の電磁的記録の保存要件の緩和（令和２年度の税制改正）

近年、ICTの進展に伴い、多様な手段によりデータの適正性を確保することが可能となり、例えば、従業員によるスマートフォンのアプリを利用したキャッシュレス決済や、アプリ提供業者から直接提供されるデータを活用した経費精算などの新しいシステムも広まってきています。

また、電子的な請求書等や各種決済データを経理に活用すれば、取引先あるいは社内他部署との間において書面の授受を行う必要はなくなりこれらのデータが電子帳簿と連携すれば、記帳の正確性を確保する観点からも有益となります。

令和２年度の税制改正においては、こうした利点を踏まえ、請求書等の電子化を推進し、バックオフィスの効率化による企業等の生産性向上を図る観点から、電子取引を行った場合の電磁的記録の保存について、真実性の確保の要件を満たす措置の範囲に、次の措置が追加されました

⑴　その電磁的記録の記録事項にタイムスタンプが付された後、その取引情報の授受を行うこと。

⑵　次の要件のいずれかを満たす電子計算機処理システムを使用して、その取引情報の授受及びその電磁的記録の保存を行うこと。

①　その電磁的記録の記録事項について訂正又は削除を行った場合には、これらの事実及び内容を確認することができること。

②　その電磁的記録の記録事項について訂正又は削除を行うことができないこと。

7　帳簿書類等を電子的に保存する際の手続の抜本的見直し（令和3年度の税制改正）

令和3年度の税制改正においては、経済社会のデジタル化の状況を踏まえ、経理の電子化による生産性の向上、テレワークの推進、クラウド会計ソフト等の活用による記帳水準の向上に資する観点から、次のとおり、帳簿書類等を電子的に保存する際の手続について、その適正性を確保しつつ、抜本的に簡素化するための各種の措置が講じられました。

(1)　国税関係帳簿書類の電磁的記録等による保存制度の見直し

①　承認制度の廃止

国税関係帳簿書類の電磁的記録等による保存等に係る承認制度が廃止されました。

②　国税関係帳簿書類の電磁的記録等による保存方法の見直し

イ　国税関係帳簿の電磁的記録等による保存等について、正規の簿記の原則（複式簿記の原則）に従い、整然と、かつ、明瞭に記録されているもの以外のものが対象から除外されました。

ロ　国税関係帳簿書類の電磁的記録等による保存等について、電磁的記録の訂正・削除・追加の履歴の確保等の要件が除外された上、その国税関係帳簿書類に係る電磁的記録の提示又は提出の要求に応じることができるようにしておくことが要件とされました。

③　優良な電子帳簿保存制度（優良な電子帳簿に係る過少申告加算税の軽減措置）の整備

一定の国税関係帳簿に係る電磁的記録の備付け及び保存又はその電磁的記録の備付け及びCOMの保存が、国税の納税義務の適正な履行に資するものとして一定の要件を満たしている場合におけるその電磁的記録又はCOMに記録された事項に関し修正申告等があった場合の過少申告加算税の額については、通常課される過少申告加算税の金額からその修正申告等に係る過少申告加算税の額の計算の基礎となるべき税額（電磁的記録等に記録された事項に係るもの以外の事実があるときは、その電磁的記録等に記録された事項に係るもの以外の事実に基づく税額を控除した税額）の５％に相当する金額を控除した金額とすることとされました。

(2) 国税関係書類に係るスキャナ保存制度の見直し

① 承認制度の廃止

国税関係書類に係るスキャナ保存に係る承認制度が廃止されました。

② 国税関係書類に係るスキャナ保存要件の見直し

イ タイムスタンプに係る電子計算機処理システムの要件について、国税関係書類の作成又は受領後、速やかに一の入力単位ごとの電磁的記録の記録事項に、一般財団法人日本データ通信協会が認定する業務に係るタイムスタンプを付すこと（その国税関係書類の作成又は受領からそのタイムスタンプを付すまでの各事務の処理に関する規程を定めている場合にあっては、その業務の処理に係る通常の期間を経過した後、速やかにその記録事項にそのタイムスタンプを付すこと）で足りるものとされました。

ロ 適正事務処理要件が廃止されました。

ハ 検索機能の確保の要件について、記録項目が取引年月日その他の日付、取引金額及び取引先に限定されるとともに、保存義務者が国税に関する法律の規定によるその国税関係書類に係る電磁的記録の提示又は提出の要求に応じることができるようにしている場合には、一定の検索機能の確保の要件が不要とされました。

③ 要件に従ってスキャナ保存が行われていない場合の国税関係書類に係る電磁的記録の保存措置の整備

国税関係書類に係る電磁的記録のスキャナ保存が保存要件に従って行われていない場合（その国税関係書類の保存が行われている場合を除きます。）には、保存義務者は、その国税関係書類の保存場所に、その国税関係書類の保存をしなければならないこととされている期間、その電磁的記録を保存しなければならないこととされました。

(3) 電子取引の取引情報に係る電磁的記録の保存制度の見直し

① 電磁的記録の出力書面等による保存措置の廃止

電子取引の取引情報に係る電磁的記録を出力することにより作成した書面又はCOMの保存をもって、その電磁的記録の保存に代えることができる措置が廃止されました。

② 真実性の確保の要件を満たす措置の整備

受領者側によるタイムスタンプ付与による措置について、次に掲げる方法のいずれかにより、その電磁的記録の記録事項にタイムスタンプを付すとともに、その電磁的記録の保存を行う者又はその者を直接監督する者に関する情報を確認することができるようにしておくことで足りるものとされました。

イ その電磁的記録の記録事項にタイムスタンプを付すことをその取引情報の授受後、速やかに行うこと。

ロ その電磁的記録の記録事項にタイムスタンプを付すことをその業務の処理に係る通常の期間を経過した後、速やかに行うこと（その取引情報の授受からその記録事項にタイムスタンプを付すまでの各事務の処理に関する規程を定めている場合に限ります。）。

③　検索機能の確保の要件の整備

保存義務者が国税に関する法律の規定によるその電磁的記録の提示又は提出の要求に応じることができるようにしている場合には一定の検索機能の確保の要件が不要とされるとともに、その保存義務者が、その判定期間に係る基準期間における売上高が1,000万円以下である事業者である場合であって、その要求に応じることができるようにしているときは、全ての検索機能の確保の要件が不要とされました。

(4)　国税関係書類に係るスキャナ保存制度及び電子取引の取引情報に係る電磁的記録の保存制度における電磁的記録の適正な保存を担保するための措置の整備

①　国税関係帳簿又は国税関係書類等とみなす電磁的記録等の整備

イ　一定の要件に従って備付け及び保存が行われている国税関係帳簿又は保存が行われている国税関係書類に係る電磁的記録又はCOMに限り、その国税関係帳簿又は国税関係書類とみなすこととされました。

ロ　一定の要件に従って保存が行われている電子取引の取引情報に係る電磁的記録に限り、国税関係書類以外の書類とみなすこととされました。

②　災害その他やむを得ない事情に係る宥恕措置の整備

保存義務者が、災害その他やむを得ない事情により、一定の要件に従って国税関係書類に係る電磁的記録のスキャナ保存をすることができなかったことを証明した場合には、その要件にかかわらず、その電磁的記録の保存をすることができることとされました。ただし、その事情が生じなかったとした場合において、その要件に従ってその電磁的記録の保存をすることができなかったと認められるときは、この限りでないこととされています。また、電子取引の取引情報に係る電磁的記録についても、同様の措置が講じられました。

③　電磁的記録に係る重加算税の加重措置の整備

一定の要件に従ってスキャナ保存が行われている国税関係書類に係る電磁的記録若しくはその要件に従ってスキャナ保存が行われていない国税関係書類に係る電磁的記録又は保存義務者により行われた電子取引の取引情報に係る電磁的記録に記録された事項に関し期限後申告等があった場合の重加算税の額については、通常課される重加算税の金額に、その重加算税の基礎となるべき税額（電磁的記録に記録された事項に係る事実（隠蔽仮装されているものに限ります。）以外のものがあるときは、その電磁的記録に記録された事項に係る事実に基づく本税額に限ります。）の10％に相当する金額を加算した金額とすることとされました。

用語の意義

本書における解説の理解に資するため、本書で用いている用語の意義について説明します。

1　国税関係帳簿書類

(1)「国税関係帳簿書類」とは、次の帳簿及び書類をいいます（電帳法2二）。

① 国税に関する法律の規定により備付け及び保存をしなければならないこととされている帳簿で、輸入品に対する内国消費税の徴収等に関する法律第16条第11項に規定する帳簿以外のもの（以下「国税関係帳簿」といいます。）

② 国税に関する法律の規定により保存をしなければならないこととされている書類（以下「国税関係書類」といいます。）

なお、本書においては、「国税関係帳簿書類」、「国税関係帳簿」又は「国税関係書類」という用語を用いつつも、前後の文章との関係等から誤解の生ずることがないと思われるような場合には、単に「帳簿書類」、「帳簿」又は「書類」という用語を用いることとして、解説が煩さなものとならないようにしています。

(2) この「国税に関する法律」とは、国税の確定、納付、徴収及び還付等に関する事項を規定した法律をいい、このうち帳簿書類の保存等について規定している法律としては、次のようなものがあります。なお酒類の保全及び酒類業組合に関する法律などは、国税に関する法律には含まれません。

① 各種の国税の課税要件及び内容等を定めた所得税法、法人税法、相続税法、消費税法、酒税法、たばこ税法、揮発油税法等

② これらの特例法である租税特別措置法、輸入品に対する内国消費税の徴収等に関する法律等

なお、「国税に関する法律」という場合の「法律」とは法又は成文法というのに等しく、国税に関する法律には、国税に関する政令や省令も当然に含まれます。

(3) また、「備付け及び保存をしなければならないこととされている帳簿」には、国税に関する法律上、備付け及び保存義務が規定されている帳簿や課税上の特例措置等の適用要件として備付け及び保存をしなければならない帳簿はもとより、間接諸税の帳簿のように各税法の記帳義務の規定に基づいて備付け及び保存をしなければならないと解される帳簿も含まれ、いずれもこの制度の対象となります。また、「保存をしなければならないこととされている書類」にも、課税上の特例措置等の適用要件として保存をしなければならない書類が含まれます。

2 国税関係帳簿書類の保存義務者

「保存義務者」とは、国税に関する法律の規定により国税関係帳簿書類を保存しなければならないこととされている者をいいます（電帳法2四）。

国税関係帳簿書類の多くについては、保存義務者はその帳簿書類に係る国税の納税者に当たりますが、非課税貯蓄の限度額管理に係る帳簿（所令48③）や酒類の販売に関する事実を記載した帳簿（酒法46、酒令52②）

のように、その保存義務者（金融機関の営業所等の長や酒類の販売業者）がこれらの帳簿に係る国税の納税者でないものもあります。

3　電磁的記録

「電磁的記録」とは、電子的方式、磁気的方式その他の人の知覚によっては認識することができない方式で作られる記録であって、電子計算機による情報処理の用に供されるものをいいます（電帳法２三）。

一般に電子データと言われているものですが、情報（データ）自体、あるいは記録に用いられる媒体をいうのではなく、一定の記録媒体上に情報として使用し得るものとして、情報が記録・保存された状態にあるものをいいます。具体的には、パソコン、光ディスク等の記録媒体上に、情報として使用し得るものとして、情報が記録・保存された状態にあるものをいいます。

4　電子計算機処理と訂正・削除・入力

「電子計算機処理」とは、電子計算機（パソコンなど）を使用して行われる情報の入力、蓄積、編集、加工、修正、更新、検索、消去、出力又はこれらに類する処理をいいます（電帳規１②一）。

これらに対し、「訂正」、「削除」又は「入力」とは、一般的な用語として用いられているものであり、訂正とは情報の誤りを正しくすることをいい、削除とは情報が不要になった場合にその情報を除くことをいい、また、入力とは電子計算機に情報を入れることをいいます。

なお、これらの関係を示すと、訂正は電子計算機を使用した入力、修正などの処理により行われ、削除は電子計算機を使用した入力、消去などの処理により行われ、また、入力は電子計算機を使用した入力、蓄積などの処理により行われることとなります。

5　スキャナ

「スキャナ」とは、書面の国税関係書類を電磁的記録に変換する入力装置をいい、例えば、スマートフォンやデジタルカメラ等も、この入力装置に該当すれば、これに含まれることになります（電帳通4－16）。

6　COM

「COM」(コム：Computer Output Microfilm）とは、電子計算機を用いて電磁的記録を出力することにより作成するマイクロフィルムをいいます(電帳法2六)。電子帳簿保存法においては「電子計算機出力マイクロフィルム」という用語が用いられていますが、本書においては、COMという用語を用いることとします。

7　電子取引

「電子取引」とは、取引情報（取引に関して受領し、又は交付する注文書、契約書、送り状、領収書、見積書その他これらに準ずる書類に通常記載される事項をいいます。）の授受を電磁的方式により行う取引をいいます（電帳法2五)。

具体的には、例えば、いわゆるEDI（Electoronic Data Interchange）取引、インターネット等による取引、電子メールにより取引情報を授受する取引（添付ファイルによる場合を含みます。)、インターネット上にサイトを設け、そのサイトを通じて取引情報を授受する取引など、取引情報が電磁的記録の授受によって行われる取引は通信手段を問わず全て該当することになります（電帳通2－2）。

（注）　いわゆるEDI取引において、電磁的記録により保存すべき取引情報は一般に「メッセージ」と称される見積書、注文書、納品書及び支払通知書等の書類に相当する単位ごとに、一般に「データ項目」と称される注文番号、注文年月日、注文総額、品名、数量、単価及び金額等の各書類の記載項目に相当する項目となります（電帳通７－１（注））。

制度の具体的内容

一　国税関係帳簿書類の電磁的記録又はCOMによる保存制度及び優良な電子帳簿に係る過少申告加算税の軽減措置

1　制度の概要

(1)　国税関係帳簿書類の電磁的記録による保存制度

①　保存義務者は、国税関係帳簿の全部又は一部について、自己が最初の記録段階から一貫して電子計算機を使用して作成する場合には、一定の要件に従って、その電磁的記録の備付け及び保存（以下「保存等」といいます。）をもってその帳簿の備付け及び保存に代えることができます（電帳法4①）。

②　保存義務者は、国税関係書類の全部又は一部について、自己が一貫して電子計算機を使用して作成する場合には、一定の要件に従って、その電磁的記録の保存をもってその書類の保存に代えることができます（電帳法4②）。

(2)　国税関係帳簿書類のCOMによる保存制度

①　保存義務者は、国税関係帳簿の全部又は一部について、自己が最初の記録段階から一貫して電子計算機を使用して作成する場合には、一定の要件に従って、その電磁的記録の備付け及びCOMの保存を

もってその帳簿の備付け及び保存に代えることができます（電帳法5①）。

② 保存義務者は、国税関係書類の全部又は一部について、自己が一貫して電子計算機を使用して作成する場合には、一定の要件に従って、そのCOMの保存をもってその書類の保存に代えることができます（電帳法5②）。

③ 国税関係帳簿に係る電磁的記録の備付け及び保存をもってその帳簿の備付け及び保存に代えている保存義務者又は国税関係書類に係る電磁的記録の保存をもってその書類の保存に代えている保存義務者は、その国税関係帳簿又は国税関係書類の全部又は一部について、一定の要件に従って、そのCOMの保存をもってこれらの電磁的記録の保存に代えること、すなわち電磁的記録による保存からCOMによる保存に移行することができます（電帳法5③）。

(3) 優良な電子帳簿に係る過少申告加算税の軽減措置

一定の国税関係帳簿に係る電磁的記録の備付け及び保存又はその電磁的記録の備付け及びCOMの保存が、国税の納税義務の適正な履行に資するものとして一定の要件を満たしている場合におけるその電磁的記録又はCOMに記録された事項に関し修正申告等があった場合の過少申告加算税の額については、通常課される過少申告加算税の金額からその修正申告等に係る過少申告加算税の額の計算の基礎となるべき税額（電磁的記録等に記録された事項に係るもの以外の事実があるときは、その電磁的記録等に記録された事項に係るもの以外の事実に基づく税額を控除した税額）の5％に相当する金額を控除した金額とすることとされています（電帳法8④）。

2　制度の対象となる帳簿書類

電磁的記録又はCOM（以下「電磁的記録等」といいます。）による保存制度の対象となる帳簿書類は、国税関係帳簿書類のうち、自己が最初の記録段階から一貫して電子計算機を使用して作成する帳簿及び自己が一貫して電子計算機を使用して作成する書類とされています（電帳法4①②、5）。また、この制度の対象となる国税関係帳簿は、正規の簿記の原則又は複式簿記の原則に従って記録されているものに限定されています（電帳法4①、電帳規2①）。

(1)　正規の簿記の原則又は複式簿記の原則に従って記録されている帳簿

この制度の対象となる帳簿は、正規の簿記の原則又は複式簿記の原則に従って記録されているものでなければなりません。具体的には、所得税法又は法人税法の規定により備付け及び保存をしなければならないこととされている帳簿であって、資産、負債及び資本に影響を及ぼす一切の取引につき、正規の簿記の原則（法人税法の規定により備付け及び保存をしなければならないこととされている帳簿については、複式簿記の原則）に従い、整然と、かつ、明瞭に記録されているものに限定されています（電帳法4①、電帳規2①）。

これは、所得税法上の青色申告者は正規の簿記の原則に従い記録をしなければならないことが、法人税法上の青色申告法人は複式簿記の原則に従い記録をしなければならないことが、それぞれ定められていることを踏まえ（所規57①、法規53）、この制度の対象となる帳簿についても、これらと同様の水準の記録を求めるものです。他方で、所得税法及び法人税法上の帳簿以外の帳簿については、こうした原則に従って記録をしなければならないこととされていないため、全ての帳簿が対象となります。

⑵ 「自己が」作成する帳簿書類

この制度の対象となる帳簿書類は、「自己が」作成するものでなければなりません。したがって、相手方から受け取る領収書、請求書等は対象となりません。

しかし、この「自己が」とは、「保存義務者が主体となってその責任において」という趣旨であり、「自ら」あるいは「自分自身が」というよりは広い意味合いで用いられています。すなわち、電子計算機処理が必ずしも保存義務者自身によって行われる必要はなく、例えば電子計算機処理を会計事務所や記帳代行業者に委託している場合もこれに該当します（電帳通４－３）。

⑶ 「最初の記録段階から一貫して電子計算機を使用して作成する」帳簿及び「一貫して電子計算機を使用して作成する」書類

この帳簿に係る「最初の記録段階から一貫して電子計算機を使用して作成する」とは、帳簿を備え付けて記録を蓄積していく段階の始めから終わりまで電子計算機の使用を貫いて作成するということを意味しています。この「帳簿を備え付けて記録を蓄積していく段階の始め」とは、帳簿の備付け等開始の日を指しますが、課税期間（国税通則法第２条第９号に規定する課税期間をいいます。以下同じです。）の定めのある国税に係る帳簿については、原則として課税期間の初日となります（電帳通４－４）。また、書類に係る「一貫して電子計算機を使用して作成する」とは、書類の作成の始めから終わりまで電子計算機の使用を貫いて作成するということを意味しています。平たく言えば、記録過程において電子計算機を使用しない過程（具体的には、手書き）を含まずに作成するということになります。

したがって、手書きで作成した仕訳帳、総勘定元帳、補助元帳などの帳簿や手書きで作成して相手方に交付する領収書、請求書等の控えは対象となりません。

(4) 対象帳簿書類の具体例

この制度の対象となる帳簿書類としては、具体的には、次のようなものがあります。

① 自己が電子計算機により作成する仕訳帳、総勘定元帳、補助元帳などの帳簿

② 自己が電子計算機により作成する損益計算書、貸借対照表などの決算関係書類

③ 自己が電子計算機により作成して相手方に交付する領収書、請求書等の控え（例えば、レジペーパーの控えや現金自動預金支払機（ATM）の取引記録などの相手方に交付した書類の控え）

3 制度の適用を受ける際の保存等の要件

国税関係帳簿書類の電磁的記録又はCOMによる保存等をもって国税関係帳簿書類の保存等に代えている保存義務者は、次の要件に従って、電磁的記録等による保存等を行わなければならないこととされています（電帳法４①②、５）。なお、これらの要件は、技術的な事柄であることから、電子帳簿保存法施行規則において定められています（電帳規２②③、３）。

⑴　国税関係帳簿書類の電磁的記録による保存等の要件

①　国税関係帳簿の電磁的記録による保存等の要件

国税関係帳簿の電磁的記録による保存等においては、次の要件に従って、その帳簿に係る電磁的記録の備付け及び保存を行うことが必要となります（電帳規２②）。

イ　電子計算機処理システムの概要書等の備付け（電帳規２②一）

国税関係帳簿に係る電磁的記録の保存等に併せて、次に掲げる書類の備付けを行うこと。ただし、その帳簿に係る電子計算機処理に、他の者が開発したプログラムを使用する場合には次の㈠及び㈡の書類の備付けは必要ありません。また、その帳簿に係る電子計算機処理自体を他の者（その電子計算機処理に保存義務者が開発したプログラムを使用する者を除きます。）に委託している場合には、次の㈢の書類の備付けは必要ありません。

⑷　その帳簿に係る電子計算機処理システム（電子計算機処理に関するシステムをいいます。以下同じです。）の概要を記載した書類

⑸　その帳簿に係るシステム設計書、プログラム仕様書等の電子計算機処理システムの開発に際して作成した書類

⑹　その帳簿に係る電子計算機処理システムの操作説明書

⑺　その帳簿に係る電子計算機処理並びにその帳簿に係る電磁的記録の備付け及び保存に関する事務手続を明らかにした書類（その電子計算機処理を他の者に委託している場合には、その委託に係る契約書並びにその帳簿に係る電磁的記録の備付け及び保存に関する事務手続を明らかにした書類）

ロ　見読可能装置の備付け等（電帳規２②二）

国税関係帳簿に係る電磁的記録の備付け及び保存をする場所に、その電磁的記録の電子計算機処理の用に供することができる電子計算機、プログラム、ディスプレイ及びプリンタ並びにこれらの操作説明書を備え付け、その電磁的記録をディスプレイの画面及び書面に、整然とした形式及び明瞭な状態で、速やかに出力することができるようにしておくこと。

ハ　ダウンロードの求めに応じること（電帳規２②三）

国税に関する法律の規定によるその国税関係帳簿に係る電磁的記録の提示又は提出の要求に応じることができるようにしておくこととされています。

なお、「優良な電子帳簿に係る過少申告加算税の軽減措置」の対象となる優良な国税関係帳簿の電磁的記録による保存等の要件（下記**4**(**2**)①の要件）に従ってその電磁的記録の保存等を行っている場合には、上記ハの要件は不要とされています（電帳規２②）。

②　国税関係書類の電磁的記録による保存の要件

国税関係書類の電磁的記録による保存においては、上記①イからハまでと同様の要件に従って、その書類に係る電磁的記録の保存を行うことが必要となります（電帳規２③）。

なお、その電磁的記録の記録事項の検索をすることができる機能（取引年月日その他の日付を検索の条件として設定すること及びその範囲を指定して条件を設定することができるものに限ります。）を確保してその電磁的記録の保存を行っている場合には、上記①ハの要件は不要とされています（電帳規２③後段）。

⑵　国税関係帳簿書類のCOMによる保存等の要件

①　国税関係帳簿のCOMによる保存等の要件（電帳規３①）

国税関係帳簿のCOMによる保存等においては、上記⑴①の要件及び次の要件に従って、その帳簿に係る電磁的記録の備付け及びCOMの保存を行うことが必要となります。

なお、「優良な電子帳簿に係る過少申告加算税の軽減措置」の対象となる優良な国税関係帳簿のCOMによる保存等の要件（下記４⑵②の要件）に従ってそのCOMの保存等を行っている場合には、上記⑴①ハの要件は不要とされています（電帳規３①）。

イ　COMの作成過程等に関する書類の備付け（電帳規３①一）

COMの保存に併せて、次の書類の備付けを行うこと。

㈠　COMの作成及び保存に関する事務手続を明らかにした書類

㈡　次の事項が記載された書類

a　保存義務者（保存義務者が法人である場合には、保存責任者）のその帳簿に係る電磁的記録が真正に出力され、そのCOMが作成された旨を証する記載及びその氏名

b　COMの作成責任者の氏名

c　COMの作成年月日

ロ　マイクロフィルムリーダプリンタ等の備付け（電帳規３①二）

COMの保存をする場所に、日本産業規格の基準を満たすマイクロフィルムリーダプリンタ及びその操作説明書を備え付け、そのCOMの内容をそのマイクロフィルムリーダプリンタの画面及び書面に、整然とした形式及び明瞭な状態で、速やかに出力することができるようにしておくこと。

② 国税関係書類のCOMによる保存の要件（電帳規3②）

国税関係書類のCOMによる保存においては、上記(1)①イ（電子計算機処理システムの概要書等の備付け）及びハ（ダウンロードの求めに応じること）と同様の要件並びに上記①イ（COMの作成過程等に関する書類の備付け）及びロ（マイクロフィルムリーダープリンタ等の備付け）と同様の要件に従って、その書類に係るCOMの保存を行うことが必要となります（電帳規3②）。

なお、「優良な電子帳簿に係る過少申告加算税の軽減措置」の対象となる優良な国税関係帳簿のCOMによる保存等の要件のうち下記4(2)②ハからホまでの要件（索引簿の備付け、COMへの索引の出力及び当初3年間におけるCOMの記録事項の検索機能の確保）と同様の要件に従ってそのCOMの保存等を行っている場合には、上記(1)①ハの要件は不要とされています（電帳規3②後段）。

③ 国税関係帳簿書類に係る電磁的記録の保存に代えて行うCOMによる保存の要件（電帳規3④）

国税関係帳簿書類に係る電磁的記録による保存に代えて行うCOMによる保存においては、上記①（国税関係帳簿のCOMによる保存等の要件）又は②（国税関係書類のCOMによる保存の要件）と同様の要件に従って、その電磁的記録に係るCOMの保存を行うことが必要とされています。

なお、国税関係帳簿書類に係る電磁的記録による保存に代えて行うCOMによる保存は、国税関係帳簿又は国税関係書類の全部又は一部について、その保存期間（国税に関する法律の規定により国税関係帳簿又は国税関係書類の保存をしなければならないこととされている期間をいいます。）の全期間（COMの保存をもってこれらの電磁的記録の保存に代えようとする日以後の期間に限ります。）につきCOMの保存をもってこれらの電磁的記録の保存に代えようとする場合に限り、可能とされています（電帳規3③)。

すなわち、電磁的記録による保存からCOMによる保存への移行は、保存要件を満たすことによりいつでも可能となりますが、これとは逆方向のCOMによる保存から電磁的記録による保存への移行はできません。

4　優良な電子帳簿に係る過少申告加算税の軽減措置

令和3年度の税制改正においては、国税関係帳簿書類の電磁的記録等による保存等の要件が大幅に緩和されましたが、記帳水準の向上に資する観点から、事後検証可能性の高い改正前の電子帳簿保存法の要件を満たす電子帳簿については、いわば経理誤りを是正しやすい環境を自ら整えているものといえるため、他の最低限の要件のみを満たす電子帳簿との差別化を図り、その普及を進めていく必要があります。そのため、令和3年度の税制改正前の電子帳簿保存法の要件に相当する要件を満たした電子帳簿については、「優良な電子帳簿」と位置付けて、その電子帳簿に記録された事項に関して修正申告書の提出又は更正（以下「修正申告等」といいます。）があった場合でも、その申告漏れについて課される過少申告加算税の額を軽減するインセンティブ措置が設けられています。

具体的には、一定の国税関係帳簿に係る電磁的記録の備付け及び保存又はその電磁的記録の備付け及びCOMの保存が、国税の納税義務の適正な履行に資するものとして一定の要件を満たしている場合におけるその電磁的記録又はCOM（一定の日以後引き続きその要件を満たして備付け及び保存が行われているものに限ります。）に記録された事項に関し修正申告等があった場合の過少申告加算税の額については、通常課される過少申告加算税の金額からその修正申告等に係る過少申告加算税の額の計算の基礎となるべき税額（その税額の計算の基礎となるべき事実でその修正申告等の基因となるその電磁的記録又はCOMに記録された事項に係るもの以外のもの（以下「電磁的記録等に記録された事項に係るもの以外の事実」といいます。）があるときは、その電磁的記録等に記録された事項に係るもの以外の事実に基づく税額を控除した税額）の５％に相当する金額を控除した金額とすることとされています（電帳法８④、電帳令２、３、電帳規５①～⑤）。ただし、この措置は、「優良な電子帳簿」を促進するためのインセンティブ措置であるため、その税額の計算の基礎となるべき事実で隠蔽し、又は仮装されたものがあるときは、適用しないこととされています（電帳法８④ただし書）。

（参考） 通常課される過少申告加算税の割合は10%（「50万円」又は「期限内申告税額」のいずれか多い金額を超える部分については、15%）とされています。なお、修正申告書の提出が、調査通知以後、かつ、調査による更正を予知してされたものでない場合には、５％（「50万円」又は「期限内申告税額」のいずれか多い金額を超える部分については、10%）とされています（通法65）。

(1) 対象となる優良な国税関係帳簿の範囲

この措置の対象となる「一定の国税関係帳簿」とは、正規の簿記の原則又は複式簿記の原則に従って記録されている帳簿であって、修正申告等の基因となる事項に係る次に掲げるものをいいます（電帳規５①）。なお、この「一定の国税関係帳簿」は、上記**3**(1)①（国税関係帳簿の電磁的記録による保存等の要件）又は(2)①（国税関係帳簿のCOMによる保存等の要件）若しくは③（国税関係帳簿（書類）に係る電磁的記録の保存に代えて行うCOMによる保存の要件）の要件に従って、保存等が行われている必要があります（電帳法８④一・二）。

① 所得税法上の青色申告者が保存しなければならないこととされる仕訳帳、総勘定元帳その他必要な帳簿（所規58①、63①）

② 法人税法上の青色申告法人が保存しなければならないこととされる仕訳帳、総勘定元帳その他必要な帳簿（法規54、59①）

③ 消費税法上の事業者が保存しなければならないこととされる次の帳簿

イ 課税仕入れの税額の控除に係る帳簿（消法30⑦⑧一）

ロ 特定課税仕入れの税額の控除に係る帳簿（消法30⑦⑧二）

ハ 課税貨物の引取りの税額の控除に係る帳簿（消法30⑦⑧三）

ニ 売上対価の返還等に係る帳簿（消法38②）

ホ 特定課税仕入れの対価の返還等に係る帳簿（消法38の２②）

ヘ 資産の譲渡等又は課税仕入れ若しくは課税貨物の保税地域からの引取りに関する事項に係る帳簿（消法58）

保存義務者は、あらかじめ、これらの帳簿（以下「特例国税関係帳簿」といいます。）に係る電磁的記録又はCOMに記録された事項に関し修正申告等があった場合にはこの措置の適用を受ける旨及び特例国税関係帳簿の種類等を記載した届出書（以下「軽減加算税適用届出書」といいます。）を納税地等の所轄税務署長（上記③ハ及びへ（課税貨物の保税地域からの引取りに関する事項に係るものに限ります。）の帳簿については、納税地等の所轄税関長。以下「所轄税務署長等」といいます。）に提出している必要があります（電帳規５①）。

なお、保存義務者は、この措置の適用を受けることをやめようとする場合には、あらかじめ、その旨等を記載した届出書（以下「軽減加算税取りやめ届出書」といいます。）を所轄税務署長等に提出しなければならないこととされており（電帳規5②前段）、その軽減加算税取りやめ届出書の提出があったときは、その提出があった日の属する課税期間以後の課税期間については、軽減加算税適用届出書は、その効力を失うこととされています（電帳規5②後段）。そのため、その軽減加算税取りやめ届出書を提出した日の属する課税期間以後の課税期間について、優良な電子帳簿に係る過少申告加算税の軽減措置の適用を受けようとする場合には、改めて軽減加算税適用届出書を提出する必要があります。

また、保存義務者は、軽減加算税適用届出書に記載した事項の変更をしようとする場合には、あらかじめ、その旨等を記載した届出書を所轄税務署長等に提出しなければならないこととされています（電帳規5③）。

（注） 保存義務者は、所轄税務署長等のほかに上記の届出書の提出に当たり便宜とする税務署長（以下「所轄外税務署長」といいます。）がある場合において、その所轄外税務署長がその便宜とする事情について相当の理由があると認めたときは、その所轄外税務署長を経由してこれらの届出書を所轄税務署長等に提出することができます。この場合において、これらの届出書が所轄外税務署長に受理されたときは、その受理された日に所轄税務署長等に提出されたものとみなされます（電帳規5④）。

(2) 対象となる優良な国税関係帳簿の保存等の要件

上記の「国税の納税義務の適正な履行に資するものとして一定の要

件」は、次に掲げる保存義務者の区分に応じそれぞれ次に定める要件とされています（電帳規５⑤）。

① 国税関係帳簿に係る電磁的記録の備付け及び保存をもってその国税関係帳簿の備付け及び保存に代えている保存義務者……次の要件（その保存義務者が国税に関する法律の規定によるその国税関係帳簿に係る電磁的記録の提示又は提出の要求に応じることができるようにしている場合には、下記ハ(ロ)及び(ハ)の要件を除きます。）。

イ 電磁的記録の訂正・削除・追加の履歴の確保

国税関係帳簿に係る電子計算機処理に、次に掲げる要件を満たす電子計算機処理システムを使用することとされています（電帳規５⑤一イ）。

(イ) その国税関係帳簿に係る電磁的記録の記録事項について訂正又は削除を行った場合には、これらの事実及び内容を確認することができること。

(ロ) その国税関係帳簿に係る記録事項の入力をその業務の処理に係る通常の期間を経過した後に行った場合には、その事実を確認することができること。

ロ 各帳簿間での記録事項の相互関連性の確保

国税関係帳簿に係る電磁的記録の記録事項と関連国税関係帳簿の記録事項（その関連国税関係帳簿が、その関連国税関係帳簿に係る電磁的記録の備付け及び保存をもってその関連国税関係帳簿の備付け及び保存に代えられているもの又はその電磁的記録の備付け及びCOMの保存をもってその関連国税関係帳簿の備付け及び保存に代えられているものである場合には、その電磁的記録又はそのCOMの記録事項）との間において、相互にその関連性を確認することができるようにしておくこととされています（電帳規５⑤一ロ）。

ハ　検索機能の確保

国税関係帳簿に係る電磁的記録の記録事項の検索をすることができる機能（次に掲げる要件を満たすものに限ります。）を確保しておくこととされています（電帳規５⑤一ハ）。

(イ)　取引年月日、取引金額及び取引先（記録項目）を検索の条件として設定することができること。

(ロ)　日付又は金額に係る記録項目については、その範囲を指定して条件を設定することができること。

(ハ)　２以上の任意の記録項目を組み合わせて条件を設定することができること。

②　国税関係帳簿に係る電磁的記録の備付け及びCOMの保存をもってその国税関係帳簿の備付け及び保存に代えている保存義務者……次の要件

イ　上記①イからハまでの要件（電帳規５⑤二イ）

ロ　電磁的記録の訂正・削除・追加の履歴の確保に関する事項を含む備付書類の記載要件

上記**3**(2)①イ(ロ)ａの電磁的記録に上記①イ(イ)及び(ロ)の事実及び内容に係るものを含めた上で記載することとされています（電帳規５⑤二ロ）。

ハ　索引簿の備付け

COMの保存に併せて、国税関係帳簿の種類及び取引年月日その他の日付を特定することによりこれらに対応するCOMを探し出すことができる索引簿の備付けを行うこととされています（電帳規５⑤二ハ）。

ニ　COMへの索引の出力

COMごとの記録事項の索引をその索引に係るCOMに出力しておくこととされています（電帳規５⑤二ニ）。

ホ　当初３年間におけるCOMの記録事項の検索機能の確保

国税関係帳簿の保存期間の当初３年間について、次の(イ)又は(ロ)のいずれかの措置を講じておくこととされています（電帳規５⑤二ホ）。

(イ)　COMの保存に併せ、見読可能装置の備付け等及び検索機能の確保の要件に従って、そのCOMに係る電磁的記録の保存を行うこと。

(ロ)　COMの記録事項の検索をすることができる機能（上記①ハの検索機能に相当するものに限ります。）を確保しておくこと。

(3)　対象となる優良な国税関係帳簿に係る電磁的記録等の備付け等が行われる日

この措置を適用するためには、特例国税関係帳簿に係る電磁的記録又はCOMについて、この措置の適用を受けようとする過少申告加算税の基因となる修正申告書又は更正に係る課税期間の初日（新たに業務を開始した個人のその業務を開始した日の属する課税期間については、同日）以後引き続き上記(2)の要件を満たして備付け及び保存が行われている必要があります（電帳法８④、電帳令２）。

（注１）　上記の「課税期間」は、「国税に関する法律の規定により国税の課税標準の計算の基礎となる期間」とされ、消費税については、個人事業者は「１月１日から12月31日までの期間」、法人は「事業年度」とされています（通法２九、消法19）。なお、所得税及び法人

税についても、同様です。

（注２） 新たに設立した法人の課税期間の開始の日は「設立の日」となるため、その設立の日が属する事業年度についてこの措置の適用を受けるためには、その設立の日が事業開始日前であっても、その設立の日から上記(2)の要件を満たして備付け及び保存が行われる必要があります。

(4) この措置の適用対象となる本税額

修正申告等がその電磁的記録又はCOMに記録された事項に関する事実（申告漏れ）のみに基づくものである場合には、この措置の計算対象となる「過少申告加算税の額の計算の基礎となるべき税額」は、その「修正申告等により納付すべき本税額」となります（電帳法８④）。

なお、「電磁的記録等に記録された事項に係るもの以外の事実」があるときは、「修正申告等により納付すべき本税額」（全体）から、その「電磁的記録等に記録された事項に係るもの以外の事実」のみに基づいて修正申告等があったものと仮定計算した場合に算出される本税額を控除した税額となります（電帳法８④、電帳令３）。

(5) 電磁的記録等による保存等の承認を受けている国税関係帳簿についての優良な電子帳簿に係る過少申告加算税の軽減措置の適用関係

優良な電子帳簿に係る過少申告加算税の軽減措置については、令和４年１月１日以後に法定申告期限が到来する国税について適用されますが、同日において現に令和３年度の税制改正前の電磁的記録又はCOMによる保存等の承認を受けている国税関係帳簿について、その承認を受けている国税関係帳簿が特例国税関係帳簿である場合には、この措置の適用を受けることができます。この場合において、あらかじめ、軽減加算税適用届出書を納税地等の所轄税務署長等に提出している必要があります（令和３年改正法附則82⑦）。

二　国税関係書類のスキャナ保存制度

1　制度の概要

保存義務者は、国税関係書類（決算関係書類を除きます。）の全部又は一部について、その国税関係書類に記載されている事項をスキャナにより電磁的記録に記録する場合には、一定の要件に従って、その国税関係書類に係る電磁的記録の保存をもってその書類の保存に代えることができます（電帳法４③）。

2　制度の対象となる帳簿書類

スキャナ保存制度の対象となる書類は、国税関係書類（決算関係書類を除きます。）のうち、その国税関係書類に記載されている事項を財務省令で定める装置（スキャナ）により電磁的記録に記録する書類とされています（電帳法４③、電帳規２⑤）。なお、帳簿については、スキャナ保存制度の対象とはなりません。

⑴　「スキャナ」によりその記載事項を記録する書類

この書類の記載事項を記録する「スキャナ」とは、書面の国税関係書類を電磁的記録に変換する入力装置をいい、例えば、スマートフォンやデジタルカメラ等も、この入力装置に該当すれば、これに含まれることになります（電帳通４－16）。

(2) 対象となる国税関係書類の具体的範囲

この制度の対象となる書類は、基本的には国税関係書類となりますが、国税関係書類のうち「対象とならない書類」として財務省令において、決算関係書類が定められています。この決算関係書類は、税額を算出するための最も基本的な書類であり、具体的には財務省令において、棚卸表、貸借対照表及び損益計算書並びに計算、整理又は決算に関して作成されたその他の書類とされています（電帳規2④）。したがって、対象となる国税関係書類は、国税関係書類のうち決算関係書類を除いた全ての書類となります。

(3) 対象書類の具体例

この制度の対象となる書類としては、具体的には、取引に関して相手方から受け取った書類や自分で作成して相手方に渡した書類の場合はその写しで、契約書、領収書、社債申込書、契約の申込書、請求書、納品書、送り状、検収書、見積書、注文書その他の書類があります。

国税関係帳簿書類のスキャナ保存の区分

帳　　簿	仕訳帳 総勘定元帳 一定の取引に関して作成されたその他の帳簿	スキャナ保存対象外
計算、整理 又は 決算関係書類	棚卸表 貸借対照表・損益計算書 計算、整理又は決算に関して作成されたその他の書類	

書類の名称・内容	書類の性格	書類の重要度（注）		スキャナ保存対象
・契約書 ・領収書 及び恒久的施設との間の内部取引に関して外国法人等が作成する書類のうちこれらに相当するもの 並びにこれらの写し	一連の取引過程における開始時点と終了時点の取引内容を明らかにする書類で、取引の中間過程で作成される書類の真実性を補完する書類	資金や物の流れに直結・連動する書類のうち特に重要な書類		速やかに入力 ・ 業務処理サイクル後速やかに入力
・預り証 ・借用証書 ・預金通帳 ・小切手 ・約束手形 ・有価証券受渡計算書 ・社債申込書 ・契約の申込書 （定型的約款なし） ・請求書 ・納品書 ・送り状 ・輸出証明書 及び恒久的施設との間の内部取引に関して外国法人等が作成する書類のうちこれらに相当するもの 並びにこれら（納品書を除きます。）の写し	一連の取引の中間過程で作成される書類で、所得金額の計算と直結・連動する書類	資金や物の流れに直結・連動する書類		速やかに入力 ・ 業務処理サイクル後速やかに入力
・検収書 ・入庫報告書 ・貨物受領証 ・見積書 ・注文書 ・契約の申込書 （定型的約款あり） 並びにこれらの写し 及び納品書の写し	資金の流れや物の流れに直結・連動しない書類	資金や物の流れに直結・連動しない書類	重要度：低	速やかに入力 ・ 業務処理サイクル後速やかに入力 ／適時に入力

（注）　重要度が低以外のものがいわゆる重要書類（電帳法第４条第３項に規定する国税関係書類のうち、電帳規第２条第７項に規定する国税庁長官が定める書類以外の書類）、重要度が低のものが一般書類（電帳規第２条第７項に規定する国税庁長官が定める書類）です。

3　制度の適用を受ける際の保存等の要件

国税関係書類（決算関係書類を除きます。）に記載されている事項をスキャナにより記録した電磁的記録の保存をもってその国税関係書類の保存に代えようとする保存義務者は、次の要件に従って、電磁的記録による保存を行わなければならないこととされています（電帳法４③)。なお、スキャナ保存を行うに当たっては、適正公平な課税を確保する観点から、真実性を確保するための要件及び可視性を確保するための要件を満たしていることが必要とされ、次の要件について、電子帳簿保存法施行規則において定められています（電帳規２⑥～⑫)。

①　真実性を確保するための要件

真実性を確保するため、主なものとして、次に掲げる要件が定められています（電帳規２⑥一～三)。

イ　入力期間の制限（書類の作成・取得から一定期間内にスキャナ保存を行うことにより改ざん可能時期を制限）

ロ　一定水準の解像度・カラー画像による読み取り（紙と同程度の小さな文字、色を再現）

ハ　タイムスタンプの付与（イメージ化した時刻を第三者が証明することにより改ざんを防止）

ニ　ヴァージョン管理（改ざん等の内容を事後に確認）

②　可視性を確保するための要件

税務調査に際して紙の文書と同様の効率的な調査が行えるようにするため、主なものとして、次に掲げる要件が定められています（電帳規２⑥四～七)。

イ　ディスプレイ、プリンタの備付け

ロ　重要な項目の検索機能の確保

(参考)　上記の国税関係書類のスキャナ保存要件の概要一覧は、次のとおりです。

要　　件	重要書類（注1）	一般書類（注2）	過去分重要書類（注3）
入力期間の制限（書類の受領等後又は業務の処理に係る通常の期間を経過した後、速やかに入力）（電帳規2⑥一イ、ロ）	○		
一定水準以上の解像度（200dpi以上）による読み取り（電帳規2⑥二イ(1)）	○	○	○
カラー画像による読み取り（赤・緑・青それぞれ256階調（約1,677万色）以上）（電帳規2⑥二イ(2)）	○	※1	○
タイムスタンプの付与（電帳規2⑥二ロ）	○※2	○※3	○※3
解像度及び階調情報の保存（電帳規2⑥二ハ(1)）	○	○	○
大きさ情報の保存（電帳規2⑥二ハ(2)）	○※4		○
ヴァージョン管理（訂正又は削除の事実及び内容の確認等）（電帳規2⑥二ニ）	○	○	○
入力者等情報の確認（電帳規2⑥三）	○	○	○
スキャン文書と帳簿との相互関連性の保持（電帳規2⑥四）	○	○	○
見読可能装置（14インチ以上のカラーディスプレイ、4ポイント文字の認識等）の備付け（電帳規2⑥五）	○	※1	○
整然・明瞭出力（電帳規2⑥五イ～ニ）	○	○	○
電子計算機処理システムの開発関係書類等の備付け（電帳規2⑥七、②一）	○	○	○
検索機能の確保（電帳規2⑥六）	○	○	○
その他			※5、※6

（注1）　決算関係書類以外の国税関係書類（一般書類を除きます。）をいいます。

（注2）　資金や物の流れに直結・連動しない書類として電帳規第2条第7項に規定する国税庁長官が定めるものをいいます。

（注3）　スキャナ保存制度により国税関係書類に係る電磁的記録の保存をもってその国税関係書類の保存に代えている保存義務者であって、その国税関係書類の保存に代える日前に作成又は受領した重要書類をいいます。

（注4）　※1　一般書類の場合には、カラー画像ではなくグレースケールでの保存が可能です。

※2　入力事項を電帳規第2条第6項第1号イ又はロに掲げる方法によりその国税関係書類に係る記録事項を入力したことを確認することができる場合には、その確認をもってタイムスタンプの付与に代えることができます。

※3　その国税関係書類に係る記録事項を入力したことを確認することができる

場合には、タイムスタンプの付与に代えることができます。
※4　受領者等が読み取る場合には、A4以下の書類の大きさに関する情報の保存は、不要です。
※5　過去分重要書類については、その電磁的記録の保存に併せて、その電磁的記録の作成及び保存に関する事務の手続を明らかにした書類（その事務の責任者が定められているものに限ります。）の備付けが必要です。
※6　過去分重要書類については、所轄税務署長等宛に適用届出書の提出が必要です。

具体的には、スキャナ保存の要件について、次のとおり定められています。

(1)　**入力要件**（入力期間の制限）（電帳規2⑥一）

次のいずれかの方法により入力すること。

①　早期入力方式（電帳規2⑥一イ）

国税関係書類に係る記録事項の入力（スキャナでの読み取り）を、国税関係書類の作成・受領後、速やかに行うこと。

②　業務処理サイクル方式（電帳規2⑥一ロ）

国税関係書類に係る記録事項の入力（スキャナでの読み取り）を、その業務の処理に係る通常の期間を経過した後、速やかに行うこと。

（注1）　上記①の「速やかに」の適用に当たり、国税関係書類の作成又は受領後おおむね7営業日以内に入力している場合には、速やかに行っているものとして取り扱われ、上記②の「速やかに」の適用に当たり、その業務の処理に係る通常の期間を経過した後、おおむね7営業日以内に入力している場合には同様に取り扱われます（電帳通4－17)。

（注2）　上記②の業務処理サイクル方式は、国税関係書類の作成又は受領から入力までの各事務の処理に関する規程を定めている場合に限られます（電帳規2⑥一ロ)。

（注３） 上記②の「その業務の処理に係る通常の期間」とは、国税関係書類の作成又は受領からスキャナで読み取り可能となるまでの業務処理サイクルの期間をいいます。なお、月をまたいで処理することも通常行われている業務処理サイクルと認められることから、最長２か月の業務処理サイクルであれば、「その業務の処理に係る通常の期間」として取り扱われます（電帳通４－18)。

⑵ 電子計算機処理システムの要件（電帳規２⑥二）

上記⑴の入力に当たっては、次に掲げる要件を満たす電子計算機処理システムを使用すること。

① 一定水準以上の解像度及びカラー画像による読み取り（電帳規２⑥二イ）

イ 解像度が、日本産業規格Ｚ6016附属書ＡのＡ・１・２に規定する「一般文書のスキャニング時の解像度」である25.4mm 当たり200ドット（200dpi）以上で読み取るものであること（電帳規２⑥二イ⑴)。

ロ 赤色、緑色及び青色の階調がそれぞれ256階調（1,677万色）以上で読み取るものであること（電帳規２⑥二イ⑵)。

② タイムスタンプの付与（電帳規２⑥二ロ）

国税関係書類の作成又は受領後、速やかに一の入力単位ごとの電磁的記録の記録事項に一般財団法人日本データ通信協会が認定する業務に係るタイムスタンプを付すこと（その国税関係書類の作成又は受領からそのタイムスタンプを付すまでの各事務の処理に関する規程を定めている場合には、その業務の処理に係る通常の期間を経過した後、速やかにその記録事項にそのタイムスタンプを付すこと)。

（注1）上記の「速やかに」の適用に当たり、国税関係書類の作成又は受領後おおむね7営業日以内にタイムスタンプを付す場合には、速やかに行っているものとして取り扱われます（電帳通4－17）。

（注2）上記のタイムスタンプは、一般財団法人日本データ通信協会が認定する業務に係るもので、次に掲げる要件を満たすものに限られています（電帳規2⑥二ロ）。

① その記録事項が変更されていないことについて、書類の保存期間（国税に関する法律の規定により国税関係書類の保存をしなければならないこととされている期間をいいます。）を通じ、その業務を行う者に対して確認する方法その他の方法により確認することができること（電帳規2⑥二ロ(1)）。

② 課税期間中の任意の期間を指定し、その期間内に付したタイムスタンプについて、一括して検証することができること（電帳規2⑥二ロ(2)）。

（注3）上記の「その業務の処理に係る通常の期間」とは、国税関係書類の作成又は受領からスキャナで読み取り可能となるまでの業務処理サイクルの期間をいいます。なお、月をまたいで処理することも通常行われている業務処理サイクルと認められることから、最長2か月の業務処理サイクルであれば、「その業務の処理に係る通常の期間」として取り扱われます（電帳通4－18）。

また、上記に従ってスキャナ保存を行う際の入力期間（上記(1)の入力要件）までにタイムスタンプを付す場合には、その時刻証明機能によりそのタイムスタンプを付した後の電子データについて改ざんの有無を確認することが可能となっていますが、保存義務者がその入力期間までにその国税関係書類に係る記録事項を入力したことを確認することができる場合には、その入力後の電子データについて更なる入力による改ざんの有無の確認が可能であることから、上記のタイムスタンプは不要とされています（電帳規２⑥二）。

（注） 上記の「その入力期間までにその国税関係書類に係る記録事項を入力したことを確認することができる場合」については、例えば、他者が提供するクラウドサーバ（下記④イ又はロに掲げる電子計算機処理システムの要件を満たすものに限ります。）により保存を行い、そのクラウドサーバがNTP（Network Time Protocol）サーバと同期するなどにより、その国税関係書類に係る記録事項の入力がその作成又は受領後、速やかに行われたこと（その国税関係書類の作成又は受領からその入力までの各事務の処理に関する規程を定めている場合には、その国税関係書類に係る記録事項の入力をその業務の処理に係る通常の期間を経過した後、速やかに行われたこと）の確認ができるようにその保存日時の証明が客観的に担保されている場合が該当することとされています（電帳通４－28）。

③ 読み取った際の解像度等の情報の保存（電帳規２⑥二ハ）

国税関係書類をスキャナで読み取った際の次に掲げる情報を保存すること。

イ 解像度及び階調に関する情報

ロ 国税関係書類の大きさに関する情報

（注） 国税関係書類の作成・受領をする者（以下「受領者等」といいます。）が読み取りを行う場合において、その書類の大きさが日本産業規格Ａ列４番以下であるときは、上記ロの大きさに関する情報の保存は必要ありません。

これは、国税関係書類の受領者等が読み取りを行う場合における

「大きさに関する情報」の取扱いについては、スマートフォン等による読み取りにおいては大きさに関する情報の保存に対応できないケースもあることから、その書類の大きさがＡ４サイズ以下である場合に限り、上記ロの大きさに関する情報の保存を要しないこととされているものです。

④　ヴァージョン管理（電帳規２⑥二ニ）

次の要件のいずれかを満たす電子計算機処理システムを使用すること。

イ　その国税関係書類に係る電磁的記録の記録事項について訂正又は削除を行った場合には、これらの事実及び内容を確認することができること。

ロ　その国税関係書類に係る電磁的記録の記録事項について訂正又は削除を行うことができないこと。

(3) 入力者等情報の確認（電帳規２⑥三）

国税関係書類に係る記録事項の入力を行う者又はその者を直接監督する者に関する情報を確認することができるようにしておくこと。

(4) スキャナで読み取った書類と帳簿との相互関連性の確保（電帳規２⑥四）

国税関係書類に係る電磁的記録の記録事項とその国税関係書類に関連する国税関係帳簿の記録事項（その国税関係帳簿が、その国税関係帳簿に係る電磁的記録又はCOMの保存等をもってその国税関係帳簿の保存等に代えられているものである場合には、その電磁的記録又はCOMの記録事項）との間において、相互にその関連性を確認することができるようにしておくこと。

(5) **見読可能装置の備付け等**（電帳規２⑥五）

国税関係書類に係る電磁的記録の保存をする場所に、その電磁的記録の電子計算機処理の用に供することができる電子計算機、プログラム、14インチ（映像面の最大径が35cm）以上のカラーディスプレイ及びカラープリンタ並びにこれらの操作説明書を備え付け、その電磁的記録をカラーディスプレイの画面及び書面に、次のような状態で速やかに出力することができるようにしておくこと。

① 整然とした形式であること。

② 国税関係書類と同程度に明瞭であること。

③ 拡大又は縮小をして出力することが可能であること。

④ 国税庁長官が定めるところにより日本産業規格Ｚ8305に規定する４ポイントの大きさの文字を認識することができること。

(注) 上記の「国税庁長官が定めるところ」として、日本産業規格Ｘ6933又は国際標準化機構の規格12653－３に準拠したテストチャートを電子計算機処理システムで入力し、そのテストチャートに係る電磁的記録を出力した画面及び書面において、日本産業規格Ｘ6933における４の相対サイズの文字及びISO図形言語又は国際標準化機構の規格12653－３における４ポイントの文字及び140図票を認識することができることとすることが定められています（平成17年国税庁告示第３号)。

(6) **検索機能の確保**（電帳規２⑥六）

次の要件を満たす検索機能を確保しておくこと。

① 取引年月日その他の日付、取引金額及び取引先（記録項目）を検索の条件として設定することができること。

② 日付又は金額に係る記録項目については、その範囲を指定して条件を設定することができること。

③ 2以上の任意の記録項目を組み合わせて条件を設定することができること。

なお、保存義務者が国税に関する法律の規定によるその国税関係書類に係る電磁的記録の提示又は提出の要求に応じることができるようにしている場合には、上記②及び③の要件は不要とされています（電帳規2⑥）。これは、その保存義務者から電子データが提供され、税務当局において必要な検索をできるような状態を整えておく場合には、検索主体は相違するものの、検索機能の確保の要件に相当する状態が一定程度確保されていると考えられることから、検索機能として最低限必要な上記①の要件以外の上記②及び③の要件の代替要件として位置付けられたものです。

(7) **電子計算機処理システムの概要書等の備付け**（電帳規2⑥七）

国税関係書類に係る電磁的記録の保存に併せて、次に掲げる書類の備付けを行うこと。ただし、その書類に係る電子計算機処理に、他の者が開発したプログラムを使用する場合には次の①及び②の書類の備付けは必要ありません。また、その書類に係る電子計算機処理自体を他の者（その電子計算機処理に保存義務者が開発したプログラムを使用する者を除きます。）に委託している場合には、次の③の書類の備付けは必要ありません。

① その書類に係る電子計算機処理システムの概要を記載した書類

② その書類に係るシステム設計書、プログラム仕様書等の電子計算機処理システムの開発に際して作成した書類

③ その書類に係る電子計算機処理システムの操作説明書

④ その書類に係る電子計算機処理並びにその書類に係る電磁的記録の備付け及び保存に関する事務手続を明らかにした書類（その電子計算機処理を他の者に委託している場合には、その委託に係る契約書並びにその書類に係る電磁的記録の備付け及び保存に関する事務手続を明らかにした書類）

(8) 一般書類に係るスキャナ保存制度の適時入力方式（電帳規２⑦）

保存義務者は、「国税関係書類（決算関係書類を除きます。）のうち国税庁長官が定める資金や物の流れに直結・連動しない書類」（一般書類）に記載されている事項を電磁的記録に記録する場合には、入力要件及び大きさに関する情報の保存要件（上記(1)及び(2)③ロ参照）以外の要件を満たし、その電磁的記録の保存に併せて、その電磁的記録の作成及び保存に関する事務の手続を明らかにした書類（その事務の責任者が定められているものに限ります。）の備付けを行うことにより、スキャナ保存をすることができます。この場合において、カラー階調を必要とする要件（上記(2)①ロ参照）については、グレースケール（いわゆる白黒）での読み取りも可能とされています（電帳規２⑦後段）。また、入力要件（上記(1)参照）は不要とされていることから、書類の作成若しくは受領後速やかに、又はその書類をスキャナで読み取る際に、一の入力単位ごとにタイムスタンプを付せばよいこととされるとともに、入力した時点にかかわらず、その書類に係る記録事項を入力したことを確認することができる場合には、タイムスタンプは不要と

されています（電帳規２⑦後段）。

上記の「一般書類」については、具体的には、国税関係書類（決算関係書類を除きます。）のうち、次に掲げる書類（重要書類）以外の書類が定められています（平成17年国税庁告示第４号）。したがって、次に掲げる書類（重要書類）は、適時入力方式の対象とはならず、これらの書類以外の書類（一般書類）は、適時入力方式による入力ができることになります。

① 所得税法施行規則第63条第３項に規定する現金預金取引等関係書類のうち、帳簿に同令第58条第１項に規定する取引に関する事項を個別に記載することに代えて日々の合計金額の一括記載をした場合におけるその一括記載に係る取引に関する事項を確認するための書類

② 所得税法施行規則第102条第３項第２号に掲げる書類のうち、帳簿に同条第１項に規定する総収入金額及び必要経費に関する事項を記録することに代えて日々の合計金額を一括して記録した場合のその事項の記載のあるもの

③ 法人税法施行規則第８条の３の10第４項に規定する帳簿代用書類

④ 法人税法施行規則第59条第４項に規定する帳簿代用書類

⑤ 次に掲げる書類（上記①から④までに掲げる書類を除きます。）

イ 契約書、契約の申込書（その契約に係る定型的な約款があらかじめ定められている場合におけるその契約の申込書（下記ロに掲げる書類に該当するものを除きます。）を除きます。）その他これらに準ずる書類

ロ 預貯金の預入又は引出しに際して作成された書類、預貯金の口座の設定又は解約に際して作成された書類、為替取引に際して作

成された書類（契約の申込書であって対価の支払を口座振替の方法によるものとする契約の申込みに際して作成されたものを除きます。）その他これらに準ずる書類

ハ　領収書その他現金の収受又は払出しその他の支払手段（外国為替及び外国貿易法第６条第１項第７号に規定する支払手段をいいます。以下同じです。）の授受に際して作成された書類

ニ　請求書その他これに準ずる書類（支払手段による対価の支払を求めることを内容とするものに限ります。）

ホ　支払のために提示された手形又は小切手

ヘ　納品書その他棚卸資産の引渡しに際して作成された書類（棚卸資産の引渡しを受けた者が作成したものを除きます。）

ト　所得税法施行規則第68条の３第１号又は法人税法施行規則第62条の３第１号に規定する内部取引に該当する資産の移転、役務の提供その他の事実を記載した上記イからヘまでに掲げる書類に相当する書類

チ　消費税法第30条第10項に規定する本人確認書類

リ　自己の作成した上記イからニまでに掲げる書類の写し及び上記トに掲げる書類のうち上記イからニまでに掲げる書類に相当する書類の写し

⑼　災害その他やむを得ない事情に係る宥恕措置（電帳規２⑧）

保存義務者が、災害その他やむを得ない事情により、保存要件（上記⑴から⑻までの要件）に従って国税関係書類に係る電磁的記録のスキャナ保存をすることができなかったことを証明した場合には、その保存要件にかかわらず、その電磁的記録の保存をすることができるこ

ととされています。ただし、その事情が生じなかったとした場合において、その保存要件に従ってその電磁的記録の保存をすることができなかったと認められるときは、この限りでないこととされています（電帳規２⑧ただし書）。

⑽ 過去分重要書類のスキャナ保存（電帳規２⑨）

保存義務者は、国税関係書類の電磁的記録の保存をもってその国税関係書類の保存に代える日（基準日）前に作成・受領をした一般書類以外の国税関係書類（以下「過去分重要書類」といいます。）について、あらかじめ、その過去分重要書類の種類等を記載した適用届出書を税務署長等に提出した場合（従前に同一の種類の書類について適用届出書を提出していない場合に限ります。）には、電磁的記録の保存に併せて、その電磁的記録の作成及び保存に関する事務の手続を明らかにした書類（その事務の責任者が定められているものに限ります。）の備付けを行った上で、スキャナ保存を行うことができることとされています。

この過去分重要書類のスキャナ保存を行う場合の保存要件については、スキャナによる入力要件（上記⑴参照）が不要とされるほか、次の事項について要件が緩和されています（電帳規２⑨後段）。

① タイムスタンプの要件

過去分重要書類のスキャナ保存を行う場合には、入力要件（上記⑴参照）は不要とされていることから、書類をスキャナで読み取る際に、一の入力単位ごとにタイムスタンプを付せばよいこととされるとともに、入力した時点にかかわらず、その書類に係る記録事項を入力したことを確認することができる場合には、タイムスタンプは不要とされています（電帳規２⑨後段）。

② 読み取った際の解像度等の情報の保存の要件

過去分重要書類のスキャナ保存を行う場合には、読み取った際の解像度等の情報の保存の要件（上記⑵③参照）について、受領者等が読み取りを行う場合の措置（上記⑵③（注）参照）は適用されません（電帳規２⑨後段）。

（注１） 保存義務者は、過去分重要書類につき、所轄税務署長等のほかに適用届出書の提出に当たり便宜とする税務署長（以下「所轄外税務署長」といいます。）がある場合において、その所轄外税務署長がその便宜とする事情について相当の理由があると認めたときは、その所轄外税務署長を経由してその適用届出書を所轄税務署長等に提出することができます。この場合において、適用届出書が所轄外税務署長に受理されたときは、その受理された日に所轄税務署長等に提出されたものとみなされます（電帳規２⑩）。

（注２） 災害その他やむを得ない事情が生じる前に過去分重要書類のスキャナ保存を行っている保存義務者についても、その事情により保存要件に従ってその過去分重要書類に係る電磁的記録の保存をすることができないこととなったことを証明した場合の宥恕措置が整備されています（電帳規２⑪）。

⑾ 要件に従ってスキャナ保存が行われていない場合の国税関係書類に係る電磁的記録の保存措置（電帳法４③後段、電帳規２⑫）

国税関係書類に係る電磁的記録のスキャナ保存が保存要件（上記⑴から⑻までの要件）に従って行われていない場合（その国税関係書類（紙原本）の保存が行われている場合を除きます。）には、保存義務者は、その国税関係書類の保存場所（その国税関係書類を紙原本として保存する場合の保存場所）に、その国税関係書類の保存をしなければならないこととされている期間（その国税関係書類を紙原本として保存する場合の保存期間）、その電磁的記録を保存しなければならないこととされています（電帳法4③後段、電帳規2⑫）。

（注1） 国税関係書類に係る電磁的記録のスキャナ保存が保存要件に従って行われていない場合であっても、その国税関係書類（紙原本）の保存が適正に行われているときは、各税法の規定に基づく保存義務を履行しているものと考えられるため、その電磁的記録の保存が求められるものではありません。

（注2） 要件に従ってスキャナ保存が行われていない場合の国税関係書類に係る電磁的記録の保存が行われたときは、その電磁的記録は国税関係書類とはみなされません（電帳法8①）。なお、そのスキャナ保存は要件に従って行われていることにはならないため、青色申告の承認申請却下若しくは承認取消し又は通算予定法人の承認申請却下の事由に該当し得ることとなります（電帳法8③）。

三　電子取引の取引情報に係る電磁的記録の保存制度

1　制度の趣旨

所得税法及び法人税法においては、取引に関して相手方から受け取った注文書、領収書等や相手方に交付したこれらの書類の写しの保存義務が定められていますが、EDI（Electronic Data Interchange）取引など、注文書、領収書等の書面の授受は行われず、これらに相当するデータがやり取りされるだけのペーパーレス取引においても同様に、この注文書、領収書等の原始記録の保存が行われることとなるよう、EDI取引が急速に普及してきている状況をも考慮し、電子取引の取引情報に係る電磁的記録の保存制度について、平成10年度の税制改正における電子帳簿保存法の制定時に制度化されているものです。

2　制度の概要

所得税（源泉徴収に係る所得税を除きます。）及び法人税に係る保存義務者は、電子取引を行った場合には、その電子取引の取引情報に係る電磁的記録を保存しなければならないこととされています（電帳法7）。この電子取引の保存は、「することができる」というものではなく、全ての保存義務者が必要とされているものです。

3　保存義務者

保存義務者は、所得税法及び法人税法において、取引に関して相手方から受け取った注文書、契約書、送り状、領収書、見積書その他これらに準ずる書類及び相手方に交付したこれらの書類の写しを保存すべきこととされている者です（電帳法2五、7）。

4　保存対象となる情報

保存対象となる情報は、電子取引の取引情報とされています（電帳法7）。

この電子取引とは、取引情報の授受を電磁的方式により行う取引をいい（電帳法2五）、取引情報が電磁的記録の授受によって行われる取引は通信手段を問わず全て該当します。例えば、①いわゆるEDI取引、②インターネット等による取引、③電子メールにより取引情報を授受する取引（添付ファイルによる場合を含みます。）、④インターネット上にサイトを設け、そのサイトを通じて取引情報を授受する取引もこれに含まれます（電帳通２－２）。

また、この取引情報とは、取引に関して受領し、又は交付する注文書、契約書、送り状、領収書、見積書その他これらに準ずる書類に通常記載される事項をいいます（電帳法２五）。

5　保存方法

(1)　保存場所及び保存期間

電子取引の取引情報に係る電磁的記録の保存場所及び保存期間は、その取引情報の受領が書面により行われたとした場合又はその取引情報の送付が書面により行われてその写しが作成されたとした場合に、国税に関する法律の規定によりその書面を保存すべきこととなる場所及び期間と同一の場所及び期間とされています（電帳規４①）。

(2)　保存の要件等

①　電子取引の取引情報に係る電磁的記録の保存（電帳規４①）

保存義務者は、電子取引を行った場合には、次のイ(イ)から(ニ)までに掲げる真実性の確保のための措置のいずれかを行い、次のロの可視性の確保、次のハのシステムの概要書の備付け及び次のニの検索機能の確保を行って保存することが必要とされています。

イ　真実性の確保（電帳規４①一・二）

(イ)　取引情報に係る電磁的記録の記録事項にタイムスタンプが付された後、その取引情報の授受を行うこと（電帳規４①一）。

(ロ)　次に掲げる方法のいずれかにより、その電磁的記録の記録事項にタイムスタンプを付すとともに、その電磁的記録の保存を行う者又はその者を直接監督する者に関する情報を確認することができるようにしておくこと（電帳規４①二）。

a　その電磁的記録の記録事項にタイムスタンプを付すことをその取引情報の授受後、速やかに行うこと。

b　その電磁的記録の記録事項にタイムスタンプを付すことをその業務の処理に係る通常の期間を経過した後、速やかに行うこと（その取引情報の授受からその記録事項にタイムスタンプを付すまでの各事務の処理に関する規程を定めている場合に限ります。）。

（注１）　上記ａの「速やかに」の適用に当たり、その取引情報の授受後おおむね７営業日以内にタイムスタンプを付す場合には、速やかに行っているものとして取り扱われ、上記ｂの「速やかに」の適用に当たり、その業務の処理に係る通常の期間を経過した後、おおむね７営業日以内にタイムスタンプを付す場合には同様に取り扱われます（電帳通７－２）。

（注２）　上記ｂの「その業務の処理に係る通常の期間」とは、その取引情報の授受からタイムスタンプの付与が可能となるまでの業務処理サイクルの期間をいいます。なお、月をまたいで処理することも通常行われている業務処理サイクルと認められることから、最長２か月の業務処理サイクルであれば、「その業務の処理に係る通常の期間」として取り扱われます（電帳通７－３）。

(ハ)　次に掲げる要件のいずれかを満たす電子計算機処理システムを使用して、電子取引の取引情報の授受及びその電磁的記録の保存を行うこと（電帳規4①三）。

a　その電磁的記録の記録事項について訂正又は削除を行った場合には、これらの事実及び内容を確認することができること。

b　その電磁的記録の記録事項について訂正又は削除を行うことができないこと。

（注1）　上記aの「その電磁的記録の記録事項について訂正又は削除を行った場合には、これらの事実及び内容を確認することができること」とは、例えば、電磁的記録の記録事項を直接に訂正又は削除を行った場合には、訂正前又は削除前の記録事項及び訂正又は削除の内容がその電磁的記録又はその電磁的記録とは別の電磁的記録（訂正削除前の履歴ファイル）に自動的に記録されるシステム等をいいます。

（注2）　上記bの「その電磁的記録の記録事項について訂正又は削除を行うことができないこと」とは、例えば、電磁的記録の記録事項に係る訂正又は削除について、物理的にできない仕様とされているシステム等をいいます。

(二)　その電磁的記録の記録事項について正当な理由がない訂正及び削除の防止に関する事務処理の規程を定め、その規程に沿った運用を行い、その電磁的記録の保存に併せてその規程の備付けを行うこと（電帳規4①四）。

（注）　この規程には、例えば、次に掲げる場合の区分に応じそれぞれ次に定める内容を含む規程が該当します（電帳通7－5）。

①　自らの規程のみによって防止する場合

イ　データの訂正削除の原則禁止

ロ　業務処理上の都合により、データを訂正又は削除する場合（例えば、取引相手方からの依頼により、入力漏れとなった取引年月日を追記する等）の事務処理手続（訂正削除日、訂正削除理由、訂正削除内容、処理担当者の氏名の記録及び保存）

ハ　データ管理責任者及び処理責任者の明確化

② 取引相手との契約によって防止する場合

イ　取引相手とデータ訂正等の防止に関する条項を含む契約を行うこと。

ロ　事前に上記契約を行うこと。

ハ　電子取引の種類を問わないこと。

ロ　可視性の確保（電帳規４①、２②二）

電子取引の取引情報に係る電磁的記録を保存する場所に、その電磁的記録の電子計算機処理の用に供することができる電子計算機、プログラム、ディスプレイ及びプリンタ並びにこれらの操作説明書を備え付け、その電磁的記録をディスプレイの画面及び書面に、整然とした形式及び明瞭な状態で、速やかに出力することができるようにしておくこと。

ハ　システムの概要書の備付け（電帳規４①、２⑥七・②一イ）

電子取引の取引情報に係る電磁的記録の保存に併せて、その電磁的記録に係る電子計算機処理システムの概要を記載した書類の備付けを行うこと（他の者が開発したプログラムを使用する場合にはこの書類の備付けは必要ありません。）。

ニ　検索機能の確保（電帳規４①、２⑥六）

次に掲げる検索機能を確保しておくこと。

(イ) 取引年月日その他の日付、取引金額及び取引先（記録項目）を検索の条件として設定することができること。

(ロ) 日付又は金額に係る記録項目については、その範囲を指定して条件を設定することができること。

(ハ) ２以上の任意の記録項目を組み合わせて条件を設定することができること。

なお、その保存義務者が国税に関する法律の規定によるその電磁的記録の提示又は提出の要求に応じることができるようにしている場合には、上記(ロ)及び(ハ)の要件が不要となる取扱いはスキャナ保存と同様ですが、更に、その提示又は要求に応じることができるようにしていることに加えて、その保存義務者が、その判定期間に係る基準期間における売上高が1,000万円以下である事業者であるときは、上記(イ)の要件についても不要とされ、結果的に検索機能の確保の要件は、全て不要となります（電帳規４①）。

（注１） 上記の「判定期間」とは、個人事業者については、「電子取引を行った日の属する年の１月１日から12月31日までの期間」をいい、法人については、「電子取引を行った日の属する事業年度」をいいます（電帳規４②二）。

（注２） 上記の「基準期間」とは、個人事業者についてはその年の前々年をいい、法人についてはその事業年度の前々事業年度（その前々事業年度が１年未満である法人については、その事業年度開始の日の２年前の日の前日から同日以後１年を経過する日までの間に開始した各事業年度を合わせた期間）をいいます（電帳規４②三）。

② **電磁的記録の出力書面等による保存措置の廃止**（旧電帳法10ただし書、旧電帳規８②③）

所得税（源泉徴収に係る所得税を除きます。）及び法人税に係る保存義務者が電子取引の取引情報に係る電磁的記録を出力することにより作成した書面又はCOM（以下「出力書面等」といいます。）の保存をもってその電磁的記録の保存に代えることができる措置については、令和３年度の税制改正において廃止されています（旧電帳法10ただし書、旧電帳規８②③）。また、この改正に伴い、出力書面等を国税関係書類以外の書類とみなす措置も廃止されています（電帳法８②）。

これまで、出力書面等については、真実性の確保のための措置を行う必要がありませんでしたが、税務手続の電子化を進める上での電子取引の重要性に鑑み、他者から受領した電子データとの同一性が十分に確保されないことから、出力書面等による保存措置は廃止されたものです。

この改正後においては、所得税（源泉徴収に係る所得税を除きます。）及び法人税に係る保存義務者は、電子取引の取引情報に係る電磁的記録について、上記①の要件に従って保存を行うことができない場合には、その電磁的記録は、国税関係書類以外の書類とみなされませんが（下記**四３**参照）、申告内容を確認するための書類となり得るものとして、その電磁的記録の保存を行うことが求められます。

なお、消費税に係る保存義務者が電子取引を行った場合には、消費税法令上、引き続き、その電子取引の取引情報に係る電磁的記録を出力することにより作成した書面を保存することが可能とされています。

③　**災害その他やむを得ない事情に係る宥恕措置**（電帳規４③）

保存義務者が、電子取引を行った場合において、災害その他やむを得ない事情により、保存要件（上記①の要件）に従ってその電子取引の取引情報に係る電磁的記録の保存をすることができなかったことを証明したときは、その保存要件にかかわらず、その電磁的記録の保存をすることができることとされています。ただし、その事情が生じなかったとした場合において、その保存要件に従ってその電磁的記録の保存をすることができなかったと認められるときは、この限りでないこととされています。

四　各税法その他の法令の適用

1　各税法の記帳・記録保存制度との関係

「国税関係帳簿書類」の備付け又は保存及び「国税関係書類以外の書類」の保存については、他の国税に関する法律（以下「各税法」といいます。）に定めるもののほか、電子帳簿保存法によることとされています（電帳法３）。

電子帳簿保存法は、各税法における帳簿書類の記帳及び記録保存制度を前提として、電子計算機を使用して作成する国税関係帳簿書類の備付けや保存の媒体の特例を定めるものであり、そのほかには国税関係帳簿書類の備付け及び保存については、何ら規定は設けられていません。したがって、国税関係帳簿書類の備付け及び保存をすべき場所、保存をすべき期間等は、全て各税法の定めるところによることになります。

2　国税関係帳簿書類に係る電磁的記録又はCOMに対する各税法の規定の適用

保存要件に従って保存等が行われている国税関係帳簿又は保存が行われている国税関係書類に係る電磁的記録若しくはCOMに対する各税法の規定の適用については、その国税関係帳簿又は国税関係書類とみなすこととされています（電帳法8①）。これにより、例えば、税務調査の際に、国税関係帳簿又は国税関係書類とみなされた電磁的記録又はCOMを国税関係帳簿又は国税関係書類として、質問検査等の対象となります。

3　電子取引の取引情報に係る電磁的記録に対する各税法の規定の適用

保存要件に従って保存が行われている電子取引の取引情報に係る電磁的記録に対する各税法の規定の適用については、その電磁的記録を国税関係書類以外の書類とみなすこととされています（電帳法8②）。

電子取引の取引情報に係る電磁的記録は、上記のとおり、国税関係書類以外の書類とみなされた上、電子帳簿保存法で保存義務が課されています（電帳法7）。

保存要件に従って保存が行われていない電磁的記録については、他者から受領した電子データとの同一性が担保されないことから、保存書類と扱わないこととされ、保存要件に従って保存が行われている電磁的記録のみ「国税関係書類以外の書類」とみなすこととされているものです。

この「国税関係書類以外の書類」とみなされる電磁的記録については、所得税法及び法人税法における保存書類とは別の書類とみなすこととして、税務調査の際に、その電磁的記録を書類と同様に扱うことができることとされています。

なお、保存要件に従って保存が行われていない電磁的記録については、「国税関係書類以外の書類」とみなされないことから、その申告内容の適正性については、税務調査において、納税者からの追加的な説明や資料提出、取引先の情報等を総合勘案して確認されることになります。

4　青色申告等に関する規定の適用

保存要件に従って保存等が行われている国税関係帳簿若しくは保存が行われている国税関係書類に係る電磁的記録若しくはCOMの保存義務者又は保存要件に従って保存が行われている電子取引の取引情報に係る電磁的記録の保存義務者が、青色申告を行っている個人若しくは法人又は通算予定法人であるときは、これらの保存等の要件違反は、青色申告の承認申請却下若しくは承認取消し又は通算予定法人に係る通算承認の承認申請却下の事由に該当することとされています（電帳法8③)。

これは、青色申告者又は通算予定法人が国税関係帳簿書類をこれらの電磁的記録等により保存等をする場合においては、その帳簿書類の保存目的を達成するためには、保存場所、保存年数等の要件だけでなく、これらの保存要件も満たされる必要があることが考慮されたものです。

5　電磁的記録に係る重加算税の加重措置

取引の相手から受領した書類等については、その取引内容を証する原始記録であり、それに基づき各種の帳簿作成・税務申告が行われる基礎となるものであることから、その確認書類としての現物性が確保されていることの要請は強いものと考えられます。他方で、こうした確認書類が電子的に保存されている場合、すなわち、国税関係書類に係る電磁的記録のスキャナ保存又は電子取引の取引情報に係る電磁的記録の保存が行われている場合には、紙によってその書類等を保存する場合と比して、複製・改ざん行為が容易であり、また、その痕跡が残りにくいという特性にも鑑みて、こうした複製・改ざん行為を未然に抑止する観点から、これらの電磁的記録に記録された事項に関し、「隠蔽仮装された事実」に基づき生じた申告漏れ等について課される重加算税を加重する措置が講じられています。

具体的には、保存要件に従ってスキャナ保存が行われている国税関係書類に係る電磁的記録（電帳法４③前段）若しくはその保存要件に従ってスキャナ保存が行われていない国税関係書類に係る電磁的記録（電帳法４③後段）又は保存義務者により行われた電子取引の取引情報に係る電磁的記録（電帳法７）に記録された事項に関し期限後申告書若しくは修正申告書の提出、更正若しくは決定又は納税の告知若しくは納税の告知を受けることなくされた納付（以下「期限後申告等」といいます。）があった場合の重加算税の額については、通常課される重加算税の金額にその重加算税の基礎となるべき税額（その税額の計算の基礎となるべき事実（申告漏れ等）でその期限後申告等の基因となるこれらの電磁的記録に記録された事項に係るもの（隠蔽仮装されているものに限ります。以下「電磁的記録に記録された事項に係る事実」といいます。）以外のものがあるときは、その「電磁的記録に記録された事項に係る事実に基づく本税額」に限ります。）の10％に相当する金額を加算した金額とすることとされています（電帳法８⑤）。

なお、この「電磁的記録に記録された事項に係る事実に基づく本税額」については、次に掲げる場合の区分に応じそれぞれ次に定めるところにより計算することとされています（電帳令４）。

(1) 期限後申告等の内容に「隠蔽仮装されていない事実」がある場合（電帳令４一）

① 過少申告加算税又は無申告加算税に代えて課される重加算税

「隠蔽仮装されていない事実」及び「電磁的記録に記録された事項に係る事実」（以下「隠蔽仮装されていない事実等」といいます。）のみに基づいて期限後申告書若しくは修正申告書の提出又は更正若しくは決定があったものと仮定計算した場合に算出される本税額から「隠蔽仮装されていない事実」のみに基づいて期限後申告書若しくは修正申告書の提出又は更正若しくは決定があったものと仮定計算した場合に算出される本税額を控除した税額

② 不納付加算税に代えて課される重加算税

スキャナ保存に係る国税関係書類の保存義務者が「隠蔽仮装されていない事実等」のみに基づいてその源泉徴収等による国税の法定納期限までに納付しなかった本税額からその保存義務者が「隠蔽仮装されていない事実」のみに基づいてその源泉徴収等による国税の法定納期限までに納付しなかった本税額を控除した税額

(2) 期限後申告等の内容が「隠蔽仮装された事実」のみである場合（電帳令４二）

① 過少申告加算税又は無申告加算税に代えて課される重加算税

「電磁的記録に記録された事項に係る事実」のみに基づいて期限後申告書若しくは修正申告書の提出又は更正若しくは決定があったものと仮定計算した場合に算出される本税額

② 不納付加算税に代えて課される重加算税

スキャナ保存に係る国税関係書類の保存義務者が「電磁的記録に記録された事項に係る事実」のみに基づいてその源泉徴収等による国税の法定納期限までに納付しなかった本税額

(参考) 通常課される重加算税の割合は35%（無申告加算税に代えて課される重加算税については、40%）とされています（通法68①～③）。なお、過去5年以内に無申告加算税又は重加算税を賦課された者が再び仮装・隠蔽に基づく修正申告書の提出等を行った場合には、重加算税の割合は、10%加重されており（通法68④）、この措置と重複適用された場合の重加算税の割合は、55%（無申告加算税に代えて課される重加算税については、60%）とされています。

(注) 重加算税の計算において、その税額の計算の基礎となるべき税額にその税額の計算の基礎となる事実で隠蔽し、又は仮装されていないものに基づくことが明らかであるものがあるときは、その税額から、その「隠蔽仮装されていない事実」のみに基づいて修正申告等があったものとした場合におけるその申告等に基づき納付すべき税額が控除されることとされており、「隠蔽仮装されていない事実」に基づく本税額が、低い累進税率が適用される部分に充てられる取扱いとされていますが（通法68、通令28)、この措置が適用される場合には、「隠蔽仮装された事実」のうち「電磁的記録に記録された事項に係る事実に基づく本税額」がそれ以外の本税額より低い累進税率が適用される部分に充てられることになります（電帳法8⑤、電帳令4）。

6 e-文書通則法の適用除外

e-文書通則法第3条（電磁的記録による保存）及び第4条（電磁的記

録による作成）においては、民間事業者等は、法令の規定に基づき民間事業者が書面等により行うこととしている作成又は保存については、その法令の規定にかかわらず、主務省令で定めるところにより、書面等の作成又は保存に代えてその書面等に係る電磁的記録の作成又は保存を行うことができることとされており、ｅ-文書通則法の書面等の作成又は保存には、民間事業者等が納税者の立場で行わなければならないこととされているものも含まれています。

他方で、国税関係帳簿書類の作成又は保存については、適正公平な課税の確保の観点からは、電子帳簿保存法の下で行われる必要があることから、国税関係帳簿書類については、ｅ-文書通則法第３条（電磁的記録による保存）及び第４条（電磁的記録による作成）の規定は、適用しないこととされています（電帳法６）。

第２編

問答編

国税関係帳簿書類の電磁的記録又はCOMによる保存制度・優良な電子帳簿保存制度

Ⅰ　制度の概要

Q 1　国税関係帳簿書類の電磁的記録又はCOMによる保存制度の概要

国税関係帳簿書類の電磁的記録又はCOMによる保存制度の概要について説明してください。

A　電磁的記録による保存制度とCOMによる保存制度については、それぞれ次のようになっています。

①　電磁的記録による保存制度

国税関係帳簿又は国税関係書類の保存義務者は、国税関係帳簿又は国税関係書類の全部又は一部について、自己が最初の記録段階から一貫して電子計算機を使用して作成する場合には、一定の要件に従ってその電磁的記録の備付け及び保存をもってその「帳簿」の備付け及び保存に代えること、又はその電磁的記録の保存をもってその「書類」の保存に代えることができることとされています（電帳法4①②）。

②　COMによる保存制度

国税関係帳簿又は国税関係書類の保存義務者は、国税関係帳簿又は国税関係書類の全部又は一部について、自己が最初の記録段階から一貫して電子計算機を使用して作成する場合には、一定の要件に従って、その電磁的記録の備付け及びCOMの保存をもってその「帳簿」の備付け及び保存に代えること、又はそのCOMの保存をもってその「書類」の保存に代えることができることとされています（電帳法5①②）。

【関連する電子帳簿保存法取扱通達】
（国税関係帳簿に係る電磁的記録の範囲）

4－1　法第4条第1項《国税関係帳簿の電磁的記録による保存等》又は第5条第1項《国税関係帳簿の電子計算機出力マイクロフィルムによる保存等》に規定する「国税関係帳簿に係る電磁的記録」とは、規則第2条第2項各号又は第3条第1項各号の要件に従って備付け及び保存（以下「保存等」という。）が行われている当該国税関係帳簿を出力することができる電磁的記録をいう。

したがって、そのような電磁的記録である限り、電子計算機処理において複数の電磁的記録が作成される場合にそのいずれの電磁的記録を保存等の対象とするかは、保存義務者が任意に選択することができることに留意する。

（注）　この場合の国税関係帳簿に係る電磁的記録の媒体についても保存義務者が任意に選択することができることに留意する。

Q 2　優良な電子帳簿保存制度（優良な電子帳簿に係る過少申告加算税の軽減措置）の概要

優良な電子帳簿に係る過少申告加算税の軽減措置の概要について説明してください。

A　優良な電子帳簿保存制度（優良な電子帳簿に係る過少申告加算税の軽減措置）とは、令和3年度税制改正で創設された制度であり、同年度の改正で、国税関係帳簿書類の電磁的記録等による保存等の要件が大幅に緩和されましたが、記帳水準の向上に資する観点から、事後検証可能性の高い改正前の電子帳簿保存法の要件を満たす電子帳簿を「優良な電子帳簿」と位置付けて、その電子帳簿に記録された事項に関して修正申告等があった場合でも、その申告漏れについて課される過少申告加算税の額を軽減するインセンティブ措置です。

具体的には、一定の国税関係帳簿（Q４参照）に係る電磁的記録の備付け及び保存又はその電磁的記録の備付け及びCOMの保存が、国税の納税義務の適正な履行に資するものとして一定の要件（Q５参照）を満たしている場合におけるその電磁的記録又はCOMに記録された事項に関し修正申告等があった場合の過少申告加算税の額については、通常課される過少申告加算税の金額からその修正申告等に係る過少申告加算税の額の計算の基礎となるべき税額（電磁的記録等に記録された事項に係るもの以外の事実があるときは、その電磁的記録等に記録された事項に係るもの以外の事実に基づく税額を控除した税額）の５％に相当する金額を控除した金額とする制度です（電帳法８④）。

なお、その税額の計算の基礎となるべき事実で隠蔽し、又は仮装されたもの（Q21参照）があるときは、この措置は、適用しないこととされています（電帳法８④ただし書）。

(参考) 通常課される過少申告加算税の割合は10%（「50万円」又は「期限内申告税額」のいずれか多い金額を超える部分については、15%）とされています。なお、修正申告書の提出が、調査通知以後、かつ、調査による更正を予知してされたものでない場合には、５％（「50万円」又は「期限内申告税額」のいずれか多い金額を超える部分については10%）とされています（通法65）。

Ⅱ　制度の内容

1　対象帳簿書類

Q 3　電磁的記録又はCOMによる保存制度の対象となる国税関係帳簿書類の具体的内容

電磁的記録又はCOMによる保存制度の対象となる国税関係帳簿書類について、具体的に説明してください。

A　電磁的記録又はCOMによる保存制度の対象となる国税関係帳簿書類について、国税関係帳簿と国税関係書類とに分けて整理すると、次のようになります。

①　国税関係帳簿

自己が最初の記録段階から一貫して電子計算機を使用して作成する国税関係帳簿が対象とされています（電帳法4①、5①）。すなわち、自己が国税関係帳簿を備え付けて記録を蓄積していく段階の始めから終わりまで電子計算機の使用を貫いて作成するもの——平たく言えば、自己が電子計算機を使用しない過程（手書き等）を一切含まずに作成する帳簿——が、電磁的記録又はCOMによる保存制度の対象帳簿とされています。

なお、対象帳簿は正規の簿記の原則又は複式簿記の原則に従って記録されるものに限定されています。すなわち、所得税法又は法人税法の規定により備付け及び保存をしなければならないこととされている帳簿であって、資産、負債及び資本に影響を及ぼす一切の取引につき、正規の簿記の原則（法人税法の規定により備付け及び保存をしなければならないこととされている帳簿にあっては、複式簿記の原則）に従い、整然と、かつ、明瞭に記録されているもの以外のものが、対象となる国税関係帳簿の範囲から除外されています（電帳法４①、電帳規２①）。

他方、所得税法及び法人税法上の帳簿以外の帳簿については、こうした原則に従って記録をしなければならないこととされていないため全ての帳簿が対象となります。

【関連する電子帳簿保存法取扱通達】

（国税関係帳簿の範囲）

２－１　法第２条第２号《国税関係帳簿書類の意義》に規定する「国税関係帳簿」には、酒税法第46条《記帳義務》に規定する帳簿のように、国税に関する法律において記帳義務を規定することにより保存義務が課されている帳簿も含まれることに留意する。

（自己が作成することの意義）

４－３　法第４条第１項及び第２項《国税関係帳簿書類の電磁的記録による保存等》並びに第５条《国税関係帳簿書類の電子計算機出力マイクロフィルムによる保存等》に規定する「自己が」とは、保存義務者が主体となってその責任において行うことをいい、例えば、国税関係帳簿書類に係る電子計算機処理を会計事務所や記帳代行業者に委託している場合も、これに含まれることに留意する。

（最初の記録段階から一貫して電子計算機を使用して作成することの意義）

４－４　法第４条第１項《国税関係帳簿の電磁的記録による保存等》及び第５条第１項《国税関係帳簿の電子計算機出力マイクロフィルムによる保存等》に規定する「最初の記録段階から一貫して電子計算機を使用して作成する場合」とは、帳簿を備え付けて記録を蓄積していく段階の始めから終わりまで電子計算機の使用を貫いて作成する場合をいうことに留意する。

なお、帳簿を備え付けて記録を蓄積していく段階の始めとは、帳簿の備付け等開始の日を指すが、課税期間（国税通則法第２条第９号《定義》に規定する課税期間をいう。以下４－４、４－10、８－１、８－６及び８－14において同じ。）の定めのある国税に係る帳簿については、原則として課税期間の初日となることに留意する。

②　国税関係書類

自己が一貫して電子計算機を使用して作成する国税関係書類が対象とされています（電帳法4②、5②）。すなわち、自己が国税関係書類の作成の始めから終わりまで電子計算機の使用を貫いて作成するもの――これも平たく言うと、自己が電子計算機を使用しない過程（手書き等）を一切含まずに作成する書類――が、電磁的記録等による保存制度の対象書類とされています。国税関係書類の場合は、国税関係帳簿のようにそれを備え付けて記録を蓄積する過程が存しないことから、このようにされています。

Q４　優良な電子帳簿保存制度（優良な電子帳簿に係る過少申告加算税の軽減措置）の対象となる国税関係帳簿の具体的内容

優良な電子帳簿に係る過少申告加算税の軽減措置の対象となる国税関係帳簿について、具体的に説明してください。

A　この措置の対象となる「一定の国税関係帳簿」（Q２参照）とは、修正申告等の基因となる事項（Q20参照）に係る次の帳簿となります（電帳規5①）。

①　所得税法上の青色申告者が保存しなければならないこととされる仕訳帳、総勘定元帳その他必要な帳簿（所規58①、63①）

②　法人税法上の青色申告法人が保存しなければならないこととされる仕訳帳、総勘定元帳その他必要な帳簿（法規54、59①）

③　消費税法上の事業者が保存しなければならないこととされる次の帳簿

イ　課税仕入れの税額の控除に係る帳簿（消法30⑦⑧一）

ロ　特定課税仕入れの税額の控除に係る帳簿（消法30⑦⑧二）

ハ　課税貨物の引取りの税額の控除に係る帳簿（消法30⑦⑧三）

ニ　売上対価の返還等に係る帳簿（消法38②）

ホ　特定課税仕入れの対価の返還等に係る帳簿（消法38の２②）

ヘ　資産の譲渡等又は課税仕入れ若しくは課税貨物の保税地域からの引取りに関する事項に係る帳簿（消法58）

（注）　課税貨物の保税地域からの引取りを行う事業者については、上記ハ及びヘ（課税貨物の保税地域からの引取りに関する事項に係るものに限ります。）が対象帳簿となります。また、資産の譲渡等又は課税仕入れを行う事業者は、それ以外の帳簿が対象となります。

保存義務者は、あらかじめ、これらの帳簿（特例国税関係帳簿）に係る電磁的記録又はCOMに記録された事項に関し修正申告等があった場合には本措置の適用を受ける旨及び特例国税関係帳簿の種類等を記載した届出書を所轄税務署長等に提出している必要があります（電帳規５①）。

2　電磁的記録若しくはCOMによる保存等又は優良な電子帳簿の保存等の要件等

(1)　総　　論

Q５　電磁的記録若しくはCOMによる保存等又は優良な電子帳簿の保存等の要件の全体像

電磁的記録による保存等を行う場合、COMによる保存等を行う場合又は優良な電子帳簿保存制度（優良な電子帳簿に係る過少申告加算税の軽減措置）の適用を受ける場合に必要とされている要件の全体像について説明してください。

A

(1) **電磁的記録による保存等**

国税関係帳簿書類の電磁的記録による保存等を行う場合に必要とされている要件は、帳簿と書類の別によって、次のとおりとされています。

① **国税関係帳簿の電磁的記録による備付け及び保存を行う場合**

国税関係帳簿の電磁的記録による備付け及び保存をもってその国税関係帳簿の備付け及び保存に代えようとする保存義務者は、次の要件（優良な電子帳簿保存制度の適用を受ける場合に必要とされる要件（下記(3)参照）に従ってその電磁的記録の備付け及び保存を行っている場合には、下記ハの要件を除きます。）に従って、その帳簿に係る電磁的記録の備付け及び保存を行うことが必要とされています（電帳規２②）。

イ　電子計算機処理システムの概要書等の備付け

国税関係帳簿に係る電磁的記録の備付け及び保存に併せて、次の書類の備付けを行うこと（電帳規２②一）。

(イ) その帳簿に係る電子計算機処理システムの概要を記載した書類

(ロ) その帳簿に係る電子計算機処理システムの開発に際して作成した書類（例えば、システム設計書、プログラム仕様書等）

(ハ) その帳簿に係る電子計算機処理システムの操作説明書

(ニ) その帳簿に係る電子計算機処理及びその帳簿に係る電磁的記

録の保存等に関する事務手続を明らかにした書類（その電子計算機処理を他の者に委託している場合には、その委託に係る契約書並びにその帳簿に係る電磁的記録の備付け及び保存に関する事務手続を明らかにした書類）

ただし、その帳簿に係る電子計算機処理に他の者が開発したプログラムを使用する場合には上記(イ)及び(ロ)の書類の備付けは必要ありません。また、その帳簿に係る電子計算機処理自体を他の者（その電子計算機処理に保存義務者が開発したプログラムを使用する者を除きます。）に委託している場合には、上記(ハ)の操作説明書の備付けは必要ありません。

なお、この要件を一覧表にすると、次のようになります。

電子計算機処理システム概要書等の備付け（電帳規２②一）

区　　分	自己開発プログラム		他人開発プログラム	
	自己処理	委託処理	自己処理	委託処理
①　システム概要書	○	○	×	×
②　システム開発関係書類	○	○	×	×
③　操作説明書	○	○	○	×
④　電算処理の事務提要	○	委託契約書	○	委託契約書
⑤　保存等の事務提要	○	○	○	○

ロ　見読可能装置の備付け等

国税関係帳簿に係る電磁的記録の備付け及び保存をする場所に、その電磁的記録の電子計算機処理の用に供することができる電子計算機、プログラム、ディスプレイ及びプリンタ並びにこれらの操作説明書を備え付け、その電磁的記録をディスプレイの画面及び書面に、整然とした形式及び明瞭な状態で、速やかに出力することができるようにしておくこと（電帳規２②二）。

ハ　ダウンロードの求めに応じること

国税に関する法律の規定によるその国税関係帳簿に係る電磁的記録の提示又は提出の要求に応じることができるようにしておくことが必要とされています（電帳規２②三）。

② 国税関係書類の電磁的記録による保存を行う場合

国税関係書類の電磁的記録による保存をもってその国税関係書類の保存に代えようとする保存義務者は、次の要件（その電磁的記録の記録事項の検索をすることができる機能（取引年月日その他の日付を検索の条件として設定すること及びその範囲を指定して条件を設定することができるものに限ります。）を確保してその電磁的記録の保存を行っている場合には、下記ハの要件を除きます。）に従って、その書類に係る電磁的記録の保存を行うことが必要とされています（電帳規２③）。

イ　電子計算機処理システムの概要書等の備付け

国税関係書類に係る電磁的記録の保存に併せて、次の書類の備付けを行うこと。

(イ)　その書類に係る電子計算機処理システムの概要を記載した書類

(ロ)　その書類に係る電子計算機処理システムの開発に際して作成した書類（例えば、システム設計書、プログラム仕様書等）

(ハ)　その書類に係る電子計算機処理システムの操作説明書

(ニ)　その書類に係る電子計算機処理及びその書類に係る電磁的記録の保存に関する事務手続を明らかにした書類（その電子計算機処理を他の者に委託している場合には、その委託に係る契約書及

びその書類に係る電磁的記録の保存に関する事務手続を明らかにした書類)

ただし、その書類に係る電子計算機処理に他の者が開発したプログラムを使用する場合には上記(イ)及び(ロ)の書類の備付けは必要ありません。また、その書類に係る電子計算機処理自体を他の者(その電子計算機処理に保存義務者が開発したプログラムを使用する場合を除きます。)に委託している場合には、上記(ハ)の操作説明書の備付けは必要ありません。

ロ　見読可能装置の備付け等

国税関係書類に係る電磁的記録の保存をする場所に、その電磁的記録の電子計算機処理の用に供することができる電子計算機、プログラム、ディスプレイ及びプリンタ並びにこれらの操作説明書を備え付け、その電磁的記録をディスプレイの画面及び書面に整然とした形式及び明瞭な状態で、速やかに出力することができるようにしておくこと。

ハ　ダウンロードの求めに応じること

国税に関する法律の規定によるその国税関係書類に係る電磁的記録の提示又は提出の要求に応じることができるようにしておくことが必要とされています。

(2) COMによる保存等の要件

国税関係帳簿書類のCOMによる保存等を行う場合に必要とされている要件は、帳簿と書類の別によって、次のとおりとされています。

① 国税関係帳簿のCOMによる保存等を行う場合

国税関係帳簿に係る電磁的記録の備付け及びその電磁的記録のCOMによる保存をもってその国税関係帳簿の備付け及び保存に代

えようとする保存義務者は、上記(1)①の国税関係帳簿の電磁的記録による保存等を行う場合の要件（優良な電子帳簿保存制度の適用を受ける場合に必要とされる要件（下記(3)参照）に従ってその電磁的記録の備付け及びその電磁的記録のCOMによる保存を行っている場合には、上記(1)①ハの要件を除きます。）及び次の要件に従って、その帳簿に係る電磁的記録の備付け及びCOMの保存を行うことが必要とされています（電帳規3①）。

イ　COMの作成過程等に関する書類の備付け

COMの保存に併せて、次の書類の備付けを行うこと（電帳規3①一）。

(イ)　COMの作成及び保存に関する事務手続を明らかにした書類

(ロ)　次の事項が記載された書類

a　保存義務者（法人にあっては保存責任者）のその帳簿に係る電磁的記録が真正に出力され、そのCOMが作成された旨を証する記載及びその氏名

b　COMの作成責任者の氏名

c　COMの作成年月日

ロ　マイクロフィルムリーダプリンタ等の備付け

COMの保存をする場所に、日本産業規格の基準を満たすマイクロフィルムリーダプリンタ及びその操作説明書を備え付け、そのCOMの内容をそのマイクロフィルムリーダプリンタの画面及び書面に、整然とした形式及び明瞭な状態で、速やかに出力することができるようにしておくこと（電帳規3①二）。

②　国税関係書類のCOMによる保存を行う場合

国税関係書類に係る電磁的記録のCOMによる保存をもってその

国税関係書類の保存に代えようとする保存義務者は、上記(1)①の国税関係帳簿の電磁的記録による保存等を行う場合の(1)①イ及びハの要件（索引簿の備付け、COMへの索引の出力及び当初3年間におけるCOMの記録事項の検索機能の確保の要件に従ってそのCOMの保存を行っている場合には、上記(1)①ハの要件は不要）並びに次の要件に従って、その書類に係るCOMの保存を行うことが必要とされています（電帳規3②）。

イ　COMの作成過程等に関する書類の備付け

COMの保存に併せて、次の書類の備付けを行うこと。

(イ)　COMの作成及び保存に関する事務手続を明らかにした書類

(ロ)　次の事項が記載された書類

a　保存義務者（法人にあっては保存責任者）のその書類に係る電磁的記録が真正に出力され、そのCOMが作成された旨を証する記載及びその氏名

b　COMの作成責任者の氏名

c　COMの作成年月日

ロ　マイクロフィルムリーダプリンタ等の備付け

COMの保存をする場所に、日本産業規格の基準を満たすマイクロフィルムリーダプリンタ及びその操作説明書を備え付け、そのCOMの内容をそのマイクロフィルムリーダプリンタの画面及び書面に、整然とした形式及び明瞭な状態で、速やかに出力することができるようにしておくこと。

(3)　優良な電子帳簿保存制度（優良な電子帳簿に係る過少申告加算税の軽減措置）の適用を受ける場合に必要とされる要件

優良な電子帳簿に係る過少申告加算税の軽減措置の適用を受ける場

合には、対象の国税関係帳簿（Q４参照）に係る電磁的記録の備付け及び保存又はその電磁的記録の備付け及びCOMの保存が、国税の納税義務の適正な履行に資するものとして一定の要件を満たしている必要がありますが（電帳法８④)、この「国税の納税義務の適正な履行に資するものとして一定の要件」とは、次に掲げる保存義務者の区分に応じそれぞれ次の要件とされています（電帳規５⑤)

① 対象の国税関係帳簿の電磁的記録の備付け及び保存を行う保存義務者……次の要件（その保存義務者が国税に関する法律の規定によるその国税関係帳簿に係る電磁的記録の提示又は提出の要求に応じることができるようにしている場合には、下記ハ(ロ)及び(ハ)の要件を除きます。）

イ 電磁的記録の訂正・削除・追加の履歴の確保

国税関係帳簿に係る電子計算機処理に、次に掲げる要件を満たす電子計算機処理システムを使用すること（電帳規５⑤一イ)。

(イ) その国税関係帳簿に係る電磁的記録の記録事項について訂正又は削除を行った場合には、これらの事実及び内容を確認することができること。

(ロ) その国税関係帳簿に係る記録事項の入力をその業務の処理に係る通常の期間を経過した後に行った場合には、その事実を確認することができること。

ロ 各帳簿間での記録事項の相互関連性の確保

国税関係帳簿に係る電磁的記録の記録事項と関連国税関係帳簿の記録事項（その関連国税関係帳簿が、その関連国税関係帳簿に係る電磁的記録の備付け及び保存をもってその関連国税関係帳簿の備付け及び保存に代えられているもの又はその電磁的記録の備付け及びCOMの保存をもってその関連国税関係帳簿の備付け及び保存に代えられているものである場合には、その電磁的記録又はそのCOMの記録事項）との間において、相互にその関連性を確認することができるようにしておくこと（電帳規5⑤一ロ）。

ハ　検索機能の確保

国税関係帳簿に係る電磁的記録の記録事項の検索をすることができる機能（次に掲げる要件を満たすものに限ります。）を確保しておくこと（電帳規5⑤一ハ）。

⑴　取引年月日、取引金額及び取引先（記録項目）を検索の条件として設定することができること。

⑵　日付又は金額に係る記録項目については、その範囲を指定して条件を設定することができること。

⑶　2以上の任意の記録項目を組み合わせて条件を設定することができること。

②　対象の国税関係帳簿のCOMによる保存を行う保存義務者……次の要件

イ　上記①の要件（電帳規5⑤二イ）

ロ　電磁的記録の訂正・削除・追加の履歴の確保に関する事項を含む備付書類の記載要件

上記⑵①イ⑵の電磁的記録に上記①イ⑴及び⑵の事実及び内容に係るものを含めた上で記載すること（電帳規5⑤二ロ）。

ハ　索引簿の備付け

COMの保存に併せて、国税関係帳簿の種類及び取引年月日その他の日付を特定することによりこれらに対応するCOMを探し出すことができる索引簿の備付けを行うこと（電帳規5⑤二ハ）。

ニ　COMへの索引の出力

COMごとの記録事項の索引をその索引に係るCOMに出力しておくこと（電帳規5⑤二ニ）。

ホ　当初3年間におけるCOMの記録事項の検索機能の確保

国税関係帳簿の保存期間の当初3年間について、次の(イ)又は(ロ)のいずれかの措置を講じておくこと（電帳規5⑤二ホ）。

(イ)　COMの保存に併せ、見読可能装置の備付け等及び検索機能の確保の要件に従って、そのCOMに係る電磁的記録の保存を行うこと。

(ロ)　COMの記録事項の検索をすることができる機能（上記①ハの検索機能に相当するものに限ります。）を確保しておくこと。

以上の要件について国税関係帳簿と国税関係書類を区分して要約すると、次のようになります。

電磁的記録若しくはCOMによる保存等又は優良な電子帳簿の保存等の要件の概要（電帳規第2条・第3条・第5条）

要件	電子保存等（注1）（第2条）			COM保存等（注2）（第3条）		
	優良帳簿（第5条）	優良以外の帳簿	書類	優良帳簿（第5条）	優良以外の帳簿	書類
電子計算機処理システムの概要書等の備付け（電帳規2②一）	○	○	○	○	○	○
見読可能装置の備付け等（電帳規2②二）	○	○	○	○	○	（※1）
ダウンロードの求めに応じること（電帳規2②三）	△※2	○※3	△※4	△※2	○※3	△※5
COMの作成過程等に関する書類の備付け（電帳規3①一）				○	○	○
マイクロフィルムリーダプリンタ等の備付け（電帳規3①二）				○	○	○
電磁的記録の訂正・削除・追加の履歴の確保（電帳規5⑤一イ、二イ）	○			○		
各帳簿間での記録事項の相互関連性の確保（電帳規5⑤一ロ、二イ）	○			○		
検索機能の確保（電帳規5⑤一ハ、二イ）	△※2			△※2		（※1）
索引簿の備付け（電帳規5⑤二ハ）				○		
COMへの索引の出力（電帳規5⑤二ニ）				○		
当初3年間におけるCOMの記録事項の検索機能の確保（電帳規5⑤二ホ）				○※6		

（注1）「電子保存等」とは、①帳簿の電磁的記録による備付け及び保存又は②書類の電磁的記録による保存をいいます。

（注2）「COM保存等」とは、①帳簿の電磁的記録による備付け及びCOMによる保存又は②書類のCOMによる保存をいいます。

（注3）※1　当初3年間の電磁的記録の並行保存を行う場合の要件です。

※2　「ダウンロードの求め」に応じることができるようにしている場合には、検索機能のうち、範囲を指定して条件を設定できる機能及び2以上の任意の記

録項目を組み合わせて条件を設定できる機能は不要となります。
※3　優良帳簿の要件を全て満たしている場合には「ダウンロードの求めに応じること」の要件は不要となります。
※4　検索機能の確保に相当する要件を満たしている場合には「ダウンロードの求めに応じること」の要件は不要となります。
※5　索引簿の備付け、COMへの索引の出力及び当初3年間におけるCOMの記録事項の検索機能の確保に相当する要件を全て満たしている場合には「ダウンロードの求めに応じること」の要件は不要となります。
※6　検索機能については、ダウンロードの求めに応じることができるようにしていれば、検索機能のうち、範囲を指定して条件を設定できる機能及び2以上の任意の記録項目を組み合わせて条件を設定できる機能は不要となります。
(注4)「優良帳簿」については、一定の場合に、あらかじめ、適用届出書を所轄税務署長等に提出したうえで、過少申告加算税の軽減措置の適用を受けることができます。

Q6　電磁的記録又はCOMによる保存等を行う国税関係帳簿書類の単位

電磁的記録又はCOMによる保存等を行う国税関係帳簿書類の単位について説明してください。

A　保存義務者が国税関係帳簿書類のうち一部の国税関係帳簿書類しか電子計算機により作成等していないような場合でも、その電子計算機により作成等する国税関係帳簿又は国税関係書類について、一定の要件の下で電磁的記録による保存等を行うことができるとするものであり、その場合においても、必ずしも、電子計算機により作成等する国税関係帳簿書類の全部について適用しなければならないとするものではありません。

そのため、保存義務者は、一定の国税関係帳簿書類の作成・保存の実態に応じて、一定の区分の国税関係帳簿又は国税関係書類ごとに電磁的記録若しくはCOMによる保存等又はスキャナ保存を行うことができることとなります。

なお、国税関係帳簿又は国税関係書類の保存等に当たっては、基本的には合理的に区分できる国税関係帳簿又は国税関係書類の種類の単位ごと等、一定の継続性をもって保存等が行われることから、その国税関係帳簿又は国税関係書類に係る電磁的記録の保存等を開始した日及び取りやめた日について明確にしておく必要があります。

【関連する電子帳簿保存法取扱通達】

（法第４条各項の規定を適用する国税関係帳簿書類の単位）

４－２　法第４条各項《国税関係帳簿書類の電磁的記録による保存等》の規定の適用に当たっては、一部の国税関係帳簿又は国税関係書類について適用することもできるのであるから、例えば、保存義務者における次のような国税関係帳簿書類の作成・保存の実態に応じて、それぞれの区分のそれぞれの国税関係帳簿又は国税関係書類ごとに適用することができることに留意する。

⑴　法第４条第１項の規定を適用する場合
- ①　仕訳帳及び総勘定元帳のみを作成している場合
- ②　①に掲げる国税関係帳簿のほか、現金出納帳、売上帳、仕入帳、売掛金元帳、買掛金元帳などの国税関係帳簿を作成している場合
- ③　①又は②に掲げる国税関係帳簿を本店で作成するほか事業部若しくは事業所ごとに作成している場合

⑵　法第４条第２項の規定を適用する場合
- ①　注文書の写しのみを作成している場合
- ②　①に掲げる国税関係書類のほか、領収書の写し、見積書の写し、請求書の写しなどの国税関係書類を作成している場合
- ③　①又は②に掲げる国税関係書類を本店で作成するほか事業部若しくは事業所ごとに作成している場合

⑶　法第４条第３項の規定を適用する場合
- ①　作成又は受領した注文書、領収書、見積書、請求書などの国税関係書類を保存している場合
- ②　①に掲げる国税関係書類を本店で保存しているほか事業部若しくは事業所ごとに保存している場合

なお、国税関係帳簿書類の電磁的記録による保存等に当たっては、電磁的記録による保存等を開始した日（保存等に代える日）及び電磁的記録による保存等を取りやめた日（保存等に代えることをやめた日）を明確にしておく必要があることに留意する。

(2) 電磁的記録による保存等

Q7 備付けを要するシステム関係書類の具体的内容

システム関係書類の備付けが要件とされていますが、具体的には、どのような書類を備え付けておけばよいのでしょうか。

A 国税関係帳簿書類の電磁的記録による保存等を行う場合には、次のような電子計算機処理システムに係る書類を備え付けておくことが必要とされています（電帳規2②一）。

(1) 自社開発のプログラムを用いて自社で電子計算機処理を行う場合

① 電子計算機処理システムの概要を記載した書類

システム基本設計書、システム概要書などと言われるもので、その電子計算機処理システムがどのようなものであるかをおおまかに把握することができるような内容が記載されているものです。

② 電子計算機処理システムの開発に際して作成した書類

システム設計書、プログラム仕様書、プログラムリストなどがこれに当たります。これらの書類は、その電子計算機処理システムの細部についても記載されていますので、その電子計算機処理システムによってどのような処理が行われているのかを詳細に理解しようとする際に役立つものです。

③ 電子計算機処理システムの操作説明書

操作マニュアル、運用マニュアルなどと言われるもので、電子計算機処理システムの機能やその操作方法が記載されているものです。

④　**電子計算機処理に係る事務手続を明らかにした書類**

電子計算機処理システムの具体的な運用に関する事務提要のようなもので、日々の事務処理をどのような手順で行うかなどが記載されているものです。

⑤　**電磁的記録の備付け及び保存に関する事務手続を明らかにした書類**

帳簿書類に係る電磁的記録の備付けや保存に関する事務提要のようなもので、例えば、電子計算機のハードディスクに蓄えられたデータをどのようなタイミングで他の記録媒体に移動するかなど、電磁的記録の備付け及び保存について、どのような管理・責任体制の下に、どのような手順で事務処理を行うかなどが記載されているものです。

(2)　他の者が開発したプログラムを使用する場合や電子計算機処理を第三者に委託している場合

①　他の者が開発したプログラムを使用する場合

上記(1)の①及び②の書類の備付けは必要ありません。

②　電子計算機処理を第三者に委託している場合

上記(1)の③の書類の備付けは必要ありません。ただし、その第三者が、保存義務者の開発したプログラムを使用している場合には、電子計算機処理を委託している場合であっても、上記(1)の③の書類を備え付けておく必要があります。

また、上記(1)の④の書類に代えて委託契約書を備え付けておくことが必要とされています。

【関連する電子帳簿保存法取扱通達】
（保存義務者が開発したプログラムの意義）
4－5　規則第2条第2項第1号《システム関係書類等の備付け》（同条第3項及び第6項第7号において準用する場合を含む。）に規定する「保存義務者が開発したプログラム」とは、保存義務者が主体となってその責任において開発したプログラムをいい、システム開発業者に委託して開発したものも、これに含まれることに留意する。

(備付けを要するシステム関係書類等の範囲)

4－6 規則第2条第2項第1号イからニまで《システム関係書類等の備付け》(同条第3項及び第6項第7号において準用する場合を含む。)に掲げる書類は、それぞれ次に掲げる書類をいう。

なお、当該書類を書面以外の方法により備え付けている場合であっても、その内容を同条第2項第2号《電子計算機等の備付け等》(同条第3項において準用する場合を含む。以下4－7及び4－8において同じ。)に規定する電磁的記録の備付け及び保存をする場所並びに同条第6項第5号《スキャナ保存における電子計算機等の備付け等》に規定する電磁的記録の保存をする場所(以下4－7において「保存場所」という。)で、画面及び書面に、速やかに出力することができることとしているときは、これを認める。

(1) 同条第2項第1号イに掲げる書類　システム全体の構成及び各システム間のデータの流れなど、電子計算機による国税関係帳簿書類の作成に係る処理過程を総括的に記載した、例えば、システム基本設計書、システム概要書、フロー図、システム変更履歴書などの書類

(2) 同号ロに掲げる書類　システムの開発に際して作成した(システム及びプログラムごとの目的及び処理内容などを記載した)、例えば、システム仕様書、システム設計書、ファイル定義書、プログラム仕様書、プログラムリストなどの書類

(3) 同号ハに掲げる書類　入出力要領などの具体的な操作方法を記載した、例えば、操作マニュアル、運用マニュアルなどの書類

(4) 同号ニに掲げる書類　入出力処理(記録事項の訂正又は削除及び追加をするための入出力処理を含む。)の手順、日程及び担当部署並びに電磁的記録の保存等の手順及び担当部署などを明らかにした書類

Q 8　可視性確保のための電子計算機、プリンタ等の設置

電磁的記録による保存等又はスキャナ保存においては、その保存場所に、電磁的記録の保存のほか、電子計算機、プリンタ等の機器も設置することが必要となるのでしょうか。

A　電磁的記録は、電子計算機とその周辺機器を用いて出力処理をし

なければ、人の五感では認識することができませんので、国税関係帳簿書類の保存等に代えて電磁的記録の保存等を行う場合には、電磁的記録の保存等に併せて、ディスプレイやプリンタなどを備え付けておくことが必要とされています（電帳規２②二、⑥五）。

具体的には、電磁的記録の電子計算機処理の用に供することができる電子計算機、プログラム、ディスプレイ及びプリンタ（スキャナによる重要書類（Q62参照）の保存においては、14インチ以上のカラーディスプレイ及びカラープリンタが必要となります。）並びにこれらの操作説明書を備え付けておく必要があります。なお、この電磁的記録の保存等をする場所に備え付けておかなければならない電子計算機は、必ずしもその電磁的記録の作成過程において使用されたものである必要はなく、その電磁的記録の電子計算機処理の用に供することができるものであればよいこととされています。

Q９　外部委託等をしている場合の電磁的記録を保存する場所及び電子計算機、プリンタ等の設置場所

電子計算機センターで処理している場合、データ処理を外部委託している場合又は海外にあるサーバーに保存している場合も、その保存場所に、電磁的記録の保存及び電子計算機、プリンタ等の機器の設置をすることが必要となるのでしょうか。

A　電子帳簿保存法では、国税関係帳簿書類の電磁的記録による保存等（スキャナ保存を含みます。）を行う場合には、電磁的記録の保存等をする場所に、その電磁的記録の電子計算機処理の用に供することができる電子計算機、プログラム、ディスプレイ及びプリンタ（スキャナによる重要書類（Q62参照）の保存においては、14インチ以上のカラーディスプレイ及びカラープリンタが必要となります。）並びにこれらの操作説明書を備え付けておくことが必要とされていますが（電帳規２②二、⑥五）、電磁的記録自体の保存場所については、特段の規定は設けられていません。

これは、電子帳簿保存法が、各税法における帳簿書類の記帳及び記録保存制度を前提として、その帳簿書類の備付け及び保存の媒体の特例だけを定めるものだからであり、電磁的記録を保存する場所については、各税法において帳簿書類の保存等をすべきこととされる場所（納税地や支店の所在地等）となります。

なお、帳簿書類の保存場所以外の電子計算機センターで処理している場合、データ処理を外部委託している場合又は海外にあるサーバーに保存している場合においては、これらの電子計算機センター等と帳簿書類の保存等をすべきこととされる場所（納税地や支店の所在地等）に備え付けられている電子計算機とが通信回線で結ばれていて、その通信回線を利用して容易に電磁的記録を呼び出すことができるようなシステムとなっている場合には、電磁的記録の保存等がこれらの電子計算機センター等で行われていても、実質的に帳簿書類の保存等をすべき場所に電磁的記録の保存等が行われているものとして取り扱われます。

【関連する電子帳簿保存法取扱通達】
（電磁的記録の保存場所に備え付ける電子計算機及びプログラムの意義）
4－7　規則第２条第２項第２号及び第６項第５号《電子計算機等の備付け等》に規定する「当該電磁的記録の電子計算機処理の用に供することができる電子計算機、プログラム」とは、必ずしも国税関係帳簿書類の作成に使用する電子計算機及びプログラムに限られないのであるから留意する。

（注）　規則第２条第２項第２号及び第６項第５号の規定の適用に当たり、保存場所に電磁的記録が保存等をされていない場合であっても、例えば、保存場所に備え付けられている電子計算機と国税関係帳簿書類の作成に使用する電子計算機とが通信回線で接続されているなどにより、保存場所において電磁的記録をディスプレイの画面及び書面に、それぞれの要件に従った状態で、速やかに出力することができるときは、当該電磁的記録は保存場所に保存等がされているものとして取り扱う。

Q10　見読可能装置（ディスプレイ）に係る「整然とした形式及び明瞭な状態」の具体的内容

見読可能装置（ディスプレイ）において電磁的記録を出力する際の「整然とした形式及び明瞭な状態」とは、具体的には、どのように出力されたものであればよいのでしょうか。

A　国税関係帳簿書類の電磁的記録による保存等（スキャナ保存を含みます。）を行う場合には、その電磁的記録をディスプレイの画面及び書面に「整然とした形式及び明瞭な状態」で、速やかに出力することができるようにしておくことが必要とされています（電帳規２②二）。この「整然とした形式及び明瞭な状態」とは、記録項目の名称とその記録内容の関連付けが明らかであるなど書面の帳簿書類に準じた規則性をもった出力形式と、容易に識別することができる程度の文字間隔、文字ポイント及び文字濃度をもった出力状態とが確保される必要がある状態をいいます。

【関連する電子帳簿保存法取扱通達】
（整然とした形式及び明瞭な状態の意義）
4－8　規則第2条第2項第2号《電子計算機等の備付け等》及び第3条第1項第2号《マイクロフィルムリーダプリンタの備付け等》に規定する「整然とした形式及び明瞭な状態」とは、書面により作成される場合の帳簿書類に準じた規則性を有する形式で出力され、かつ、出力される文字を容易に識別することができる状態をいう。

Q11　電磁的記録の可視性（見読可能装置の備付け）の保存期間中における維持

システム変更が頻繁に行われる場合であっても、見読可能装置の備付けによる電磁的記録の可視性を保存期間中は維持することが必要となるのでしょうか。

A　国税関係帳簿書類は、申告納税制度の下において、納税者の申告の基礎となる直接の資料であることなど、納税者と税務当局の双方にとって大切なものであるといえます。各帳簿書類によりその保存期間は異なっていますが、いずれの帳簿書類も、その保存期間中は、納税者の側からは自己の申告内容が適正であることを説明する資料として、税務当局の側からは納税者の説明内容を検証する資料として、その内容を確認することが必要となる場面が生ずることもあります。

帳簿書類が書面の場合には、整理して保存されていれば、特別な機器を必要とせずにその内容を確認することができますが、電磁的記録ということになるとそうはいきません。その電磁的記録の内容を確認するためには、その電磁的記録の電子計算機処理の用に供することができる電子計算機、プログラム、ディスプレイ及びプリンタ並びにこれらの操作説明書の備付け（Ｑ５の表参照）が必要となります（電帳規２②二）。

そのため、帳簿書類の保存期間中にシステム変更を行う場合には、既存の電磁的記録の可視性を確保するための措置が必要となってきます。具体的には、新旧のシステムの互換性を確保したり、既存の電磁的記録の画面及び書面への出力機能のみに絞った簡易なシステムを構築することなどが考えられます。

Q12　電磁的記録の提示又は提出の要求（ダウンロードの求め）

ダウンロードの求めに応じることができるようにしておくことが要件とされていますが、具体的には、どのように対応すればよいのでしょうか。

A　「ダウンロードの求めに応じることができるようにしておくこと」とは、具体的には、国税関係帳簿書類の電磁的記録等による保存等を行っている対象帳簿書類のデータについて、税務調査の際、税務職員からの質問検査権の行使として行われるダウンロードの求めに応じることができるよう準備しておくことが必要となります。

このダウンロードの求めについては、その対象は、対象帳簿書類の電磁的記録となることから、例えば、その電磁的記録に関する履歴データ等のほか、その電磁的記録を補完するための取引先コード表等も含まれることとなります。また、その提供形態については、その電磁的記録において通常出力が可能な範囲で、その求めに応じた方法（例えば、出力形式の指定等）により提供される必要があるため、例えば、CSV 出力が可能であって、税務職員がCSV 出力形式でダウンロードを求めたにもかかわらず、検索性等に劣るそれ以外の形式で提出された場合は、そのダウンロードの求めに応じることができるようにしていたことにはならないことに留意が必要です。

【関連する電子帳簿保存法取扱通達】

（国税に関する法律の規定による提示又は提出の要求）

4－13 規則第２条第２項第３号及び第６項、第４条第１項並びに第５条第５項第１号及び第２号ホに規定する「国税に関する法律の規定による……提示又は提出の要求」については、国税通則法第74条の２から第74条の６までの規定による質問検査権の行使に基づく提示又は提出の要求のほか、以下のものが対象となる。

⑴ 国税通則法の規定を準用する租税特別措置法、東日本大震災からの復興のための施策を実施するために必要な財源の確保に関する特別措置法（復興特別所得税・復興特別法人税）及び一般会計における債務の承継等に伴い必要な財源の確保に係る特別措置に関する法律（たばこ特別税）の規定による質問検査権の行使に基づくもの（措法87の６⑪等、復興財確法32①、62①、財源確保法19①）

⑵ 非居住者の内部取引に係る課税の特例、国外所得金額の計算の特例等に係る同種の事業を営む者等に対する質問検査権の行使に基づくもの（措法40の３の３、措法41の19の５等）

⑶ 国外財産調書・財産債務調書を提出する義務がある者に対する質問検査権の行使に基づくもの（国送法７②）

⑷ 支払調書等の提出に関する質問検査権の行使に基づくもの（措法９の４の２等）

⑸ 相手国等から情報の提供要請があった場合の質問検査権の行使に基づくもの（実特法９①）

⑹ 報告事項の提供に係る質問検査権の行使に基づくもの（実特法10の９①等）

（電磁的記録の提示又は提出の要求に応じる場合の意義）

4－14 規則第２条第２項第３号及び第６項、第４条第１項並びに第５条第５項の「国税に関する法律の規定による……電磁的記録の提示又は提出の要求に応じること」とは、法の定めるところにより備付け及び保存が行われている国税関係帳簿又は保存が行われている国税関係書類若しくは電子取引の取引情報に係る電磁的記録について、税務職員から提示又は提出の要求（以下４－14において「ダウンロードの求め」という。）があった場合に、そのダウンロードの求めに応じられる状態で電磁的記録の保存等を行い、かつ、実際にそのダウンロードの求めがあった場合には、その求めに応じることをいうのであり、「その要求に応じること」とは、当該職員の求めの全てに応じた場合をいうのであって、その求めに一部でも応じない場合はこれらの規定の適用（電子帳簿等保存制度の適用・検索機能の確保の要件の緩和）は受けられないことに留意する。

したがって、その求めに一部でも応じず、かつ、規則第２条第６項第６号に掲げる要件（検索機能の確保に関する要件の全て）又は第５条第５項に定める要件（優良な電子帳簿に関する要件。なお、国税関係書類については、これに相当する要件）が備わっていなかった場合には、規則第２条第２項、第３項、若しくは第６項、第３条又は第４条第１項の規定の適用に当たって、要件に従って保存等が行われていないこととなるから、その保存等がされている電磁的記録又は電子計算機出力マイクロフィルムは国税関係帳簿又は国税関係書類とはみなされないこととなる（電子取引の取引情報に係る電磁的記録については国税関係書類以外の書類とみなされないこととなる）ことに留意する。

また、当該ダウンロードの求めの対象については、法の定めるところにより備付け及び保存が行われている国税関係帳簿又は保存が行われている国税関係書類若しくは電子取引の取引情報に係る電磁的記録が対象となり、ダウンロードの求めに応じて行われる当該電磁的記録の提出については、税務職員の求めた状態で提出される必要があることに留意する。

Q13　令和３年度税制改正前の電磁的記録又はCOMによる保存等の要件による保存等

令和３年度税制改正前の電磁的記録又はCOMによる保存等の要件、すなわち、電磁的記録の訂正・削除・追加の履歴の確保や検索機能の確保といった要件を満たして電磁的記録又はCOMによる保存等を行うことは認められないのでしょうか。

A　令和３年度税制改正により、国税関係帳簿書類の電磁的記録等による保存について、電子計算機処理システムの概要書等の備付け等の最低限の要件により可能とされ、改正前において求められていた電磁的記録の訂正・削除・追加の履歴の確保や検索機能の確保といった要件が不要とされました。

また、税務調査の適正性・効率性を一定程度確保する観点から、上記の国税関係帳簿書類の電磁的記録等による保存等を可能とする「最低限の要件」として、「ダウンロードの求めに応じることができるようにしておくこと」が求められることとされました（Q12参照）。

一方で、改正前の電子帳簿等保存の要件（改正後の優良な電子帳簿保存制度（優良な電子帳簿に係る過少申告加算税の軽減措置）の適用を受ける場合に必要とされる要件（Q５参照））に従って保存等をしている者、すなわち、電磁的記録の訂正・削除・追加の履歴の確保や検索機能の確保といった要件を満たして適正に電子帳簿等保存を行っている者については、税務調査の適正性・効率性は既に一定程度確保されていると考えられることから、「ダウンロードの求めに応じることができるようにしておくこと」との要件は不要とされており、引き続き電磁的記録又はCOMによる保存等を行うことが認められます（電帳規２②③、３①②）。

Q14 市販の会計ソフトの要件適合の確認

市販の会計ソフトを購入する場合に、どのソフトが電磁的記録等による保存等又はスキャナ保存の要件を満たしているのかわかるのでしょうか。

A 市販の会計ソフトには様々なものがありますので、市販の会計ソフトを使用して国税関係帳簿書類の電磁的記録等による保存等（スキャナ保存を含みます。）を行おうとする場合には、その要件に適合しているかどうかを確認した上で、その会計ソフトを購入する必要があります。

また、公益社団法人日本文書情報マネジメント協会（JIIMA）において、市販のソフトウェア及びソフトウェアサービスを対象に、電子帳簿保存法における優良な電子帳簿保存制度（優良な電子帳簿に係る過少申告加算税の軽減措置）の適用を受ける場合に必要とされる要件（改正前の国税関係帳簿の電磁的記録又はCOMによる保存等の要件）やスキャナ保存の要件適合性の確認（認証）を行っており、JIIMAが確認（認証）したソフトウェア等について、事前に国税庁のホームページにおいて確認することができます。

なお、電子帳簿保存法の保存等の要件には、事務手続関係書類の備付けに関する事項など、機能に関する事項以外の要件もあり、これらを含め全ての要件を満たす必要があります。

Q15　記帳代行業者へ電子計算機処理を委託することの可否

記帳代行業者に、一課税期間分の帳簿について、課税期間終了後にまとめて電子計算機処理を委託し、そこで作成された電磁的記録を保存する方法によることは認められますか。

A　国税関係帳簿は、課税期間の開始の日にこれを備え付け、取引内容をこれに順次記録し、その上で保存を開始するものですから、備付期間においても、電磁的記録をその保存場所に備え付けているディスプレイの画面及び書面に出力することができるようにしておく必要があります（電帳規２②二）。

これは、国税関係帳簿に係る電磁的記録の作成を他の者に委託する場合でも同じであり、保存義務者は、定期的にその電磁的記録の還元を受けることにより、備付期間においても、保存場所に備え付けているディスプレイの画面及び書面に出力することができるようにしておく必要があります。この場合の「定期的」とは、通常の入出力（業務処理）サイクルのことであり、一課税期間分を一括して処理するような場合は、そもそも備付期間においてディスプレイ等に出力することができないこととなるため、これに該当せず、したがって、課税期間終了後に、一課税期間分をまとめて委託する方法は、認められないこととなります。

Q16　国税関係書類を電磁的記録で作成して保存する場合の保存時期

国税関係書類を電磁的記録で作成して保存する場合、具体的には、どの時点における電磁的記録を保存すればよいのでしょうか。

A　保存義務者が作成する国税関係書類に係る電磁的記録について、どの時点の電磁的記録を保存すべきであるかどうかは、請求書のように相手方に交付される書類に係る電磁的記録の場合には、これを相手方に交付した時点の電磁的記録とし、相手方に交付されないような書類（決算関係書類等）に係る電磁的記録の場合には、その書類の性質に応じ、その書類の作成を了したと認められる時点の電磁的記録とすることと取り扱われています。

Q17　途中で電磁的記録等による保存等をやめた場合の電磁的記録等の取扱い

途中で電磁的記録若しくはCOMによる保存等をやめた場合又

はスキャナ保存をやめた場合には、どのように対応すればよいのでしょうか。

A 保存義務者が電磁的記録又はCOMによる保存等を行っている国税関係帳簿又は国税関係書類について、その保存期間の途中で電磁的記録又はCOMによる保存等を取りやめることとした場合には、その取りやめることとした国税関係帳簿については、その取りやめることとした日において保存等をしている電磁的記録及び保存しているCOMの内容を書面に出力して保存をする必要があります。

スキャナ保存が行われている国税関係書類に係る電磁的記録についてその保存期間の途中でそのスキャナ保存を取りやめることとした場合には、電磁的記録の基となった国税関係書類を保存しているときはその国税関係書類を、廃棄しているときはその取りやめることとした日において適法に保存している電磁的記録を、それぞれの要件に従って保存する必要があります。

【関連する電子帳簿保存法取扱通達】

（途中で電磁的記録等による保存等をやめた場合の電磁的記録等の取扱い）

4－39 保存義務者が法第4条第1項若しくは第2項《国税関係帳簿書類の電磁的記録による保存等》又は第5条第1項若しくは第2項《国税関係帳簿書類の電子計算機出力マイクロフィルムによる保存等》の適用を受けている国税関係帳簿書類について、その保存期間の途中で電磁的記録による保存等を取りやめることとした場合には、当該取りやめることとした国税関係帳簿については、取りやめることとした日において保存等をしている電磁的記録及び保存している電子計算機出力マイクロフィルムの内容を書面に出力して保存等をしなければならないことに留意する。

また、法第4条第3項前段に規定する財務省令で定めるところにより保存が行われている国税関係書類に係る電磁的記録について、その保存期間の途中でその財務省令で定めるところに従った電磁的記録による保存を取りやめることとした場合には、電磁的記録の基となった国税関係書類を保存しているときは当該国税関係書類を、廃棄している場合には、その取りやめることとした日において適法に保存している電磁的記録を、それぞれの要件に従っ

国税関係帳簿書類の電磁的記録又はCOMによる保存制度・優良な電子帳簿保存制度

て保存することに留意する。

(3) COMによる保存等

Q18 電磁的記録による保存からCOMによる保存への移行の類型

電磁的記録による保存からCOMによる保存への移行の類型について説明してください。

A 電子帳簿保存法では、国税関係帳簿又は国税関係書類の電磁的記録による保存からCOMによる保存に移行することが認められています(電帳法5③)。これは、電磁的記録の保存が行われていれば、その電磁的記録を出力することによってCOMを作成することができることによるものです。他方、COMから電磁的記録を作成することはできませんので、COMによる保存から電磁的記録による保存に移行することはできません。なお、スキャナ保存からCOMによる保存への移行やCOMによる保存からスキャナ保存への移行も認められていません。

この電磁的記録による保存からCOMによる保存への移行については、COMによる保存に移行しようとする日以後の帳簿書類の保存について、完全にCOMによる保存に切り換える必要があります。

第2編 問答編

(4) 優良な電子帳簿の保存等

Q19　優良な電子帳簿の保存期間

優良な電子帳簿保存制度（優良な電子帳簿に係る過少申告加算税の軽減措置）の適用を受ける場合における優良な電子帳簿の保存期間について教えてください。

A　優良な電子帳簿に係る過少申告加算税の軽減措置を適用するためには、特例国税関係帳簿に係る電磁的記録又はCOMについて、本措置の適用を受けようとする過少申告加算税の基因となる修正申告書又は更正に係る課税期間の初日（新たに業務を開始した個人のその業務を開始した日の属する課税期間については、同日）以後引き続き国税の納税義務の適正な履行に資するものとして一定の要件（Q５参照）を満たして備付け及び保存が行われている必要があります（電帳法８④、電帳令２）。

なお、対象となる課税期間の初日からその要件を満たして備付け及び保存を行っていない者や調査時にその要件を満たしていないことが判明した者については、この措置の対象外となりますが、具体的な適用イメージは次のようになります。

優良な電子帳簿に係る過少申告加算税の軽減措置の対象帳簿の電磁的記録の備付け等開始日の適用イメージ

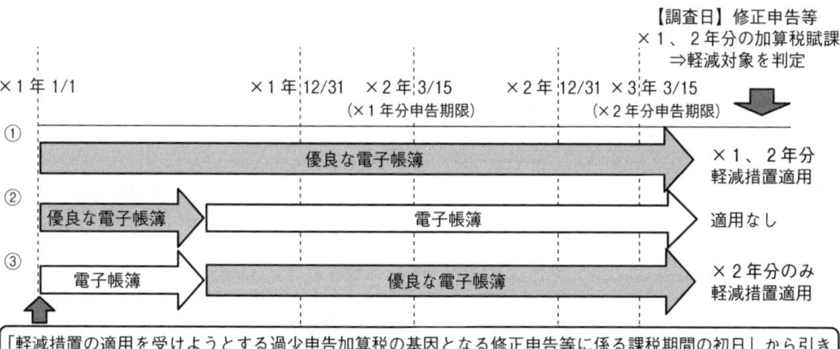

【関連する電子帳簿保存法取扱通達】

(過少申告加算税の軽減措置)

8－1　課税期間を通じて規則第5条第5項《優良な電子帳簿に関する保存要件》に定める要件を満たして特例国税関係帳簿の保存等を行っていなければ、当該課税期間について法第8条第4項《過少申告加算税の軽減措置》の規定の適用はないことに留意する。

(国税関係帳簿の備付けを開始する日の意義)

8－6　規則第5条第1項第3号に規定する「届出に係る特例国税関係帳簿に係る電磁的記録の備付け及び保存……をもって当該特例国税関係帳簿の備付け及び保存に代える日」とは、課税期間の定めのある国税に係る特例国税関係帳簿については、原則として課税期間の初日となることに留意する。

（注）　課税期間の定めのない国税に係る特例国税関係帳簿の当該保存義務者が備え付ける特例国税関係帳簿の備付け及び保存に代える日については、保存義務者が、電磁的記録の備付け及び保存をもって特例国税関係帳簿の備付け及び保存に代えようとしたと確認できる日としている場合には、これを認める。

Q20 優良な電子帳簿保存制度（優良な電子帳簿に係る過少申告加算税の軽減措置）の対象となる過少申告の範囲

優良な電子帳簿保存制度（優良な電子帳簿に係る過少申告加算税の軽減措置）の対象となる過少申告の範囲について教えてください。

A その軽減の対象となる過少申告加算税の額の計算の基礎となるべき税額は、対象となる国税関係帳簿に記録されていた（されるべき）事項に係る税額に限られることとなります。

よって、その対象となる税額について、法人税、地方法人税及び消費税（地方消費税を含みます。）の場合には、過少申告加算税の額の計算の基礎となるべき税額の計算において、一般的には全ての事項が国税関係帳簿に記録されると考えられることから、その基礎となるべき税額の全てがこの措置の対象となります。

一方、所得税（復興特別所得税を含みます。）の場合には、帳簿の備付け義務があり、その帳簿に基づき計算される事業所得、不動産所得及び山林所得の過少申告により過少申告加算税が生じたときは、この措置の対象となり、仮に、一時所得などの申告漏れ、所得税の所得控除（保険料控除、扶養控除等）の適用誤りにより過少申告があり、過少申告加算税が生じたときは、この措置の対象とはなりません。

【関連する電子帳簿保存法取扱通達】
（軽減対象となる過少申告の範囲）
8－2 法第8条第4項《過少申告加算税の軽減措置》の規定の対象となるのは、過少申告加算税の額の計算の基礎となるべき税額のうち、「電磁的記録等に記録された事項に係る事実に係る税額」であるが、当該税額とは、法人税、地方法人税及び消費税（地方消費税を含む。）であれば当該基礎となるべき税額の全てをいい、所得税（復興特別所得税を含む。）であれば、当該基礎となるべき税額のうち、国税関係帳簿の備付け義務があり、かつ、当該帳簿に基づき計算される所得に係る税額が対象となる。
したがって、所得税（復興特別所得税を含む。）については、帳簿に基づき計算されない所得のほか、所得税の所得控除（保険料控除、扶養控除等）の適用誤りについても法第８条第４項の規定の対象外となることに留意する。

Q21　優良な電子帳簿保存制度（優良な電子帳簿に係る過少申告加算税の軽減措置）の適用が除外される「隠蔽し、又は仮装」の意義

過少申告加算税の額の計算の基礎となるべき税額の計算の基礎となるべき事実で「隠蔽し、又は仮装」されたものがあるときは、優良な電子帳簿に係る過少申告加算税の軽減措置の適用を受けることができませんが、具体的にどのような場合が該当するのか、教えてください。

A　「隠蔽」とは、二重帳簿の作成、売上除外、架空仕入れ・架空経費の計上、棚卸資産の一部除外等によるものが該当し、「仮装」とは、取引上の他人名義の使用、虚偽答弁等が該当し、これらの事実に基づき修正申告等が行われた場合が、優良な電子帳簿に係る過少申告加算税の軽減措置の適用を受けることができない場合に該当します。なお、この措置が適用されない電磁的記録等に記録された事項に係るもの以外の事実について、隠蔽し、又は仮装されたものがある場合も同様です。

なお、この「隠蔽・仮装」とは、国税通則法上、重加算税の課税要件とされる「隠蔽・仮装」と同様の意味ですが、重加算税が5,000円未満であり、その全額が切り捨てられた場合（通法119④）であっても、この措置の適用を受けることができないこととなります。

【関連する電子帳簿保存法取扱通達】

（「隠蔽し、又は仮装」の意義）

8－3　法第8条第4項《過少申告加算税の軽減措置》及び第5項《重加算税の加重措置》に規定する「隠蔽し、又は仮装」とは、国税通則法第68条《重加算税》に規定する「隠蔽し、又は仮装」と同義であることに留意する。

なお、法第8条第4項の規定の適用に当たって、国税通則法第119条第4項《国税の確定金額の端数計算等》の規定により重加算税の全額が切り捨てられた場合についても、法第8条第4項ただし書に規定する「隠蔽し、又は仮装」に該当することに留意する。

Q22　優良な電子帳簿保存制度（優良な電子帳簿に係る過少申告加算税の軽減措置）の適用を受ける旨等を記載した届出書の提出時期

優良な電子帳簿に係る過少申告加算税の軽減措置の適用を受ける旨等を記載した届出書については、具体的には、いつまでに提出すればよいのでしょうか。

A　優良な電子帳簿に係る過少申告加算税の軽減措置の適用を受ける旨等を記載した届出書については、あらかじめ、所轄税務署長等に提出することとされていますが（電帳規5①）、この措置の適用を受けようとする国税の法定申告期限までに所轄税務署長等に提出されている場合には、その適用届出書は、あらかじめ、所轄税務署長等に提出されているものとして取り扱われます。

【関連する電子帳簿保存法取扱通達】
（「あらかじめ」の意義）
8－4　規則第５条第１項に規定する特例国税関係帳簿に係る電磁的記録又は電子計算機出力マイクロフィルムに記録された事項に関し修正申告等があった場合に法第８条第４項《過少申告加算税の軽減措置》の規定の適用を受ける旨等を記載した届出書（以下８－４において「適用届出書」という。）が、同項の規定の適用を受けようとする国税の法定申告期限までに規則第５条第１項に規定する所轄税務署長等に提出されている場合には、その適用届出書は、あらかじめ、所轄税務署長等に提出されているものとして取り扱うこととする。

Q23　合併又は営業譲渡があった場合の優良な電子帳簿保存制度（優良な電子帳簿に係る過少申告加算税の軽減措置）の適用

合併又は営業譲渡があった場合において、被合併法人又は営業譲渡を行った者（被合併法人等）が提出していた優良な電子帳簿に係る過少申告加算税の軽減措置の適用を受ける旨等を記載した届出書の取扱いについて教えてください。

A　合併又は営業譲渡があった場合において、被合併法人又は営業譲渡を行った者（被合併法人等）が提出していた優良な電子帳簿に係る過少申告加算税の軽減措置の適用を受ける旨等を記載した届出書は、合併法人又は営業譲渡を受けた者（合併法人等）の特例国税関係帳簿にはその効力が及ばないことから、合併法人等は、被合併法人等がその届出書を提出していたことをもって、その特例国税関係帳簿についてこの措置の適用を受けられることにはなりません。そのため、合併法人等はこの措置の適用を受けるためには、改めてその届出書を提出する必要があります。

【関連する電子帳簿保存法取扱通達】
（合併又は営業譲渡があった場合の法第８条第４項の規定の適用の取扱い）
８－５　合併又は営業譲渡があった場合において、被合併法人又は営業譲渡を行った者（以下８－５において「被合併法人等」という。）が提出していた法第８条第４項の規定の適用を受ける旨等を記載した届出書は、合併法人又は営業譲渡を受けた者（以下８－５において「合併法人等」という。）の特例国税関係帳簿には及ばないことから、合併法人等は、被合併法人等が当該届出書を提出していたことをもって、その特例国税関係帳簿について同項の規定の適用を受けられることにはならないことに留意する。

Q24　主な国税関係帳簿書類に係る納税地等

優良な電子帳簿保存制度（優良な電子帳簿に係る過少申告加算税の軽減措置）の適用を受けようとする場合や過去分重要書類のスキャナ保存を行おうとする場合には、納税地等の所轄税務署長等に届出書を提出することとされていますが、主な国税関係帳簿書類に係る納税地等について説明してください。

A　優良な電子帳簿に係る過少申告加算税の軽減措置の適用を受けようとする場合には、保存義務者は、あらかじめ、その優良な電子帳簿（特例国税関係帳簿（Ｑ４参照））に係る電磁的記録又はCOMに記録された事項に関し修正申告等があった場合にはこの措置の適用を受ける旨及び特例国税関係帳簿の種類等を記載した届出書を納税地等の所轄税務署長等に提出している必要があります（電帳規５①）。また、過去分重要書類のスキャナ保存を行おうとする場合には、スキャナ保存を行っている保存義務者はあらかじめ、その過去分重要書類の種類等を記載した適用届出書を納税地等の所轄税務署長等に提出している必要があります（電帳規２⑨）。この「納税地等」については、保存義務者が、国税関係帳簿書類に係る国税の納税者である場合にはその国税の納税地とされ、国税関係帳簿書類に係る国税の納税者でない場合にはその帳簿書類に係る業務を行う事務所等の所在地とされています（電帳規１②二）。主な国税関係帳簿書類について見てみると、具体的には、次のとおりです。

①　保存義務者が国税関係帳簿書類に係る国税の納税者である場合

イ　所得税に係る帳簿書類……所得税の納税地（通常の場合であれば、保存義務者の住所地になります。）

ロ　法人税に係る帳簿書類……法人税の納税地（通常の場合であれば、法人の本店又は主たる事務所の所在地になります。）

ハ　消費税に係る帳簿書類……消費税の納税地（通常の場合であれば、個人事業者の場合には所得税の納税地、法人事業者の場合には法人税の納税地と同じになります。）

ニ　酒税等の間接税に係る帳簿書類……各税の納税地（酒税の場合であれば、製造場の所在地になります。）

② **保存義務者が国税関係帳簿書類に係る国税の納税者でない場合**

イ　利子等に対する源泉所得税……源泉徴収の基因となる業務を行っ
　　に係る帳簿書類　　　　　　　　ている事務所等の所在地（金融機関であれば、その本・支店の所在地になります。）

（注）利子等に対する源泉所得税は、納税者は金融機関ですが、保存義務者は営業所等の長とされています。

ロ　酒税等の間接税に係る課税物品……その業務を行っている事務所
　　の販売業者等の帳簿書類　　　　　　等の所在地（酒類の販売業者であれば、その販売店の所在地になります。）

【関連する電子帳簿保存法取扱通達】
（保存義務者が国税関係帳簿書類に係る納税者でない場合の例示）

2－3　規則第1条第2項第2号《納税地等の意義》に規定する「保存義務者が、……国税関係帳簿書類に係る国税の納税者でない場合」の保存義務者には、例えば、次に掲げる者が、これに該当する。

⑴　所得税法施行令第48条《金融機関の営業所等における非課税貯蓄に関する帳簿書類の整理保存等》の規定により、非課税貯蓄の限度額管理に関する帳簿等を保存しなければならないこととされている金融機関の営業所等の長

⑵　酒税法第46条《記帳義務》の規定により、酒類の販売に関する事実を帳簿に記載しなければならないこととされている酒類の販売業者

なお、国税関係帳簿書類の保存義務者と納税地等について例示すると、次のようになります。

国税関係帳簿書類に係る保存義務者及び納税地等（例示）

	区　分	保存義務者	保存場所	納税者	納税地	対応業務の事務所	電帳法の納税地等
1	法人が取引に関する事項を記載した帳簿（法法126）	法　人（法法126）	納税地（一法人につき一箇所）（法規59）	○（法法４）	法人の本店（法法16）	――	法人の本店（法法16）
	法人が取引に関して相手方に交付した領収書等の写し（法法126）	法　人（法法126）	納税地又は事務所等（法規59）	○（法法４）	法人の本店（法法16）	――	法人の本店（法法16）
2	酒類の製造に関する事実を記載した帳簿（酒法46、酒令52①）	酒類製造者（酒法46）	納税地（本社とは別に複数存在）	○（酒法６）	酒類製造場（本社とは別に複数存在）（酒法53）	――	酒類製造場（本社とは別に複数存在）（酒法53）
3	非課税貯蓄の限度額管理（障害者等マル優）に関する帳簿（所令48③）	金融機関の営業所等の長（所令48③）	金融機関の営業所等	×（金融機関が源泉徴収義務を負う）（所法６）	――（金融機関の営業所等―金融機関から見た納税地）（所法17）	金融機関の営業所等	金融機関の営業所等
4	酒類の販売に関する事実を記載した帳簿（酒法46、酒令52②）	酒類販売業者（酒法46）	酒類販売場（本社とは別に複数存在）	×	――	酒類販売場（本社とは別に複数存在）	酒類販売場（本社とは別に複数存在）

（注）「納税者」欄は、保存義務者が「国税関係帳簿書類に係る国税の納税者」であるかどうかを区分しているものです。

第2編 問答編

Q25　届出書の提出先

優良な電子帳簿保存制度（優良な電子帳簿に係る過少申告加算税の軽減措置）の適用を受けようとする場合や過去分重要書類のスキャナ保存を行おうとする場合の届出書は、どの税務署長等に提出すればよいのでしょうか。

A　優良な電子帳簿に係る過少申告加算税の軽減措置の適用を受けようとする場合には、保存義務者は、あらかじめ、その優良な電子帳簿（特例国税関係帳簿（Q 4 参照））に係る電磁的記録又はCOMに記録された事項に関し修正申告等があった場合にはこの措置の適用を受ける旨及び特例国税関係帳簿の種類等を記載した届出書を納税地等の所轄税務署長等に提出している必要があります（電帳規 5 ①）。また、過去分重要書類のスキャナ保存を行おうとする場合には、スキャナ保存を行っている保存義務者はあらかじめ、その過去分重要書類の種類等を記載した適用届出書を納税地等の所轄税務署長等に提出している必要があります（電帳規 2 ⑨）。

この「納税地等」は、保存義務者が国税関係帳簿書類に係る国税の納税者である場合にはその国税の納税地とされ、保存義務者がその帳簿書類に係る国税の納税者でない場合にはその帳簿書類に係る業務を行う事務所等の所在地とされていますので（電帳規 1 ②二）、その帳簿書類に応じたこれらの場所を所轄する税務署長等にこれらの届出書を提出することになります（Q24参照）。すなわち、各帳簿書類ごとに納税地等は決まっていますので、それぞれの帳簿書類に係る納税地等の所轄税務署長等にこれらの届出書を提出することになります。

また、この所轄税務署長等とは、所轄税務署長又は所轄税関長をいい(電帳規2⑨、5①)、その特例国税関係帳簿が、課税貨物の引取りの税額の控除に係る帳簿（消法30⑦⑧三）及び資産の譲渡等又は課税仕入れ若しくは課税貨物の保税地域からの引取りに関する事項に係る帳簿（課税貨物の保税地域からの引取りに関する事項に係るものに限ります。消法58）である場合及びその過去分重要書類が、酒税、たばこ税、揮発油税、石油ガス税、石油石炭税若しくは消費税に関する特定の書類若しくは輸入の許可書又は国際観光旅客税に関する旅客名簿である場合を除き（電帳規2⑨、5①)、納税地等の所轄税務署長に届出書を提出することになります。

この提出先について具体例を図示すると、次のようになります。

① 法人税法上の帳簿について優良な電子帳簿に係る過少申告加算税の軽減措置の適用を受けようとする場合

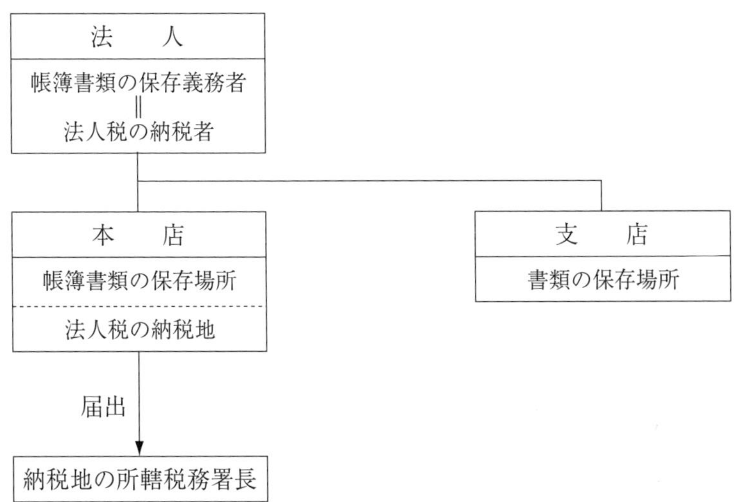

② **非課税貯蓄（障害者等マル優）の限度額管理に関する過去分重要書類のスキャナ保存を行おうとする場合**

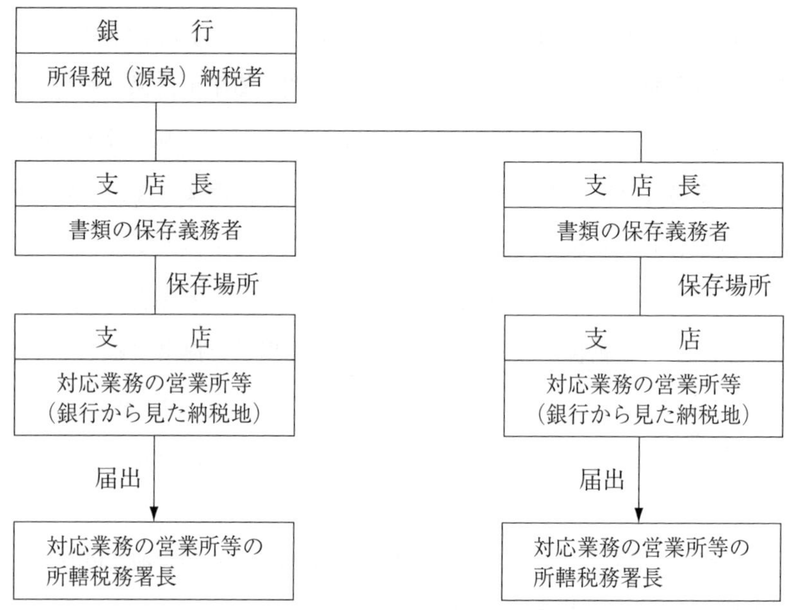

③　酒類の製造に関する事実を記載した過去分重要書類のスキャナ保存を行おうとする場合

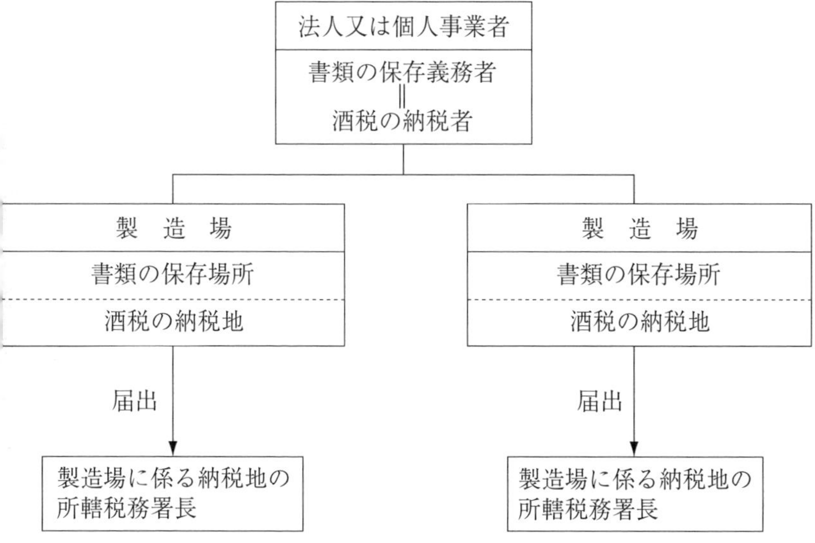

Q26　所轄外税務署長を経由した届出書の提出の可否

優良な電子帳簿保存制度（優良な電子帳簿に係る過少申告加算税の軽減措置）の適用を受けようとする場合や過去分重要書類のスキャナ保存を行おうとする場合の届出書について、所轄税務署長等以外の税務署長を経由して所轄税務署長等に提出することはできるのでしょうか。

A　優良な電子帳簿に係る過少申告加算税の軽減措置の適用を受けようとする場合には、保存義務者は、あらかじめ、その優良な電子帳簿（特例国税関係帳簿（Q４参照））に係る電磁的記録又はCOMに記録された事項に関し修正申告等があった場合には本措置の適用を受ける旨及び特例国税関係帳簿の種類等を記載した届出書を納税地等の所轄税務署長等に提出している必要があります（電帳規５①）。また、過去分重要書類のスキャナ保存を行おうとする場合には、スキャナ保存を行っている保存義務者は、あらかじめ、その過去分重要書類の種類等を記載した適用届出書を納税地等の所轄税務署長等に提出している必要があります（電帳規２⑨）。

これらの届出書については、所轄税務署長等のほか、その提出に当たり便宜とする税務署長（所轄外税務署長）がある場合において、その所轄外税務署長がその便宜とする事情について相当の理由があると認めたときには、その所轄外税務署長を経由して所轄税務署長等に提出することができることとされています（電帳規２⑨、５①）。

このような提出の仕方が認められる場合としては、具体的には、次のようなケースなどが考えられます。

① 金融機関が、全国の支店で行っている非課税貯蓄の限度額管理に関する過去分重要書類についてスキャナ保存を行おうとする場合において、各支店ごとに行うべき届出手続を本店所在地等で一括して行おうとする場合

② 複数の製造場で酒類の製造を行っている企業が、酒類の製造に関する事実を記載した過去分重要書類についてスキャナ保存を行おうとする場合において、各製造場ごとに行うべき届出手続を一の製造場等で一括して行おうとする場合

この具体例を図示すると、次のようになります。

① 非課税貯蓄（障害者等マル優）の限度額管理に関する過去分重要書類のスキャナ保存を行おうとする場合

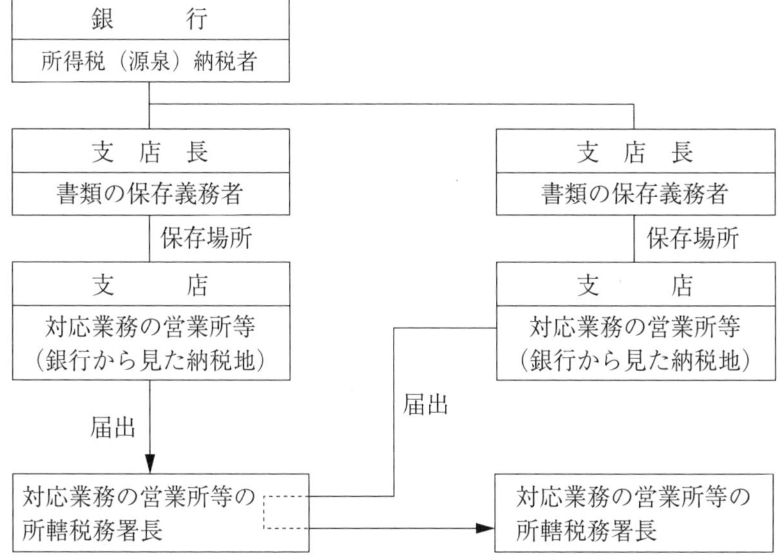

② 酒類の製造に関する事実を記載した過去分重要書類のスキャナ保存を行おうとする場合

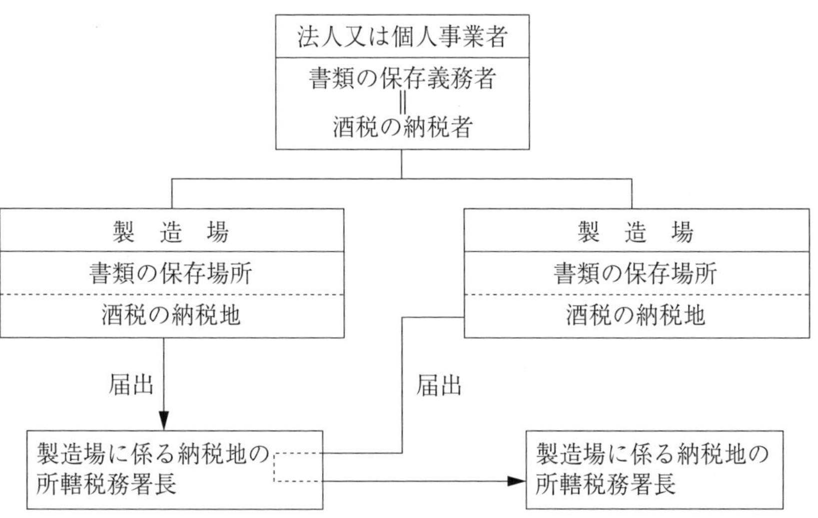

【関連する電子帳簿保存法取扱通達】
（便宜提出ができる相当の理由の例示）

4－38　規則第２条第10項《過去分重要書類の適用届出書の便宜提出》に規定する便宜提出ができる「相当の理由」には、例えば、次に掲げる場合が、これに該当する。

⑴　法第４条第３項《スキャナ保存》の規定を適用する金融機関の営業所等の長が、非課税貯蓄の限度額管理に関する過去分重要書類について規則第２条第９項の規定の適用を受けようとする場合において、各営業所等ごとに行うべき届出手続を、その本店又は一の営業所等の所在地で一括して行う場合

⑵　法第４条第３項の規定を適用する複数の製造場を有する酒類製造者が、酒類の製造に関する事実を記載した過去分重要書類について規則第２条第９項の規定の適用を受けようとする場合において、各製造場ごとに行うべき届出手続を、本店又は一の製造場の所在地で一括して行う場合

Q27　国税関係帳簿に係る電磁的記録の訂正・削除・追加の事実等が確認できるシステムの具体的内容

優良な電子帳簿保存制度（優良な電子帳簿に係る過少申告加算税の軽減措置）の適用を受ける場合には、特例国税関係帳簿に係る電磁的記録の訂正・削除・追加の事実及び内容が確認できるシステムであることが要件とされていますが、具体的には、どのようなシステムであればよいのでしょうか。

A　優良な電子帳簿に係る過少申告加算税の軽減措置の適用を受ける場合において、国税関係帳簿の電磁的記録による保存等を行うときは、その優良な電子帳簿（特例国税関係帳簿（Ｑ４参照））に係る電磁的記録の記録事項について訂正・削除・追加を行った場合に、これらの事実及び内容が確認できるシステムを使用することが必要とされています（電

帳規5⑤一イ)。この要件を満たすようなシステムとしては、例えば、次のようなシステムが考えられます。

① **訂正・削除の事実及び内容が確認できるシステム**(電帳規5⑤一イ(1))

イ　訂正・削除の履歴が別ファイルに記録されるシステム

既入力のデータの上書き訂正や削除を行うことはできるが、これらの処理を行った場合には、その内容が別の電磁的記録(訂正・削除履歴ファイル)に記録されるシステム

ロ　反対仕訳によらなければ既入力のデータの訂正・削除ができないシステム

いったん電子計算機に入力されファイルに蓄積されたデータ等については、訂正・削除をすることができないシステムとなっており、訂正・削除の必要がある場合には、反対仕訳による方法で新規の入力データ(そのデータが既に入力されているどのデータに係る反対仕訳なのかを示す情報も含まれている必要があります。)として入力しなければならないシステム

② **追加の事実が確認できるシステム**(電帳規5⑤一イ(2))

入力されるデータには、自動的に入力日時や一連番号等の情報も付加されて記録(その情報を後で訂正・削除ができないことが必要となります。)されるシステム

【関連する電子帳簿保存法取扱通達】
(特例国税関係帳簿に係る電磁的記録の訂正又は削除の意義)
8－7　規則第5条第5項第1号イ(1)《訂正削除の履歴の確保》に規定する「訂正又は削除」とは、電子計算機処理によって、特例国税関係帳簿に係る電磁的記録の該当の記録事項を直接に変更することのみをいうのではなく、該当の記録事項を直接に変更した場合と同様の効果を生じさせる新たな記録

事項（いわゆる反対仕訳）を追加することもこれに含まれることに留意する。

（特例国税関係帳簿に係る電磁的記録の訂正削除の履歴の確保の方法）

8－8　規則第5条第5項第1号イ(1)《訂正削除の履歴の確保》の規定の適用に当たり、例えば、次に掲げるシステム等によることとしている場合には、当該規定の要件を満たすものとして取り扱うこととする。

(1)　電磁的記録の記録事項を直接に訂正し又は削除することができるシステムで、かつ、訂正前若しくは削除前の記録事項及び訂正若しくは削除の内容がその電磁的記録又はその電磁的記録とは別の電磁的記録に自動的に記録されるシステム

(2)　電磁的記録の記録事項を直接に訂正し又は削除することができないシステムを使用し、かつ、その記録事項を訂正し又は削除する必要が生じた場合には、これを直接に訂正し又は削除した場合と同様の効果を生じさせる新たな記録事項（当初の記録事項を特定するための情報が付加されたものに限る。）を記録する方法（いわゆる反対仕訳による方法）

（特例国税関係帳簿に係る電磁的記録の訂正削除の履歴の確保の特例）

8－9　規則第5条第5項第1号イ(1)《訂正削除の履歴の確保》の規定の適用に当たり、電磁的記録の記録事項の誤りを是正するための期間を設け、当該期間が当該電磁的記録の記録事項を入力した日から1週間を超えない場合であって、当該期間内に記録事項を訂正し又は削除したものについて、その訂正又は削除の事実及び内容に係る記録を残さないシステムを使用し、規則第2条第2項第1号ニ《電磁的記録の保存等に関する事務手続を明らかにした書類の備付け》に掲げる書類に当該期間に関する定めがあるときは、要件を充足するものとして取り扱う。

（追加入力の履歴の確保の方法）

8－10　規則第5条第5項第1号イ(2)《追加入力の履歴の確保》の規定の適用に当たり、例えば、国税関係帳簿に係る電磁的記録の記録事項の入力時に、個々の記録事項に入力日又は一連番号等が自動的に付され、それを訂正し又は削除することができないシステムを使用する場合には、当該規定の要件を満たすこととなることに留意する。

Q28　電磁的記録による保存等を行う場合における各帳簿間での記録事項の相互関連性の確保の具体的内容

優良な電子帳簿保存制度（優良な電子帳簿に係る過少申告加算税の軽減措置）の適用を受ける場合において、国税関係帳簿の電磁的

記録による保存等を行うときは、各帳簿間において記録事項の相互関連性の確保が要件とされていますが、具体的にはどのようになっていればよいのでしょうか。

A 優良な電子帳簿に係る過少申告加算税の軽減措置の適用を受ける場合において、国税関係帳簿の電磁的記録による保存等を行うときは、各帳簿の関連する記録事項の間において、相互にその関連性を確認できるようにしておくことが必要とされています（電帳規5⑤一ロ）。この要件を満たすためには、例えば、入力データに一連番号等の情報を付して、この番号によって、各帳簿の相互の記録事項が関連したものであることについて辿っていくことができるようにしておく方法などが考えられます。

【関連する電子帳簿保存法取扱通達】
（帳簿間の関連性の確保の方法）

8－11 規則第5条第5項第1号ロ《帳簿間の関連性の確保》の規定の適用に当たり、例えば、次に掲げる場合の区分に応じ、それぞれ次に掲げる情報が記録事項として記録されるときは、同号の要件を満たすものとして取り扱うことに留意する。

⑴ 一方の国税関係帳簿に係る記録事項（個々の記録事項を合計したものを含む。）が他方の国税関係帳簿に係る記録事項として個別転記される場合 相互の記録事項が同一の取引に係る記録事項であることを明確にするための一連番号等の情報

⑵ 一方の国税関係帳簿に係る個々の記録事項が集計されて他方の国税関係帳簿に係る記録事項として転記される場合（⑴に該当する場合を除く。） 一方の国税関係帳簿に係るどの記録事項を集計したかを明らかにする情報

Q29 電磁的記録による保存等を行う場合における検索機能の確保の具体的内容

優良な電子帳簿保存制度（優良な電子帳簿に係る過少申告加算税の軽減措置）の適用を受ける場合において、国税関係帳簿の電磁的記録による保存等を行うときは、検索機能の確保が要件とされていますが、具体的には、どのような検索機能であればよいのでしょうか。

A 優良な電子帳簿に係る過少申告加算税の軽減措置の適用を受ける場合において、国税関係帳簿の電磁的記録による保存等を行うときは、書面の帳簿における通覧性に代わるものとして、検索機能を確保することが必要とされており（電帳規５⑤一ハ）、この検索機能については、次のような要件を満たすことが必要とされています。なお、その国税関係帳簿の保存義務者が国税に関する法律の規定によるその国税関係帳簿に係る電磁的記録の提示又は提出の要求に応じることができるようにしている場合には、下記②③の要件は不要とされます。

① 検索の条件として設定できる項目

取引年月日、取引金額及び取引先（記録項目）を検索の条件として設定することができること。

② 範囲指定による検索

日付又は金額に係る記録項目については、その範囲を指定して条件を設定することができること。

③ 複数の項目の組み合わせによる条件の設定

２以上の任意の記録項目を組み合わせて条件を設定することができき

ること。

【関連する電子帳簿保存法取扱通達】

（検索機能の意義）【4－9の再掲】

8－12　規則第2条第6項第6号《検索機能の確保》及び第5条第5項第1号ハ《優良な電子帳簿に関する検索機能の確保》に規定する「電磁的記録の記録事項の検索をすることができる機能」とは、蓄積された記録事項から設定した条件に該当する記録事項を探し出すことができ、かつ、検索により探し出された記録事項のみが、ディスプレイの画面及び書面に、整然とした形式及び明瞭な状態で出力される機能をいう。この場合、検索項目について記録事項がない電磁的記録を検索できる機能を含むことに留意する。

（特例国税関係帳簿に係る電磁的記録の検索機能における記録項目）

8－13　規則第5条第5項第1号ハ(1)《検索機能の確保》に規定する「取引年月日、取引金額及び取引先」とは、例えば、次に掲げる特例国税関係帳簿の区分に応じ、それぞれ次に定める記録項目がこれに該当する。

(1)　仕訳帳　取引年月日及び取引金額

(2)　総勘定元帳　記載年月日及び取引金額

(3)　現金出納帳、売上帳及び仕入帳などの補助記入帳　取引年月日、取引金額及び取引先名称

(4)　売掛金元帳、買掛金元帳などの補助元帳　記録又は取引の年月日、取引金額及び取引先名称

(5)　固定資産台帳、有価証券台帳及び給与台帳など資産名や社員名で区分して記録している帳簿　資産名又は社員名

（注）　一連番号等により規則第5条第5項第1号ロ《帳簿間の関連性の確保》の要件を確保することとしている場合には、当該一連番号等により特例国税関係帳簿の記録事項を検索することができるときについても要件を充足するものとして取り扱うことに留意する。

（範囲を指定して条件を設定することの意義）【4－10の再掲】

8－14　規則第2条第6項第6号ロ《検索機能の確保》及び第5条第5項第1号ハ(2)《優良な電子帳簿に関する検索機能の確保》に規定する「その範囲を指定して条件を設定することができる」とは、課税期間ごとに、日付又は金額の任意の範囲を指定して条件設定を行い検索ができることをいうことに留意する。

（二以上の任意の記録項目の組合せの意義）【4－11の再掲】

8－15　規則第2条第6項第6号ハ《検索機能の確保》及び第5条第5項第1号ハ(3)に規定する「二以上の任意の記録項目を組み合わせて条件を設定することができること」とは、個々の国税関係帳簿書類に係る電磁的記録の記録事項を検索するに当たり、当該国税関係帳簿書類に係る検索の条件として設定した記録項目（取引年月日その他の日付、取引金額及び取引先）（同号ハについては、取引年月日、取引金額及び取引先）から少なくとも二の記録項目を任意に選択して、これを検索の条件とする場合に、いずれの二の記録項

目の組合せによっても条件を設定することができることをいうことに留意する。

（国税に関する法律の規定による提示又は提出の要求）【４－13の再掲】

８－16　規則第２条第２項第３号及び第６項、第４条第１項並びに第５条第５項第１号及び第２号ホに規定する「国税に関する法律の規定による……提示又は提出の要求」については、国税通則法第74条の２から第74条の６までの規定による質問検査権の行使に基づく提示又は提出の要求のほか、以下のものが対象となる。

⑴　国税通則法の規定を準用する租税特別措置法、東日本大震災からの復興のための施策を実施するために必要な財源の確保に関する特別措置法（復興特別所得税・復興特別法人税）及び一般会計における債務の承継等に伴い必要な財源の確保に係る特別措置に関する法律（たばこ特別税）の規定による質問検査権の行使に基づくもの（措法87の６⑪等、復興財確法32①、62①、財源確保法19①）

⑵　非居住者の内部取引に係る課税の特例、国外所得金額の計算の特例等に係る同種の事業を営む者等に対する質問検査権の行使に基づくもの（措法40の３の３、措法41の19の５等）

⑶　国外財産調書・財産債務調書を提出する義務がある者に対する質問検査権の行使に基づくもの（国送法７②）

⑷　支払調書等の提出に関する質問検査権の行使に基づくもの（措法９の４の２等）

⑸　相手国等から情報の提供要請があった場合の質問検査権の行使に基づくもの（実特法９①）

⑹　報告事項の提供に係る質問検査権の行使に基づくもの（実特法10の９①等）

（電磁的記録の提示又は提出の要求に応じる場合の意義）【４－14の再掲】

８－17　規則第２条第２項第３号及び第６項、第４条第１項並びに第５条第５項の「国税に関する法律の規定による……電磁的記録の提示又は提出の要求に応じること」とは、法の定めるところにより備付け及び保存が行われている国税関係帳簿又は保存が行われている国税関係書類若しくは電子取引の取引情報に係る電磁的記録について、税務職員から提示又は提出の要求（以下８－17において「ダウンロードの求め」という。）があった場合に、そのダウンロードの求めに応じられる状態で電磁的記録の保存等を行い、かつ、実際にそのダウンロードの求めがあった場合には、その求めに応じることをいうのであり、「その要求に応じること」とは、当該職員の求めの全てに応じた場合をいうのであって、その求めに一部でも応じない場合はこれらの規定の適用（電子帳簿等保存制度の適用・検索機能の確保の要件の緩和）は受けられないことに留意する。

　したがって、その求めに一部でも応じず、かつ、規則第２条第６項第６号に掲げる要件（検索機能の確保に関する要件の全て）又は第５条第５項に定める要件（優良な電子帳簿に関する要件。なお、国税関係書類については、これに相当する要件）が備わっていなかった場合には、規則第２条第２項、第３項、若しくは第６項、第３条又は第４条第１項の規定の適用に当たって、要件に従って保存等が行われていないこととなるから、その保存等がされている電磁的記録又は電子計算機出力マイクロフィルムは国税関係帳簿又は国税関係書類とはみなされないこととなる（電子取引の取引情報に係る電磁的記録については国税関係書類以外の書類とみなされないこととなる）ことに留意する。

　また、当該ダウンロードの求めの対象については、法の定めるところにより備付け及び保存が行われている国税関係帳簿又は保存が行われている国税関係書類若しくは電子取引の取引情報に係る電磁的記録が対象となり、ダウンロードの求めに応じて行われる当該電磁的記録の提出については、税務職員の求めた状態で提出される必要があることに留意する。

Q30 COMによる保存を行う場合における「書面の並行保存」の可否

優良な電子帳簿保存制度（優良な電子帳簿に係る過少申告加算税の軽減措置）の適用を受ける場合において、国税関係帳簿のCOMによる保存を行うときは、3年間の「電磁的記録」の平行保存に代えて、出力した「書面」を保存することが認められるのでしょうか。

A 優良な電子帳簿に係る過少申告加算税の軽減措置の適用を受ける場合において、国税関係帳簿のCOMによる保存を行うときは、保存期間の当初3年間の要件として、「出力機能及び検索機能を確保した状態で電磁的記録を並行して保存しておくこと」又は「COMの記録事項の検索をすることができる機能を確保しておくこと」が要件とされていますが（電帳規5⑤二ホ）、この「電磁的記録」の並行保存に代えて、出力した「書面」を保存する方法は認められていません。

Q31 COMによる保存を行う場合における検索機能の確保の具体的内容

優良な電子帳簿保存制度（優良な電子帳簿に係る過少申告加算税の軽減措置）の適用を受ける場合においてCOMによる保存を行うときにおける「COMの記録事項の検索をすることができる機能」の確保については、具体的には、どのような検索機能であればよいのでしょうか。

A 優良な電子帳簿に係る過少申告加算税の軽減措置の適用を受ける場合において、国税関係帳簿のCOMによる保存を行うときは、保存期間の当初3年間の要件として、「出力機能及び検索機能を確保した状態で電磁的記録を並行して保存しておくこと」又は「COMの記録事項の検索をすることができる機能を確保しておくこと」が要件とされています（電帳規5⑤二ホ）。

この要件のうち、「COMの記録事項の検索をすることができる機能」については、例えば、COMに出力した電磁的記録を用いてデータベースを構築しておくことが考えられます。この場合、データベースによる検索機能は、次のような要件を満たすことが必要となります。なお、その国税関係帳簿の保存義務者が国税に関する法律の規定によるその国税関係帳簿に係る電磁的記録の提示又は提出の要求に応じることができるようにしている場合には、下記②③の要件は不要とされます。

① 検索の条件として設定できる項目

取引年月日、取引金額及び取引先（記録項目）を検索の条件として設定することができること。

② 範囲指定による検索

日付又は金額に係る記録項目については、その範囲を指定して条件を設定することができること。

③ 複数の項目の組み合わせによる条件の設定

2以上の任意の記録項目を組み合わせて条件を設定することができること。

【関連する電子帳簿保存法取扱通達】

（索引簿の備付けの特例）

8－18 規則第5条第5項第2号ハ《索引簿の備付け》の規定の適用に当たり、次に掲げる場合には、同号ハの要件を満たすものとして取り扱う。

(1) 日本産業規格Z6007に規定する計算機出力マイクロフィッシュ（以下8－18において「COMフィッシュ」という。）を使用している場合において、COMフィッシュのヘッダーに同号に規定する事項が明瞭に出力されており、かつ、COMフィッシュがフィッシュアルバムに整然と収納されている場合

(2) 規則第5条第5項第2号ホ《電磁的記録の並行保存等》に規定する「電子計算機出力マイクロフィルムの記録事項の検索をすることができる機能」が確保されている場合（当該機能が確保されている期間に限る。）

（注） 索引簿の備付方法については、4－6の本文なお書に掲げる方法と同様の方法によることを認める。

（電子計算機出力マイクロフィルムの記録事項の検索をすることができる機能の意義）

8－19 規則第5条第5項第2号ホ《電磁的記録の並行保存等》に規定する「電子計算機出力マイクロフィルムの記録事項の検索をすることができる機能（同号ハに規定する機能に相当するものに限る。）」とは、規則第5条第5項第1号ハ《検索機能の確保》に規定する検索機能に相当する検索機能をいうのであるから、当該検索により探し出された記録事項を含む電子計算機出力マイクロフィルムのコマの内容が自動的に出力されることを要することに留意する。

Q32　当初３年間保存する電磁的記録に対する調査

優良な電子帳簿保存制度（優良な電子帳簿に係る過少申告加算税の軽減措置）の適用を受ける場合において、COMによる保存を行うに当たり、当初３年間における検索機能の確保のために電磁的記録の保存をしている場合には、その電磁的記録についても税務調査が行われるのでしょうか。

A　優良な電子帳簿に係る過少申告加算税の軽減措置の適用を受ける場合において、国税関係帳簿のCOMによる保存を行うときは、保存期間の当初３年間の要件として、「出力機能及び検索機能を確保した状態で電磁的記録を並行して保存しておくこと」又は「COMの記録事項の検索をすることのできる機能を確保しておくこと」が要件とされています（電帳規５⑤二ホ）。

この要件は、COMの通覧性を補完するために設けられています。すなわち、COMは１枚又は１巻ずつマイクロフィルムリーダプリンタにセットして１コマずつ拡大して見ていくことになるため、COMに対する調査だけでは目的の帳簿を探し出すだけで相当の時間を要することになってしまい、税務当局からみて非効率的であるというだけでなく、納税者にとっても税務調査期間の長期化による様々な問題が生じかねないことから、これらを回避するために設けられているものです。

したがって、COMによる保存を行っている保存義務者がこの要件を満たすために電磁的記録の保存を行っている場合には、必要に応じて電磁的記録を用いて目的の帳簿や取引記録を探し出すことがあるものと考えられます。

Q33 システム変更を行った場合の取扱い

システム変更を行う場合には、どのように対応すればよいのでしょうか。

A 保存義務者がシステムを変更した場合には、変更前のシステムにより作成された国税関係帳簿又は国税関係書類に係る電磁的記録については、原則としてシステム変更後においても、電磁的記録若しくはCOMによる保存等又は優良な電子帳簿保存制度（優良な電子帳簿に係る過少申告加算税の軽減措置）の適用を受ける場合に必要とされる要件に従って保存等を行うことが必要となります。

この場合において、これらの要件に従って変更前のシステムに係る電磁的記録の保存等をすることが困難であると認められる事情がある場合で、変更前のシステムに係る電磁的記録の保存等をすべき期間分の電磁的記録（電磁的記録又はCOMによる保存等が行われていた国税関係帳簿又は国税関係書類に係る電磁的記録に限ります。）を書面に出力し、保存等をしているときには、電磁的記録又はCOMによる保存等の要件に従って保存等を行われたものと取り扱われます。

なお、優良な電子帳簿に係る過少申告加算税の軽減措置については、優良な電子帳簿を促進し、記帳水準の向上に資する観点から設けられたインセンティブ措置であることから、その優良な電子帳簿の保存義務者のシステム変更があった場合においてその優良な電子帳簿を書面に出力し保存しているときは、優良な電子帳簿に係る過少申告加算税の軽減措置の適用を受ける場合に必要とされる要件に従って保存等を行っているものとは取り扱われません。

【関連する電子帳簿保存法取扱通達】

（システム変更を行った場合の取扱い）

4－40　保存義務者がシステムを変更した場合には、変更前のシステムにより作成された国税関係帳簿又は国税関係書類に係る電磁的記録（電子計算機出力マイクロフィルムにより保存している場合における規則第5条第5項第2号ホ《電磁的記録の並行保存等》の規定により保存すべき電磁的記録を含む。以下4－40において「変更前のシステムに係る電磁的記録」という。）については、原則としてシステム変更後においても、規則第2条《国税関係帳簿書類の電磁的記録による保存等》、第3条《国税関係帳簿書類の電子計算機出力マイクロフィルムによる保存等》又は第5条第5項《優良な電子帳簿に関する保存要件》に規定する要件に従って保存等をしなければならないことに留意する。

この場合において、当該要件に従って変更前のシステムに係る電磁的記録の保存等をすることが困難であると認められる事情がある場合で、変更前のシステムに係る電磁的記録の保存等をすべき期間分の電磁的記録（法第4条第1項又は第2項《国税関係帳簿書類の電磁的記録による保存等》に規定する財務省令で定めるところにより保存等が行われていた国税関係帳簿又は国税関係書類に係る電磁的記録に限る。）を書面に出力し、保存等をしているときには、これを認める。

また、上記の場合において、法第4条第3項前段に規定する財務省令で定めるところにより保存が行われている国税関係書類に係る電磁的記録については、変更前のシステムに係る電磁的記録の基となった書類を保存しているときは、これを認めるが、当該書類の保存がない場合は、同項後段の規定によりそのシステム変更日において適法に保存している電磁的記録の保存を行うことに留意する（4－39参照）。

（注）　法第8条第4項《過少申告加算税の軽減措置》の規定の適用を受けようとする保存義務者の特例国税関係帳簿の保存等に係るシステム変更については、書面に出力し保存する取扱いによることはできないのであるから留意する。

スキャナ保存制度

Ⅰ　制度の概要

Q34　スキャナ保存制度の概要

国税関係書類のスキャナによる電磁的記録の保存制度の概要について説明してください。

A　国税関係書類の保存義務者は、国税関係書類（決算関係書類を除きます。）の全部又は一部について、その国税関係書類に記載されている事項をスキャナで読み取って電磁的記録に記録する場合には、一定の要件に従って、その電磁的記録の保存をもってその「書類」の保存に代えることができることとされています（電帳法4③前段）。なお、その電磁的記録の保存が一定の要件に従って行われていない場合であっても、その国税関係書類（紙原本）の保存が行われている場合を除き、保存義務者は、その国税関係書類を紙原本として保存する場合の保存場所に、その国税関係書類を紙原本として保存する場合の保存期間、その電磁的記録を保存しなければならないこととされています（電帳法4③後段、電帳規2⑫）。

Ⅱ　制度の内容

1　対象書類

Q35　スキャナ保存制度の対象となる国税関係書類の具体的内容

スキャナ保存制度の対象となる国税関係書類について、具体的に説明してください。

A　スキャナ保存制度の対象書類については、国税関係書類のうち（すなわち帳簿は対象外となります。）、税額を算出するための最も基本的な書類である決算関係書類（棚卸表、貸借対照表及び損益計算書並びに計算、整理又は決算に関して作成されたその他の書類をいいます。）を除いた全ての書類となります（電帳法4③、電帳規2④）。

(参考)　平成27年度の税制改正前のスキャナ保存制度の対象書類については契約書・領収書等の重要書類（Q62参照）は、スキャナで読み取る前の紙段階で行われる改ざんの問題点等を踏まえ、金額が3万円未満のものに限定されていました。しかし、実務において大量の契約書・領収書等から3万円未満のものを抽出することは非常に煩雑であり、この要件の見直しが強く要請されていたことを踏まえ、平成27年度の税制改正において、紙段階での改ざんに対し「適正事務処理要件」（令和3年度の税制改正前の電帳規3⑤四）を新たに設けることにより事務担当者間でチェック機能を働かせる仕組み（担保措置）を講じた上でこの「3万円未満」という金額基準については廃止されました。

なお、この「適正事務処理要件」については、組織ぐるみで故意に不正を企図した場合等までも防止できるものではなく、その効果は限定的であるとともに、定期的な検査まで紙原本を保存する必要が生じる等、事業者におけるペーパーレス化に十分に寄与していない状況にあったことを踏まえ、令和３年度の税制改正において、事業者におけるペーパーレス化を一層促進する観点から、改ざん防止のための新たな担保措置（Q93参照）を講ずることとした上で、廃止されました。

Q36 過去分の国税関係書類のスキャナ保存の可否

過年分の国税関係書類を紙で保存しているものについても、スキャナ保存をすることはできるのでしょうか。

A 国税関係書類のうち一般書類（Q62参照）のスキャナ保存については、入力要件（Q41参照）は不要とされ、適時入力方式（Q61参照）によることが認められています（電帳規２⑦）。

また、国税関係書類のうち過去分重要書類（Q64参照）のスキャナ保存については、その過去分重要書類の種類等を記載した適用届出書を提出することにより、入力要件（Q41参照）を要しない方法（Q63参照）によることが認められています（電帳規２⑨）。

したがって、過去分の国税関係書類を紙で保存しているものについても、「一般書類」及び「適用届出書を提出した過去分重要書類」に限り、スキャナ保存をすることができます。

他方、過年分の「帳簿」で紙で保存しているものについては、電磁的記録又はCOMによる保存等及びスキャナ保存のいずれも認められていません。

2　スキャナ保存の要件

(1) 総　　論

Q37　スキャナ保存の要件の全体像

スキャナ保存を行う場合に必要とされている要件の全体像について説明してください。

A　〈重要書類のスキャナ保存の要件〉

保存義務者は、次の要件に従って、重要書類（Q62参照）に係る電磁的記録のスキャナ保存を行うことができることとされています（電帳法4③、電帳規2⑥）。

イ　入力要件（入力期間の制限）

次のいずれかの方法により入力すること（電帳規2⑥一）。

(イ) 国税関係書類に係る記録事項の入力をその作成又は受領後、速やかに行うこと（早期入力方式）。

(ロ) 国税関係書類に係る記録事項の入力をその業務の処理に係る通常の期間を経過した後、速やかに行うこと（業務処理サイクル方式）。

（注） 上記(ロ)の業務処理サイクル方式は、国税関係書類の作成又は受領から入力までの各事務の処理に関する規程を定めている場合に限られます。

ロ　電子計算機処理システムの要件

上記イの入力に当たっては、次に掲げる要件を満たす電子計算機処理システムを使用すること（電帳規2⑥二）。

⑷ 一定水準以上の解像度及びカラー画像による読み取り

a 解像度が、日本産業規格Ｚ6016附属書ＡのＡ・１・２に規定する「一般文書のスキャニング時の解像度」である25.4mm当たり200ドット（200dpi）以上で読み取るものであること（電帳規２⑥二イ⑴）。

b 赤色、緑色及び青色の階調がそれぞれ256階調（1,677万色）以上で読み取るものであること（電帳規２⑥二イ⑵）。

⑸ タイムスタンプの付与

次のいずれかの方法により一の入力単位ごとの電磁的記録の記録事項に一般財団法人日本データ通信協会が認定する業務に係るタイムスタンプを付すこと（電帳規２⑥二ロ）。

a 国税関係書類の作成又は受領後、速やかにタイムスタンプを付すこと（上記イ⑷の早期入力方式に相当）。

b その業務の処理に係る通常の期間を経過した後、速やかにタイムスタンプを付すこと（上記イ⑸の業務処理サイクル方式に相当）。

（注） 上記ｂの方法は、国税関係書類の作成又は受領からタイムスタンプを付すまでの各事務の処理に関する規程を定めている場合に限られます。

なお、保存義務者が上記イの早期入力方式又は業務処理サイクル方式によりその国税関係書類に係る記録事項を入力したことを確認することができる場合（Q53参照）には、このタイムスタンプの付与は不要とされています（電帳規２⑥二柱書）。

⑹ 読み取った際の解像度等の情報の保存

国税関係書類をスキャナで読み取った際の解像度、階調及び国税関係書類の大きさに関する情報を保存すること（電帳規２⑥二ハ）。

(注)　国税関係書類の受領者等が読み取りを行う場合において、その書類の大きさがＡ４サイズ以下であるときは、大きさに関する情報の保存は必要ありません。

(ニ)　ヴァージョン管理

国税関係書類に係る電磁的記録の記録事項について、次に掲げる要件のいずれかを満たす電子計算機処理システムであること（電帳規２⑥二ニ）。

ａ　その国税関係書類に係る電磁的記録の記録事項について訂正又は削除を行った場合には、これらの事実及び内容を確認することができること。

ｂ　その国税関係書類に係る電磁的記録の記録事項について訂正又は削除を行うことができないこと。

ハ　入力者等情報の確認

国税関係書類に係る記録事項の入力を行う者又はその者を直接監督する者に関する情報を確認することができるようにしておくこと（電帳規２⑥三）。

ニ　スキャナで読み取った書類と帳簿との相互関連性の確保

国税関係書類に係る電磁的記録の記録事項とその国税関係書類に関連する国税関係帳簿の記録事項との間において、相互にその関連性を確認することができるようにしておくこと（電帳規２⑥四）。

ホ　見読可能装置の備付け等

国税関係書類に係る電磁的記録の保存をする場所に、その電磁的記録の電子計算機処理の用に供することができる電子計算機、プログラム、14インチ（映像面の最大径が35cm）以上のカラーディスプレイ及びカラープリンタ並びにこれらの操作説明書を備え付け、その電磁的記録をカラーディスプレイの画面及び書面に、次のような状態で速やかに出力することができるようにしておくこと（電帳規２⑥五)。

⑴　整然とした形式であること。

⑵　国税関係書類と同程度に明瞭であること。

⑶　拡大又は縮小して出力することが可能であること。

⑷　国税庁長官が定めるところにより日本産業規格Z8305に規定する４ポイントの大きさの文字を認識することができること。

へ　検索機能の確保

次の要件を満たす検索機能を確保しておくこと（電帳規２⑥六)。

⑴　取引年月日その他の日付、取引金額及び取引先（記録項目）を検索の条件として設定することができること。

⑵　日付又は金額に係る記録項目については、その範囲を指定して条件を設定することができること。

⑶　２以上の任意の記録項目を組み合わせて条件を設定することができること。

（注）　税務職員からの質問検査権の行使として行われるダウンロードの求め（Q12参照）に応じることができるようにしている場合には、上記⑵及び⑶の要件は不要とされます（電帳規２⑥柱書)。

ト　電子計算機処理システムの概要書等の備付け

国税関係書類に係る電磁的記録の保存に併せて、次の書類の備付けを行うこと（電帳規２⑥七、②一)。

⑴　その書類に係る電子計算機処理システムの概要を記載した書類

⑵　その書類に係る電子計算機処理システムの開発に際して作成した書類（例えば、システム設計書、プログラム仕様書等）

⑶　その書類に係る電子計算機処理システムの操作説明書

第２編 問答編

(ニ)　その書類に係る電子計算機処理及びその書類に係る電磁的記録の保存に関する事務手続を明らかにした書類（その電子計算機処理を他の者に委託している場合には、その委託に係る契約書及びその書類に係る電磁的記録の保存に関する事務手続を明らかにした書類）

ただし、その書類に係る電子計算機処理に、市販の会計ソフト等他の者が開発したプログラムを使用する場合には、上記(イ)及び(ロ)の書類の備付けは必要ありません。また、その書類に係る電子計算機処理自体を他の者（その電子計算機処理に保存義務者が開発したプログラムを使用する場合を除きます。）に委託している場合には、上記(ハ)の書類の備付けは必要ありません。

なお、一般書類（Q62参照）及び過去分重要書類（Q64参照）については、その電磁的記録の保存に併せて、その電磁的記録の作成及び保存に関する事務の手続を明らかにした書類（その事務の責任者が定められているものに限られます。）を備え付けることにより（過去分重要書類については、これに加えてその過去分重要書類の種類等を記載した適用届出書を提出することにより）、入力要件（上記イ参照）等の一部の要件を要さない方法によりスキャナ保存を行うことができることとされています（Q61Q63参照）。

以上の要件について要約すると、次のようになります。

スキャナ保存の要件の概要（電帳規２⑥、⑦、⑨）

要　　　件	重要書類（注１）	一般書類（注２）	過去分重要書類（注３）
入力要件（入力期間の制限）（電帳規２⑥一イ、ロ）	○		
一定水準以上の解像度による読み取り（電帳規２⑥二イ(1)）	○	○	○
カラー画像による読み取り（電帳規２⑥二イ(2)）	○	※１	○
タイムスタンプの付与（電帳規２⑥二ロ）	○※２	○※３	○※３
読み取った際の解像度及び階調に関する情報の保存（電帳規２⑥二ハ(1)）	○	○	○
読み取った際の大きさに関する情報の保存（電帳規２⑥二ハ(2)）	○※４		○
ヴァージョン管理（電帳規２⑥二ニ）	○	○	○
入力者等情報の確認（電帳規２⑥三）	○	○	○
スキャナで読み取った書類と帳簿との相互関連性の確保（電帳規２⑥四）	○	○	○
見読可能装置の備付け（電帳規２⑥五）	○	※１	○
整然・明瞭等出力（電帳規２⑥五イ～ニ）	○	○	○
検索機能の確保（電帳規２⑥六）	○	○	○
電子計算機処理システムの概要書等の備付け（電帳規２⑥七、②一）	○	○	○
その他		※５	※５、※６

（注１）　決算関係書類以外の国税関係書類（一般書類を除きます。）をいいます。

（注２）　資金や物の流れに直結・連動しない書類として電帳規第２条第７項に規定する国税庁長官が定めるものをいいます。

（注３）　スキャナ保存制度により国税関係書類に係る電磁的記録の保存をもってその国税関係書類の保存に代えている保存義務者が、その国税関係書類の保存に代える日（基準日）前に作成又は受領した重要書類をいいます。

（注４）　※１　一般書類の場合、カラー画像ではなくグレースケールでの保存が可能です。

※２　電帳規第２条第６項第１号イ又はロに掲げる方法によりその国税関係書類に係る記録事項を入力したことを確認することができる場合には、その確認をもってタイムスタンプの付与に代えることができます。

※３　入力した時点にかかわらず国税関係書類に係る記録事項を入力したことを確認することができる場合には、その確認をもってタイムスタンプの付与に代えることができます。

※４　受領者等が読み取る場合には、Ａ４サイズ以下の書類については、大きさに関する情報の保存は、不要です。

※５　一般書類及び過去分重要書類については、その電磁的記録の保存に併せて、その電磁的記録の作成及び保存に関する事務の手続を明らかにした書類（その事務の責任者が定められているものに限ります。）の備付けが必要です。

※６　過去分重要書類については所轄税務署長等に適用届出書の提出が必要です。

Q38 要件に従ってスキャナ保存が行われていない場合の国税関係書類に係る電磁的記録の保存措置

要件に従ってスキャナ保存が行われていない場合において、原本を廃棄しているときは、どのように対応すればよいのでしょうか。

A スキャナ保存を行う場合においては、スキャナ保存後、原本の即時廃棄が可能とされています。そのため、税務調査において、スキャナ保存が要件に従って行われておらず、かつ、国税関係書類（紙原本）は廃棄されて存在せずに確認がもはやできない状況に円滑に対処する観点から、要件に従ってスキャナ保存が行われていない場合においても、国税関係書類に係る電磁的記録を保存しなければならないこととされています。

具体的には、国税関係書類に係る電磁的記録のスキャナ保存が保存要件（Q37参照）に従って行われていない場合（その国税関係書類（紙原本）の保存が行われている場合を除きます。）には、保存義務者は、その国税関係書類の保存場所（その国税関係書類を紙原本として保存する場合の保存場所）に、その国税関係書類の保存をしなければならないこととされている期間（その国税関係書類を紙原本として保存する場合の保存期間）、その電磁的記録を保存しなければならないこととされています（電帳法4③後段、電帳規2⑫）。

（注1） 国税関係書類に係る電磁的記録のスキャナ保存が保存要件に従って行われていない場合であっても、その国税関係書類（紙原本）の保存が適正に行われているときは、各税法の規定に基づく保存義務を履行しているものと考えられるため、その電磁的記録の保存が求められる

ものではありません。

（注２）　要件に従ってスキャナ保存が行われていない場合の国税関係書類に係る電磁的記録の保存が行われたときは、その電磁的記録は国税関係書類とはみなされません（電帳法８①）。なお、そのスキャナ保存は要件に従って行われていることにはならないため、青色申告の承認申請却下若しくは承認取消し又は通算予定法人の承認申請却下の事由（Q89参照）に該当し得ることとなります（電帳法８③）。

(2)　スキャナ保存の要件

Q39　スキャナの具体的内容

スキャナ保存を行う場合、どのようなスキャナを使用すればよいのでしょうか。

A　国税関係書類に記載されている事項の読み取りは、スキャナを使用して行うこととされています（電帳規２⑤）。ここにいう「スキャナ」とは、書面を電磁的記録に変換する入力装置をいい、スマートフォンやデジタルカメラ等も、上記の入力装置に該当すれば、これに含まれます。また、スキャナ保存を行うためには、次に掲げる要件を満たしている必要があります（電帳規２⑥二イ）。

①　解像度が、日本産業規格Ｚ6016附属書ＡのＡ・１・２に規定する「一般文書のスキャニング時の解像度」である25.4mm 当たり200ドット（200dpi）以上で読み取るものであること。

②　赤色、緑色及び青色の階調がそれぞれ256階調（1,677万色）以上で

読み取るものであること。

（注）　一般書類（Q62参照）のスキャナ保存を行う場合には、上記②の要件は、グレースケール（いわゆる白黒）の階調によることが認められています。

【関連する電子帳簿保存法取扱通達】
（スキャナの意義）
4－16　規則第2条第5項に規定する「スキャナ」とは、書面の国税関係書類を電磁的記録に変換する入力装置をいう。したがって、例えば、スマートフォンやデジタルカメラ等も、上記の入力装置に該当すれば、同項に規定する「スキャナ」に含まれることに留意する。

Q40　私物であるスマートフォン等の利用の可否

従業員の私物であるスマートフォンやデジタルカメラ等を使用して、国税関係書類の読み取りを行うことは認められるのでしょうか。

A　読取機器（Q39参照）が私物か否かについて、法令上の制約はありません。なお、私物か否かにかかわらず、スキャナ保存を行うに当たっては、保存場所においてその読取機器に係る操作説明書などの備付けが必要となります（電帳規2⑥七、②一）。

Q41　入力要件の具体的内容

入力に関する要件がありますが、具体的には、どのように入力を行えばよいのでしょうか。

A スキャナ保存を行う場合には、国税関係書類に係る記録事項について、次のいずれかの方法により入力することが必要とされています(電帳規2⑥一)。

① 国税関係書類の作成又は受領後、速やか（おおむね7営業日以内）にその国税関係書類に係る記録事項の入力を行うこと（早期入力方式)。

② その業務の処理に係る通常の期間（Q43参照）を経過した後、速やか（おおむね7営業日以内）に国税関係書類に係る記録事項の入力を行うこと（業務処理サイクル方式)。

この業務処理サイクル方式は、入力する国税関係書類について、その国税関係書類ごとの入力時期及び帳簿への記帳（入力）時期等を定めた各事務の処理に関する規程を定めている場合に限られます。

なお、一般書類（Q62参照）又は過去分重要書類（Q64参照）のスキャナ保存を行う場合には、上記の要件にかかわらず（入力期間の制限なく)、入力を行うことができます（Q61、Q63参照)。

【関連する電子帳簿保存法取扱通達】
(速やかに行うことの意義)

4－17 規則第2条第6項第1号イ《入力方法》に規定する「速やかに」の適用に当たり、国税関係書類の作成又は受領後おおむね7営業日以内に入力している場合には、速やかに行っているものとして取り扱う。

なお、同号ロに規定する「速やかに」の適用に当たり、その業務の処理に係る通常の期間を経過した後、おおむね7営業日以内に入力している場合には同様に取り扱う。

また、タイムスタンプを付す場合の期限である、同項第2号ロ《スキャナ保存に係るタイムスタンプの付与》及び規則第4条第1項第2号《電子取引に係るタイムスタンプの付与》にそれぞれ規定する「速やかに」の適用に当たっても、同様に取り扱う。

Q42　入力の具体的内容

入力要件の「入力」とは、スキャナで読み取ることを意味するのでしょうか。

A　入力要件にいう「入力」とは、単にスキャナで読み取ることだけを意味するのではなく、①スキャナで読み取った後、読み取った国税関係書類の電磁的記録にタイムスタンプを付すことや、②タイムスタンプを付す代わりに一定の方法により入力期間内にその国税関係書類の記録事項を入力したことを確認することができるようにすること（Q53参照）により、訂正又は削除の履歴等が確保された状態にするまでをいうものと取り扱われています。

Q43　業務処理サイクル方式における「通常の期間」の判定

業務処理サイクル方式における「その業務の処理に係る通常の期間」とは、どの程度の期間であればよいのでしょうか。

A　業務処理サイクル方式は、「国税関係書類に係る記録事項の入力をその業務の処理に係る通常の期間を経過した後、速やかに行うこと」により入力要件を満たす方法です（電帳規２⑥一ロ）。

上記の「業務の処理に係る通常の期間」については、国税関係書類の作成又は受領からスキャナで読み取り可能となるまでの業務処理サイクルの期間をいい、具体的には、企業においてデータ入力又は入力データの更新（確定）処理などを一定の業務処理サイクルで行っている場合には、その業務処理サイクルとして入力を行う期間のことをいいます。なお、月をまたいで処理することも通常行われている業務処理サイクルと認められることから、最長2か月の業務処理サイクルであれば、「通常の期間」として取り扱うこととされています。

【関連する電子帳簿保存法取扱通達】
（業務の処理に係る通常の期間の意義）

4－18 規則第2条第6項第1号ロ及び第2号ロ《入力方法》に規定する「その業務の処理に係る通常の期間」とは、国税関係書類の作成又は受領からスキャナで読み取り可能となるまでの業務処理サイクルの期間をいうことに留意する。

なお、月をまたいで処理することも通常行われている業務処理サイクルと認められることから、最長2か月の業務処理サイクルであれば、「その業務の処理に係る通常の期間」として取り扱うこととする。

また、電子取引の取引情報に係る電磁的記録の保存の要件であるタイムスタンプに係る規則第4条第1項第2号ロ《タイムスタンプの付与》に規定する「その業務の処理に係る通常の期間」の適用に当たっても、同様に取り扱う。

Q44 タイムスタンプの具体的内容

スキャナで読み取った電磁的記録の記録事項にタイムスタンプを付すこととされていますが、具体的には、どのように行えばよいのでしょうか。

A 国税関係書類の作成又は受領後、速やか（おおむね7営業日以内）に、その書類に係る電磁的記録の記録事項に、一般財団法人日本データ通信協会が認定する時刻認証業務に係るタイムスタンプ（次に掲げる要件を満たすものに限ります。）を付すこと（その書類の作成又は受領からタイムスタンプを付すまでの各事務の処理に関する規程を定めている場合にあっては、その業務の処理に係る通常の期間（Q43参照）を経過した後、速やか（おおむね7営業日以内）にその書類に係る電磁的記録の記録事項にタイムスタンプを付すこと）とされています（電帳規2⑥二ロ）。

① その記録事項が変更されていないことについて、国税関係書類の保存期間を通じ、その業務を行う者に対して確認する方法その他の方法により確認することができること。

② 課税期間中の任意の期間を指定し、その期間内に付したタイムスタンプについて、一括して検証することができること。

【関連する電子帳簿保存法取扱通達】

（一の入力単位の意義）

4－19 規則第2条第6項第2号ロ《タイムスタンプの付与》に規定する「一の入力単位」とは、複数枚で構成される国税関係書類は、その全てのページをいい、台紙に複数枚の国税関係書類（レシート等）を貼付した文書は、台紙ごとをいうことに留意する。

（タイムスタンプと電磁的記録の関連性の確保）

4－20 規則第2条第6項第2号ロ《タイムスタンプの付与》に規定する「タイムスタンプ」は、当該タイムスタンプを付した国税関係書類に係る電磁的記録の記録事項の訂正又は削除を行った場合には、当該タイムスタンプを検証することによってこれらの事実を確認することができるものでなければならないことに留意する。

（タイムスタンプの有効性を保持するその他の方法の例示）

4－21 規則第2条第6項第2号ロ(1)《タイムスタンプ》に規定する「その他の方法」とは、国税関係書類に係る電磁的記録に付したタイムスタンプが当該タイムスタンプを付した時と同じ状態にあることを当該国税関係書類の保存期間を通じて確認できる措置をいう。

Q45 タイムスタンプの要件適合の確認

一般財団法人日本データ通信協会が認定する業務に係るタイムスタンプであることについては、どのようにすればわかるのでしょうか。

A 一般財団法人日本データ通信協会が認定する業務に係るタイムスタンプ（電帳規２⑥二ロ）は、一般財団法人日本データ通信協会が定める基準を満たすものとして認定された時刻認証業務によって付与され、その有効性が証明されるものです。

上記の認定を受けたタイムスタンプ事業者には、「タイムビジネス信頼・安心認定証」が交付され、下記の「タイムビジネス信頼・安心認定マーク」を使用できることから、その事業者の時刻認証業務が一般財団法人日本データ通信協会から認定されたものであるか否かについては、この認定マークによって判断することができます。なお、認定マークを使用できる場所については、ホームページ、名刺、説明書、宣伝広告用資料、取引書類等とされています。

《タイムビジネス信頼・安心認定マーク》

（注） 上記の認証番号等は、一般財団法人日本データ通信協会から発行される認定番号に続けて、認定回数を括弧内に記載されているものです。

【関連する電子帳簿保存法取扱通達】

（認定業務）

4－22 規則第２条第６項第２号ロ《タイムスタンプの付与》に規定する一般財団法人日本データ通信協会が認定する業務とは、当該財団法人が認定する時刻認証業務をいう。

Q46 タイムスタンプをまとめて付すことの可否

タイムスタンプについて、一の入力単位ごとに検証できるものであれば、書類種別や部署ごとの電磁的記録の記録事項にまとめて付すことはできるのでしょうか。

A タイムスタンプについては、「一の入力単位ごとの電磁的記録の記録事項」に付すこととされています（電帳規２⑥二ロ）。このタイムスタンプを付す方法については、一の入力単位である単ファイルごとにタイムスタンプを付すことが基本ですが、例えば、単ファイルのハッシュ値を束ねて階層化した上でまとめてタイムスタンプを付す場合には、仮に改ざんがあってもその単ファイルのみを検証することができ、また、単ファイルごとにその単ファイルのハッシュ値を通じてタイムスタンプを付している状態となるため、実質的には「一の入力単位ごと」にタイムスタンプを付しているものと考えられることから、このような方法であれば、まとめてタイムスタンプを付しても差し支えないことと取り扱われています。

Q47 国税関係書類を読み取る際に保存すべき情報の具体的内容

国税関係書類をスキャナで読み取る際に保存しなければならない情報には、どのようなものがあるのでしょうか。

A 国税関係書類をスキャナで読み取る際には、次の情報を保存することとされています（電帳規２⑥二ハ）。

① 解像度及び階調に関する情報

② 国税関係書類の大きさに関する情報

なお、国税関係書類の受領者等が読み取りを行う場合において、その書類の大きさがＡ４サイズ以下であるときは、上記①の情報のみを保存すればよいこととされています（Q50参照）。この場合のＡ４サイズ以下とは、長辺が299mm、短辺が212mm の枠内に収まる大きさのものをいうことと取り扱われています。

（注） 一般書類（Q62参照）のスキャナ保存を行う場合には、上記①の情報のみを保存すればよいこととされています（Q61参照）。

Q48 「受領者等以外の者」が行うスマートフォン等の使用による国税関係書類の読み取りの可否

社内において、「受領者等以外の者」が、スマートフォンやデジタルカメラ等を使用して、国税関係書類について読み取りを行うことはできるのでしょうか。

A 経理担当者などの「受領者等以外の者」が、スマートフォンやデジタルカメラ等を使用して国税関係書類の読み取りを行うことはできます。この場合、受領者等が国税関係書類の読み取りを行うものではないため、その書類がＡ４サイズ以下の大きさであったとしても、大きさに関する情報の保存が必要になります（Q47参照）。

また、スマートフォンやデジタルカメラ等においては、読み取りの際に、大きさに関する情報の取得等が困難となっているようであり、その書類の横にメジャーなどを置いて合わせて撮影する、画像ファイル作成後に大きさに関する情報を手入力するなどの対応が必要とされます。

Q49 「受領者等」が行う原稿台と一体型のスキャナの使用による読み取りの可否

社内において、「受領者等」が、原稿台と一体型のスキャナを使用して、国税関係書類について読み取りを行うことはできるのでしょうか。

A 「受領者等」が、原稿台と一体型のスキャナを使用して読み取りを行うことはできます。この場合、受領者等が国税関係書類の読み取りを行うものに該当するため、Ａ４サイズ以下の大きさの国税関係書類に係る大きさに関する情報の保存は不要となります（Q47参照）。

Q50 スマートフォン等を使用して国税関係書類を読み取った場合における解像度の確認

スマートフォンやデジタルカメラ等を使用して国税関係書類を読

み取った場合、「25.4mm 当たり200ドット以上」とされる解像度要件を満たしているかどうかの確認は、どのようにするのでしょうか。

A スキャナ保存を行う場合には、電子計算機処理システムについて、解像度が25.4mm 当たり200ドット以上で読み取るものであることが要件とされていますが（電帳規２⑥二イ(1)）、「画素」で表示されるスマートフォンやデジタルカメラ等においては、Ａ４サイズの書類を画面最大で保存する場合、約387万画素以上のものであれば、解像度要件を満たすことと取り扱われています。したがって、約387万画素以上のスマートフォンやデジタルカメラ等を使用して国税関係書類を読み取る場合、Ａ４サイズ以下であれば、その書類を画面最大で保存することで、解像度要件が満たされることになります。

【関連する電子帳簿保存法取扱通達】
（日本産業規格Ａ列４番以下の大きさの書類の解像度の意義）
４－23 規則第２条第６項第２号ハ括弧書に規定する「当該国税関係書類の作成又は受領をする者が当該国税関係書類をスキャナで読み取る場合において、当該国税関係書類の大きさが日本産業規格Ａ列４番以下であるとき」における、同号ハ(1)に規定する「解像度に関する情報」の保存については、当該国税関係書類の電磁的記録に係る画素数を保存すれば足りることに留意する。

Q51 郵送等により国税関係書類を授受した場合における「受領者」の取扱い

対面ではなく、郵送等により国税関係書類を受領した場合には、その「受領者」は誰になるのでしょうか。

A スキャナ保存を行うに当たって、受領者等が読み取りを行う場合とそれ以外の場合では、国税関係書類を読み取る際に保存すべき情報が異なっています（Q47参照）。対面ではなく、郵送等により国税関係書類を授受する場合には、誰がその書類の受領者か明確であるとは限らないため、受領者等が読み取りを行ったものとして差し支えないこととされています。

【関連する電子帳簿保存法取扱通達】
（対面で授受が行われない場合における国税関係書類の受領をする者の取扱い）
4－24 規則第２条第６項第２号ハ《大きさに関する情報等の入力》の規定の適用に当たり、郵送等により送付された国税関係書類のうち、郵便受箱等に投函されることにより受領が行われるなど、対面で授受が行われない場合における国税関係書類の取扱いについては、読み取りを行う者のいずれを問わず、当該国税関係書類の受領をする者が当該国税関係書類をスキャナで読み取る場合に該当するものとして差し支えないものとする。

Q52 ヴァージョン管理（訂正・削除の事実を確認できるシステム又は訂正・削除を行うことができないシステム）の具体的内容

スキャナ保存について、電磁的記録の訂正・削除の事実及び内容を確認できるシステム又は電磁的記録の訂正・削除を行うことができないシステムであることが要件とされていますが、具体的には、どのようなシステムであればよいのでしょうか。

A スキャナ保存を行う場合には、次に掲げる要件のいずれかを満たすシステムを使用することが必要とされています（電帳規２⑥二ニ）。

① その国税関係書類に係る電磁的記録の記録事項について訂正又は削除を行った場合には、これらの事実及び内容を確認することができること。

② その国税関係書類に係る電磁的記録の記録事項について訂正又は削除を行うことができないこと。

上記①の要件を満たすようなシステムとしては、例えば、既入力のデータの上書き訂正や削除を行うことはできるが、これらの処理を行った場合には、その内容が別の電磁的記録（訂正・削除履歴ファイル）に記録されるシステムが考えられます。

さらに、受領した国税関係書類の書面に記載された事項の訂正のため、相手方から新たに国税関係書類を受領し、スキャナで読み取った場合などは、既に保存している電磁的記録とは別に、新たな電磁的記録として保存することが必要とされています。

なお、スキャナには通常、画像の自動補正などの機能を有していますが、このような機能によって行われる画像の情報の訂正で国税関係書類の書面の情報（書面の訂正の痕や修正液の痕等を含みます。）を損なうことのないものは、この要件における訂正には含まれません。

また、上記②の要件を満たすようなシステムとしては、例えば、画像データを全く変更できないシステムであり、かつ、保存されているデータが読み取り直後のデータであることを証明できるシステム（具体的には、他者であるクラウド事業者が提供するクラウドサービスにおいてスキャナ保存し、利用者側では訂正削除できないクラウドシステム等）が考えられます。

【関連する電子帳簿保存法取扱通達】

（スキャナ保存における訂正削除の履歴の確保の適用）

4－25　規則第２条第６項第２号ニ⑴《スキャナ保存における訂正削除の履歴の確保》に規定する「国税関係書類に係る電磁的記録の記録事項について訂正又は削除を行った場合」とは、既に保存されている電磁的記録を訂正又は削除した場合をいうのであるから、例えば、受領した国税関係書類の書面に記載された事項の訂正のため、相手方から新たに国税関係書類を受領しスキャナで読み取った場合などは、新たな電磁的記録として保存しなければならないことに留意する。

（スキャナ保存における訂正削除の履歴の確保の特例）

4－26　規則第２条第６項第２号ニ⑴《スキャナ保存における訂正削除の履歴の確保》に規定する「国税関係書類に係る電磁的記録の記録事項について訂正又は削除を行った場合」とは、スキャナで読み取った国税関係書類の書面の情報の訂正又は削除を行った場合をいうのであるが、書面の情報（書面の訂正の痕や修正液の痕等を含む。）を損なうことのない画像の情報の訂正は含まれないことに留意する。

（スキャナ保存における訂正削除の履歴の確保の方法）

4－27　規則第２条第６項第２号ニ⑴《スキャナ保存における訂正削除の履歴の確保》に規定する「これらの事実及び内容を確認することができる」とは、電磁的記録を訂正した場合は、例えば、上書き保存されず、訂正した後の電磁的記録が新たに保存されること、又は電磁的記録を削除しようとした場合は、例えば、当該電磁的記録は削除されずに削除したという情報が新たに保存されることをいう。

したがって、スキャナで読み取った最初のデータと保存されている最新のデータが異なっている場合は、その訂正又は削除の履歴及び内容の全てを確認することができる必要があることに留意する。

なお、削除の内容の全てを確認することができるとは、例えば、削除したという情報が記録された電磁的記録を抽出し、内容を確認することができることをいう。

Q53　タイムスタンプを付す代わりの要件

その入力期間内にスキャナ保存に係る国税関係書類の記録事項を入力したことを確認することができる場合には、その確認をもってタイムスタンプの付与に代えることができることとされていますが、具体的にはどのように行えばよいのでしょうか。

A スキャナ保存を行う場合において、その入力期間（Q41参照）内にスキャナ保存に係る国税関係書類の記録事項を入力したことを確認することができるときは、タイムスタンプの付与は不要とされています（電帳規２⑥二柱書）。この「その入力期間内にスキャナ保存に係る国税関係書類の記録事項を入力したことを確認することができるとき」については、例えば、他者が提供するクラウドサーバにより保存を行い、そのクラウドサーバがNTP（Network Time Protocol）サーバと同期するなどにより、その国税関係書類に係る記録事項の入力がその入力期間内に行われたことの確認ができるようにその保存日時の証明が客観的に担保されている場合が該当します。

【関連する電子帳簿保存法取扱通達】

（国税関係書類に係る記録事項の入力を速やかに行ったこと等を確認することができる場合（タイムスタンプを付す代わりに改ざん不可等のシステムを使用して保存する場合））

４－28 規則第２条第６項第２号ロ《タイムスタンプの付与要件》に掲げる要件に代えることができる同号柱書に規定する「当該保存義務者が同号（規則第２条第６項第１号）イ又はロに掲げる方法により当該国税関係書類に係る記録事項を入力したことを確認することができる場合」については、例えば、他者が提供するクラウドサーバ（同項第２号ニに掲げる電子計算機処理システムの要件を満たすものに限る。）により保存を行い、当該クラウドサーバがNTP（Network Time Protocol）サーバと同期するなどにより、その国税関係書類に係る記録事項の入力がその作成又は受領後、速やかに行われたこと（その国税関係書類の作成又は受領から当該入力までの各事務の処理に関する規程を定めている場合にあってはその国税関係書類に係る記録事項の入力をその業務の処理に係る通常の期間を経過した後、速やかに行われたこと）の確認ができるようにその保存日時の証明が客観的に担保されている場合が該当する。

Q54　「入力を行う者又はその者を直接監督する者」の具体的内容

スキャナ保存を行う場合において、その者の情報を確認できるようにしておく必要がある「入力を行う者又はその者を直接監督する者」とは、具体的には、どのような者が該当するのでしょうか。

A　スキャナ保存を行う場合には、国税関係書類の記録事項の入力を行う者又はその者を直接監督する者に関する情報（所属部署名や氏名等）を確認できるようにしておくことが必要とされています（電帳規２⑥三）。

この「入力を行う者」とは、スキャナで読み取った画像と元となった国税関係書類とが同等であることを確認する入力作業をした者が該当し、「その者を直接監督する者」とは、入力作業を直接監督する責任がある者が該当することとなります。

また、入力作業を外部委託している場合も、上記と同様に委託先における入力作業を行う者又はその者を直接監督する者の情報が確認できるようにしておく必要があります。

【関連する電子帳簿保存法取扱通達】

（入力を行う者等の意義）

4－29　規則第２条第６項第３号《入力者等情報の確認》に規定する「入力を行う者」とは、スキャナで読み取った画像が当該国税関係書類と同等であることを確認する入力作業をした者をいい、また、「その者を直接監督する者」とは、当該入力作業を直接に監督する責任のある者をいうのであるから、例えば、企業内での最終決裁権者ではあるが、当該入力作業を直接に監督する責任のない管理職の者（経理部長等）はこれに当たらないことに留意する。

また、当該入力作業を外部の者に委託した場合には、委託先における入力を行う者又はその者を直接監督する者の情報を確認することができる必要があることに留意する。

なお、規則第４条第１項第２号《タイムスタンプ及び入力者等の確認》に規定する「保存を行う者」又は「その者を直接監督する者」の適用についても、同様に取り扱う。

（入力者等の情報の確認の意義）

4－30　規則第２条第６項第３号《入力者等の情報の確認》に規定する「入力を行う者又はその者を直接監督する者に関する情報を確認することができるようにしておくこと」とは、これらの者を特定できるような事業者名、役職名、所属部署名及び氏名などの身分を明らかにするものの電子的記録又は書面により、確認することができるようにしておくことに留意する。

Q55　スマートフォン等を使用して国税関係書類の読み取りを行う場合における入力者の判定

受領者がスマートフォンやデジタルカメラ等を使用して国税関係書類の読み取りを行い、その後、経理担当者が経理処理の際に必要に応じ国税関係書類の書面を確認することとしていますが、この場合、入力を行う者は「受領者」と「経理担当者」のどちらになりますか。

A　スキャナ保存を行う場合には、国税関係書類の記録事項の入力を行う者又はその入力者を直接監督する者に関する情報を確認することができるようにしておく必要がありますが(電帳規２⑥三)、この「入力を行う者」については、スキャナで読み取った画像が当該国税関係書類と同等であることを確認する入力作業をした者をいうこととされています(Ｑ54参照)。

国税関係書類の受領者がスマートフォンやデジタルカメラ等を使用して読み取りを行う場合にあっては、受領者が読み取った画像を基に経理担当者等が経理処理をし、必要に応じて国税関係書類の書面の確認を行い、また、その後訂正削除の履歴等の確認を行うこととなると考えられますが、このような処理体制であれば、経理担当者が、その確認作業をもって、読み取った画像が当該国税関係書類と同等であることを確認する入力作業をした者に該当することとなり、経理担当者（又はその者を直接監督する者）に係る情報を確認することができるようにすればよいことと取り扱われています。

Q56　帳簿書類間の相互関連性の確保の具体的内容

帳簿書類間での記録の相互関連性の確保が要件とされていますが、具体的には、どのようになっていればよいのでしょうか。

A　国税関係書類のスキャナ保存を行う場合には、帳簿書類の関連する記録間において、相互にその関連性を確認できるようにしておくことが必要とされています（電帳規２⑥四）。この要件を満たすためには、例えば、相互に関連する書類及び帳簿の双方に伝票番号、取引案件番号、工事番号等を付し、その番号を指定することで、国税関係書類又は国税関係帳簿の記録事項がいずれも確認できるようにする方法等によって、原則として全ての国税関係書類に係る電磁的記録の記録事項と国税関係帳簿の記録事項との関連性を確認することができるようにしておくことなどが考えられます。

【関連する電子帳簿保存法取扱通達】

（帳簿書類間の関連性の確保の方法）

4－31 規則第２条第６項第４号《帳簿書類間の関連性の確保》に規定する「関連性を確認することができる」とは、例えば、相互に関連する書類及び帳簿の双方に伝票番号、取引案件番号、工事番号等を付し、その番号を指定することで、書類又は国税関係帳簿の記録事項がいずれも確認できるようにする方法等によって、原則として全ての国税関係書類に係る電磁的記録の記録事項と国税関係帳簿の記録事項との関連性を確認することができることをいう。

この場合、関連性を確保するための番号等が帳簿に記載されていない場合であっても、他の書類を確認すること等によって帳簿に記載すべき当該番号等が確認でき、かつ、関連する書類が確認できる場合には帳簿との関連性が確認できるものとして取り扱う。

（注） 結果的に取引に至らなかった見積書など、帳簿との関連性がない書類についても、帳簿と関連性を持たない書類であるということを確認することができる必要があることに留意する。

（関連する国税関係帳簿）

4－32 規則第２条第６項第４号《帳簿書類間の関連性の確保》に規定する「関連する法第２条第２号に規定する国税関係帳簿」には、例えば、次に掲げる国税関係書類の種類に応じ、それぞれ次に定める国税関係帳簿がこれに該当する。

⑴ 契約書　契約に基づいて行われた取引に関連する帳簿（例：売上の場合は売掛金元帳等）等
⑵ 領収書　経費帳、現金出納帳等
⑶ 請求書　買掛金元帳、仕入帳、経費帳等
⑷ 納品書　買掛金元帳、仕入帳等
⑸ 領収書控　売上帳、現金出納帳等
⑹ 請求書控　売掛金元帳、売上帳、得意先元帳等

Q57　４ポイントの文字認識の確保の具体的内容

スキャナ保存を行う場合において、４ポイントの文字を認識できる状態で出力できるようにしておくことが要件とされていますが、具体的には、どのようになっていればよいのでしょうか。

A　スキャナ保存を行う場合には、国税庁長官が定めるところにより日本産業規格（JIS）Z8305に規定する４ポイントの大きさの文字を認識できる状態で出力できるようにしておくことが要件とされています（電帳規２⑥五ニ）。具体的には、国税庁長官が定めるところとして、日本産業規格X6933又は国際標準化機構（ISO）の規格12653－３に準拠したテストチャートを保存義務者が使用する電子計算機処理システムで入力し、そのテストチャートに係る電磁的記録を出力した画面及び書面において、①日本産業規格X6933における４の相対サイズの文字及びISO図形言語又は②国際標準化機構の規格12653－３における４ポイントの文字及び140図票を認識することができることとすることが定められています（平成17年国税庁告示第３号）。

【関連する電子帳簿保存法取扱通達】
（４ポイントの文字が認識できることの意義）
４－33　規則第２条第６項第５号ニ《スキャナ保存における電子計算機等の備付け等》の規定は、全ての国税関係書類に係る電磁的記録に適用されるのであるから、日本産業規格X6933又は国際標準化機構の規格12653－３に準拠したテストチャートを同項第２号の電子計算機処理システムで入力し、同項第５号に規定するカラーディスプレイの画面及びカラープリンタで出力した書面でこれらのテストチャートの画像を確認し、４ポイントの文字が認識できる場合の当該電子計算機処理システム等を構成する各種機器等の設定等で全ての国税関係書類を入力し保存を行うことをいうことに留意する。
　なお、これらのテストチャートの文字が認識できるか否かの判断に当たっては、拡大した画面又は書面で行っても差し支えない。

Q58　４ポイントの文字認識の確認

スキャナ保存を行う場合において、４ポイントの大きさの文字が認識できることを確認するためにテストチャートの使用が必要とされていますが、そのテストチャートが手元にないため、それが困難である場合には、文字認識の確認はどのようにすればよいのでしょうか。

A スキャナ保存を行う場合には、ディスプレイの画面及び書面に4ポイントの大きさの文字が認識できる状態で出力できることが要件とされ（電帳規2⑥五ニ）、その4ポイントの大きさの文字が認識できることを確認するために日本産業規格X6933又は国際標準化機構の規格12653－3に準拠したテストチャートを使用した方法によることが定められていますが（Q57参照）、このテストチャートが手元にないなどの理由で4ポイントの大きさの文字が認識できる解像度等の設定が困難である場合には、読み取りの解像度が200dpi以上かつ赤色・緑色・青色の階調がそれぞれ256階調（一般書類（Q62参照）の場合はグレースケールでも可）以上及び非圧縮（又は可逆圧縮）で入力していれば、4ポイントの大きさの文字が認識できるものとして取り扱われています。

Q59 スキャナ保存を行う場合に要する検索機能の確保の具体的内容

スキャナ保存を行う場合には、検索機能の確保が要件とされていますが、具体的には、どのような検索機能であればよいのでしょうか。

A 国税関係書類のスキャナ保存を行う場合には、書面による国税関係書類の通覧性に代わるものとして、検索機能を確保することが必要とされており、この検索機能については、次のような要件を満たすことが必要とされています（電帳規２⑥六）。

① 取引年月日その他の日付、取引金額及び取引先（記録項目）を検索の条件として設定することができること。

② 日付又は金額に係る記録項目については、その範囲を指定して条件を設定することができること。

③ ２以上の任意の記録項目を組み合わせて条件を設定することができること。

なお、税務職員からの質問検査権の行使として行われるダウンロードの求め（Q12参照）に応じることができるようにしている場合には、上記②及び③の要件は不要とされます（電帳規２⑥柱書）。

また、この検索機能の確保については、保存システムに検索機能を有するものに限らず、例えば、次のような方法により、検索対象となる記録事項を含んだファイルを抽出できる機能を確保している場合には、この検索機能の確保の要件を満たしているものとして取り扱われます。なお、この取扱いについては、電子取引の取引情報に係る電磁的記録の保存を行う場合の検索機能の確保の要件についても同様です（Q74参照）。

① その電磁的記録のファイル名に、規則性を持った形で記録項目を入力（例えば、取引年月日その他の日付（西暦）、取引金額、取引先の順で統一）して一覧性をもって管理することにより、フォルダ内の検索機能を使用して検索できる状態にしておく方法

② エクセル等の表計算ソフトにより索引簿等を作成し、そのエクセル等の検索機能を使用してその電磁的記録を検索できる状態にしておく方法

【関連する電子帳簿保存法取扱通達】

（検索できることの意義）

4－12　規則第2条第6項第6号《検索機能の確保》に規定する「検索をすることができる機能を確保しておくこと」とは、システム上検索機能を有している場合のほか、次に掲げる方法により検索できる状態であるときは、当該要件を満たしているものとして取り扱う。

(1)　国税関係書類に係る電磁的記録のファイル名に、規則性を有して記録項目を入力することにより電子的に検索できる状態にしておく方法

(2)　当該電磁的記録を検索するために別途、索引簿等を作成し、当該索引簿を用いて電子的に検索できる状態にしておく方法

（スキャナ保存の検索機能における記録項目）

4－34　規則第2条第6項第6号《検索機能の確保》に規定する「取引年月日その他の日付、取引金額及び取引先」には、例えば、次に掲げる国税関係書類の区分に応じ、それぞれ次に定める記録項目がこれに該当する。

(1)　領収書　領収年月日、領収金額及び取引先名称

(2)　請求書　請求年月日、請求金額及び取引先名称

(3)　納品書　納品年月日及び取引先名称

(4)　注文書　注文年月日、注文金額及び取引先名称

(5)　見積書　見積年月日、見積金額及び取引先名称

（注）　一連番号等を国税関係帳簿書類に記載又は記録することにより規則第2条第6項第4号《帳簿書類間の関連性の確保》の要件を確保することとしている場合には、当該一連番号等により国税関係帳簿（法第4条第1項《国税関係帳簿の電磁的記録による保存等》又は第5条第1項《国税関係帳簿の電子計算機出力マイクロフィルムによる保存等》を適用しているものに限る。）の記録事項及び国税関係書類（法第4条第3項を適用しているものに限る。）を検索することができる機能が必要となることに留意する。

第2編　問答編

Q60　スキャナ保存を行う場合に備付けを要するシステム関係書類の具体的内容

スキャナ保存を行う場合には、システム関係書類の備付けが要件とされていますが、具体的には、どのような書類を備え付けておけ

ばよいのでしょうか。

A スキャナ保存を行う場合においても、電子計算機処理システムに係る書類の備付けが要件とされていますが（電帳規2⑥七）、その具体的内容については、電磁的記録等による保存制度の場合と同じであり、Q7をご参照ください。

Q61 「適時入力方式」による一般書類のスキャナ保存の要件の具体的内容

「適時入力方式」の対象となる一般書類のスキャナ保存の要件について、具体的に説明してください。

A 国税関係書類のうち国税庁長官が定める資金や物の流れに直結・連動しない書類（一般書類）のスキャナ保存を行う場合には、電磁的記録の保存に併せて、その電磁的記録の作成及び保存に関する事務の手続を明らかにした書類（その事務の責任者が定められているものに限ります。）の備付けを行うことにより、適時の入力によるスキャナ保存を行うことができる等、重要書類と比べ要件が緩和されています。具体的には、次の点が重要書類のスキャナ保存の要件と異なり、緩和されている事項となります（電帳規2⑦）。

① 入力要件

入力に係る要件は不要とされ、適時に入力すること（適時入力方式）が認められています。

② 電子計算機処理システムの要件

イ　読み取りを行う際における国税関係書類の大きさに関する情報の保存は不要とされ、また、グレースケール（いわゆる白黒）による階調の保存が認められています。

ロ　タイムスタンプについては、次のいずれかにより付与することとなります。

(イ)　重要書類における入力期間（Q41参照）内に付与する。

(ロ)　重要書類における入力期間（Q41参照）を過ぎたものについては、スキャナで読み取る際に（すなわち、正しく読み取られていることを確認した都度）付与する。

ハ　ディスプレイ、プリンタの備付けについては、カラー対応でないものも認められています。

（注）　重要書類については、その入力期間内にスキャナ保存に係る国税関係書類の記録事項を入力したことを確認することができる場合には、タイムスタンプの付与が不要とされています（Q53参照）が、一般書類については、上記①のとおり入力要件は不要とされているため、入力した時点にかかわらず、その国税関係書類に係る記録事項を入力した事実を確認することができる場合には上記②ロのタイムスタンプは不要とされます。

Q62　一般書類の具体的内容

入力要件が不要とされる適時入力方式により、スキャナ保存を行うことができる「一般書類」について、具体的に説明してください。

A　適時入力方式（Q61参照）により、スキャナ保存を行うことができる「一般書類」(国税庁長官が定める資金や物の流れに直結・連動しない書類)は、次に掲げる書類(重要書類)以外の書類とされています(電帳規2⑦、平成17年国税庁告示第4号)。

(1) 所得税法施行規則第63条第3項に規定する現金預金取引等関係書類のうち、帳簿に同規則第58条第1項に規定する取引に関する事項を個別に記載することに代えて日々の合計金額の一括記載をした場合における当該一括記載に係る取引に関する事項を確認するための書類

(2) 所得税法施行規則第102条第3項第2号に掲げる書類のうち、帳簿に同条第1項に規定する総収入金額及び必要経費に関する事項を記録することに代えて日々の合計金額を一括して記録した場合の当該事項の記載のあるもの

(3) 法人税法施行規則第8条の3の10第4項に規定する帳簿代用書類

(4) 法人税法施行規則第59条第4項に規定する帳簿代用書類

(5) 次に掲げる書類(上記(1)から(4)までに掲げる書類を除きます。)

イ 契約書、契約の申込書(当該契約に係る定型的な約款があらかじめ定められている場合における当該契約の申込書(下記ロに掲げる書類に該当するものを除きます。)を除きます。)その他これらに準ずる書類

ロ 預貯金(所得税法第2条第1項第10号に規定する預貯金をいいます。)の預入又は引出しに際して作成された書類、預貯金の口座の設定又は解約に際して作成された書類、為替取引に際して作成された書類(契約の申込書であって対価の支払を口座振替の方法によるものとする契約の申込みに際して作成されたものを除きます。)その他これらに準ずる書類

ハ 領収書その他現金の収受又は払出しその他の支払手段(外国為替及び外国貿易法第6条第1項第7号に規定する支払手段をいいます。)

の授受に際して作成された書類

ニ　請求書その他これに準ずる書類（支払手段による対価の支払を求めることを内容とするものに限ります。）

ホ　支払のために提示された手形又は小切手

ヘ　納品書その他棚卸資産の引渡しに際して作成された書類（棚卸資産の引渡しを受けた者が作成したものを除きます。）

ト　所得税法施行規則第68条の３第１号又は法人税法施行規則第62条の３第１号に規定する内部取引に該当する資産の移転、役務の提供その他の事実を記載した上記イからへまでに掲げる書類に相当する書類

チ　消費税法第30条第10項に規定する本人確認書類

リ　自己の作成した上記イからニまでに掲げる書類の写し及び上記トに掲げる書類のうち上記イからニまでに掲げる書類に相当する書類の写し

上記の「一般書類」についての具体的な例としては、次のような書類となります。

①　保険契約申込書、電話加入契約申込書、クレジットカード発行申込書のように別途定型的な約款があらかじめ定められている契約申込書

②　口座振替依頼書

③　棚卸資産を購入した者が作成する検収書、商品受取書

④　注文書、見積書及びそれらの写し

⑤　自己が作成した納品書の写し

Q63 過去分重要書類のスキャナ保存の具体的内容

過去分重要書類のスキャナ保存を行う場合の保存の要件について、具体的に説明してください。

A 重要書類（Q62参照）のうち、スキャナ保存制度による国税関係書類の電磁的記録の保存をもってその国税関係書類の保存に代える日（基準日）前に作成又は受領をしたもの（過去分重要書類）については、あらかじめ、その過去分重要書類の種類等を記載した適用届出書を所轄税務署長等に提出した場合には、電磁的記録の保存に併せて、その電磁的記録の作成及び保存に関する事務の手続を明らかにした書類（これらの事務の責任者が定められているものに限ります。）の備付けを行った上で、スキャナ保存を行うことができることとされています。この過去分重要書類のスキャナ保存を行う場合の保存要件については、過去分重要書類以外の重要書類と比べ、次の事項について要件が緩和されています（電帳規2⑨）。

① 入力要件（入力期間の制限）

不要とされています。

② 電子計算機処理システムの要件

イ タイムスタンプについては、スキャナで読み取る際に（すなわち、正しく読み取られていることを確認した都度）付与することとされています。

ロ 受領者等が読み取りを行う場合において、その書類の大きさがA4サイズ以下であるときに、大きさに関する情報の保存を不要とする措置（Q47参照）は適用されません。

なお、過去分重要書類のスキャナ保存については、上記①のとおり入力要件が不要とされているため、数か月間に渡ってスキャナ保存の作業を行うことも可能です。

(注1) 過去分重要書類のスキャナ保存については、従前に同一の種類の書類について適用届出書を提出している場合には、適用することができないこととされています。

(注2) 過去分重要書類以外の重要書類については、その入力期間内にスキャナ保存に係る国税関係書類の記録事項を入力したことを確認することができる場合には、タイムスタンプの付与が不要とされています（Q53参照）が、過去分重要書類については、上記①のとおり入力要件は不要とされているため、入力した時点にかかわらず、その過去分重要書類に係る記録事項を入力した事実を確認することができる場合には上記②イのタイムスタンプの付与は不要とされます。

Q64 過去分重要書類の具体的内容

過去分重要書類のスキャナ保存を行うことができる「過去分重要書類」について、具体的に説明してください。

A 重要書類（Q62参照）のうち、スキャナ保存制度による国税関係書類の電磁的記録の保存をもってその国税関係書類の保存に代える日（基準日）前に作成又は受領をしたものをいいます。適用届出書を提出した後は、その後の入力期間について制限はありませんので、数か月間にわたって過去分重要書類のスキャナ保存の作業を行うことも可能です。

Q65　一般書類及び過去分重要書類へのタイムスタンプの付与

「一般書類」及び「過去分重要書類」については、タイムスタンプをいつまでに付与すればよいのでしょうか。

A　「一般書類」については、次のいずれかによりタイムスタンプを付与することとなります。

①　重要書類における入力期間（Q41参照）内に付与する。

②　重要書類における入力期間（Q41参照）を過ぎたものについては、スキャナで読み取る際に（すなわち、正しく読み取られていることを確認した都度）付与する。

「過去分重要書類」については、スキャナで読み取る際に（すなわち、正しく読み取られていることを確認した都度）タイムスタンプを付与することとなります。

Q66　一般書類及び過去分重要書類へタイムスタンプを付す代わりの要件

一般書類及び過去分重要書類へのタイムスタンプの付与に代えることができる要件について説明してください。

A　重要書類については、その入力期間内にスキャナ保存に係る国税関係書類の記録事項を入力したことを確認することができる場合には、タイムスタンプの付与が不要とされています（Q53参照）が、一般書類及び過去分重要書類については、入力要件が不要とされている（Q61、

Q63参照）ため、入力した時点にかかわらず、これらの書類に係る記録事項を入力した事実を確認することができる場合にはタイムスタンプの付与は不要とされます。

【関連する電子帳簿保存法取扱通達】
（一般書類及び過去分重要書類の保存における取扱い）

4－36 規則第２条第７項《一般書類の保存》及び第９項《過去分重要書類の保存》のスキャナ保存について、「国税関係書類に係る記録事項を入力したことを確認することができる場合」には、同条第６項第２号ロ《タイムスタンプの付与》の要件に代えることができることに留意する。

なお、この「国税関係書類に係る記録事項を入力したことを確認することができる場合」とは、４－28の方法により確認できる場合はこれに該当する。

また、通常のスキャナ保存の場合と異なり、その国税関係書類に係る記録事項の入力が「同号（規則第２条第６項第１号）イ又はロに掲げる方法」によりされていることの確認は不要であり、入力した時点にかかわらず、入力した事実を確認できれば足りることに留意する。

Q67 スキャナ保存を行う場合における「圧縮保存」の可否

スキャナ保存を行う場合において、国税関係書類の電磁的記録について、圧縮して保存することはできるのでしょうか。

A スキャナ保存を行う場合には、200dpi 以上の解像度及び赤色・緑色・青色の階調がそれぞれ256階調（一般書類の場合はグレースケールでも可）以上で読み取る電子計算機処理システムを使用し、ディスプレイの画面及び書面に４ポイントの文字を認識できる状態で出力できるようにしておくことが要件とされていますが（Q37参照）、これらの要件を満たす状態であれば、国税関係書類の電磁的記録について、圧縮して保存して差し支えないものと取り扱われています。

Q68　災害その他やむを得ない事情に係る宥恕措置の適用対象

災害その他やむを得ない事情に係る宥恕措置は、どのような場合に適用されるのでしょうか。

A　保存義務者が、「災害その他やむを得ない事情」により、スキャナ保存の要件（Q37参照）に従って国税関係書類に係る電磁的記録のスキャナ保存をすることができなかったことを証明した場合には、その保存要件にかかわらず、その電磁的記録の保存をすることができることとされています（電帳規２⑧）。なお、この「災害その他やむを得ない事情」とは、次に掲げるところによることとされています。

① 「災害」とは、震災、風水害、雪害、凍害、落雷、雪崩、がけ崩れ、地滑り、火山の噴火等の天災又は火災その他の人為的災害で自己の責任によらないものに基因する災害をいいます。

② 「やむを得ない事情」とは、①の災害に準ずるような状況又は当該事業者の責めに帰することができない状況にある事態をいいます。

また、「災害その他やむを得ない事情」が生じた時点で既にスキャナ保存を行う際の入力期間（Q41参照）を経過しているなど保存要件を満たしていなかった場合等の「その事情が生じなかったとした場合において、その保存要件に従ってその電磁的記録の保存をすることができなかったと認められるとき」は、この宥恕措置は適用されず、その電磁的記録の保存をすることはできないこととされています（電帳規２⑧ただし書）。

また、電子取引の取引情報に係る電磁的記録の保存制度についても、上記のスキャナ保存の場合と同様の宥恕措置が設けられています（電帳規4③)。

【関連する電子帳簿保存法取扱通達】
(災害その他やむを得ない事情)

4−37 規則第2条第8項《災害等があった場合のスキャナ保存の取扱い》及び第11項《災害等があった場合の過去分重要書類のスキャナ保存の取扱い》並びに第4条第3項に規定する「災害その他やむを得ない事情」の意義は、次に掲げるところによる。

(1) 「災害」とは、震災、風水害、雪害、凍害、落雷、雪崩、がけ崩れ、地滑り、火山の噴火等の天災又は火災その他の人為的災害で自己の責任によらないものに基因する災害をいう。

(2) 「やむを得ない事情」とは、前号に規定する災害に準ずるような状況又は当該事業者の責めに帰することができない状況にある事態をいう。

なお、上記のような事象が生じたことを証明した場合であっても、当該事象の発生前から保存に係る各要件を満たせる状態になかったものについては、これらの規定の適用はないのであるから留意する。

Q69 災害その他やむを得ない事情に係る宥恕措置の効果

「災害その他やむを得ない事情」を証明した場合には、電磁的記録の保存自体が不要となるのでしょうか。

A スキャナ保存制度における災害その他やむを得ない事情に係る宥恕措置(Q68参照)については、国税関係書類の保存義務が免除されるものではありませんので、スキャナ保存に係る国税関係書類の紙原本の保存がない場合には、その国税関係書類に係る電磁的記録の保存が必要になります。

なお、電磁的記録については、災害等によりデータを保存していたパソコン本体が棄損した場合等、紙に比べてその確認が困難となる場面も多く想定されることから、納税者の責めに帰すべき事由がないときには、単に保存書類が存在しないことのみをもって、義務違反を問うことはないこととされていますが、仮に紙の書類及びそのスキャナデータを消失してしまった場合であっても、可能な範囲で合理的な方法（取引の相手先や金融機関へ取引内容を照会するなど）により保存すべき国税関係書類を復元する必要があると考えられます。

また、災害その他やむを得ない事情がやんだ後に作成又は受領する国税関係書類については、スキャナ保存の保存要件を備えた上でその国税関係書類に係る電磁的記録をスキャナ保存する必要があります。

上記のスキャナ保存制度における災害その他やむを得ない事情に係る宥恕措置の取扱いは、電子取引の取引情報に係る電磁的記録の保存制度における災害その他やむを得ない事情に係る宥恕措置についても同様とされています。なお、消費税法の「課税仕入れ等の税額の控除に係る帳簿及び請求書等」については、災害その他やむを得ない事情により、当該保存をすることができなかったことを事業者において証明した場合は、保存が不要とされているため、その請求書等のやり取りが電子取引により行われた場合のその電子取引の取引情報に係る電磁的記録の保存がなかった場合も同様（必ずしも復元は不要）の取扱いとなります。

Q70　過去分重要書類の保存に係る災害その他やむを得ない事情に係る宥恕措置の適用

過去分重要書類の保存に係る災害その他やむを得ない事情に係る宥恕措置の適用について説明してください。

A　災害その他やむを得ない事情（Q68参照）が生じる前に、過去分重要書類の適用届出書を提出し、過去分重要書類のスキャナ保存（Q63参照）を行っている保存義務者は、その事情により保存要件に従ってその過去分重要書類に係る電磁的記録のスキャナ保存をすることができないこととなったことを証明した場合には、その保存要件にかかわらず、その電磁的記録の保存をすることができることとされています（電帳規2⑪）。

したがって、例えば、災害その他やむを得ない事情が生じた場合であっても、過去分重要書類の適用届出書を提出していない保存義務者についてまで、基準日（Q63参照）前に作成又は受領をした過去分重要書類のスキャナ保存を認めるものではありませんので、注意が必要です。

なお、災害その他やむを得ない事情が生じる前に作成又は受領した国税関係書類を含め、その事情が止んだ後において過去分重要書類のスキャナ保存を行おうとする保存義務者については、過去分重要書類の種類等を記載した適用届出書を提出した上でそのスキャナ保存を行うこととなります。

電子取引の取引情報に係る電磁的記録の保存制度

Q71　電子取引の取引情報に係る電磁的記録の保存制度の概要

電子取引の取引情報に係る電磁的記録の保存制度の概要について説明してください。

A　所得税（源泉徴収に係る所得税を除きます。）及び法人税の保存義務者は、電子取引を行った場合には、その取引情報に係る電磁的記録を一定の要件に従って保存することが必要とされています（電帳法７）。

Q72　電磁的記録を保存することが必要となる取引情報の具体的内容

電子取引の取引情報について、具体的には、どのような情報に係る電磁的記録を保存することが必要となるのでしょうか。

A　所得税（源泉徴収に係る所得税を除きます。）及び法人税の保存義務者が電子取引を行った場合に保存することが必要とされているのは、電子取引の取引情報です（電帳法７）。

電子取引とは、EDI 取引等のように、取引情報の授受を電磁的方式により行う取引のことをいいます。また、取引情報とは、取引に関し受領し、又は交付する注文書、契約書、送り状、領収書、見積書、その他これらに準ずる書類に通常記載される事項をいいます（電帳法２五）。

したがって、電子取引を行った場合に保存することが必要となる情報は、電子取引において授受される情報のうち注文書、領収書等に通常記載されるような事項に係る部分ということになります。

【関連する電子帳簿保存法取扱通達】
（電子取引の範囲）

2－2　法第２条第５号《電子取引の意義》に規定する「電子取引」には、取引情報が電磁的記録の授受によって行われる取引は通信手段を問わず全て該当するのであるから、例えば、次のような取引も、これに含まれることに留意する。

⑴　いわゆる EDI 取引
⑵　インターネット等による取引
⑶　電子メールにより取引情報を授受する取引（添付ファイルによる場合を含む。）
⑷　インターネット上にサイトを設け、当該サイトを通じて取引情報を授受する取引

Q73　電子取引の取引情報の保存場所及び保存年数

電子取引の取引情報については、どこに、何年間保存しなければならないのでしょうか。

A　電子取引の取引情報に係る電磁的記録の保存場所及び保存期間は、その取引情報の受領が書面により行われ、又はその取引情報の送付が書面により行われて写しが作成されたとした場合において、各税法の規定によりその書面を保存しなければならないこととされている場所及び期間と同一の場所及び期間とされています（電帳規４①）。

Q74　電子取引の取引情報の保存方法

電子取引の取引情報については、どのように保存すればよいのでしょうか。

A　電子取引の取引情報に係る電磁的記録は、次の要件に従って保存することが必要とされています（電帳規４①）。

イ　次に掲げるいずれかの措置を講ずること。

(イ)　その電磁的記録の記録事項にタイムスタンプが付された後、その取引情報の授受を行うこと。

(ロ)　次に掲げる方法のいずれかにより、その電磁的記録の記録事項にタイムスタンプを付すとともに、その電磁的記録の保存を行う者又はその者を直接監督する者に関する情報を確認することができるようにしておくこと。

a　その電磁的記録の記録事項にタイムスタンプを付すことをその取引情報の授受後、速やかに行うこと。

b　その電磁的記録の記録事項にタイムスタンプを付すことをその業務の処理に係る通常の期間を経過した後、速やかに行うこと（その取引情報の授受からその記録事項にタイムスタンプを付すまでの各事務の処理に関する規程を定めている場合に限ります。）。

(ハ)　次に掲げる要件のいずれかを満たす電子計算機処理システムを使用してその取引情報の授受及びその電磁的記録の保存を行うこと。

a　その電磁的記録の記録事項について訂正又は削除を行った場合には、これらの事実及び内容を確認することができること。

b　その電磁的記録の記録事項について訂正又は削除を行うことが

できないこと。

(ニ) その電磁的記録の記録事項について正当な理由がない訂正及び削除の防止に関する事務処理の規程を定め、その規程に沿った運用を行い、その電磁的記録の保存に併せてその規程の備付けを行うこと。

ロ 電磁的記録を保存する場所に、その電磁的記録の電子計算機処理の用に供することができる電子計算機、プログラム、ディスプレイ及びプリンタ並びにこれらの操作説明書を備え付け、その電磁的記録をディスプレイの画面及び書面に、整然とした形式及び明瞭な状態で、速やかに出力することができるようにしておくこと。

ハ その国税関係書類に係る電磁的記録の記録事項の検索をすることができる機能（次に掲げる要件を満たすものに限ります。）を確保しておくこと。

(イ) 取引年月日その他の日付、取引金額及び取引先（記録項目）を検索の条件として設定することができること。

(ロ) 日付又は金額に係る記録項目については、その範囲を指定して条件を設定することができること。

(ハ) 2以上の任意の記録項目を組み合わせて条件を設定することができること。

ニ 自社開発のプログラムを使用する場合には、電磁的記録の保存に併せて、その電磁的記録に係る電子計算機処理システムの概要を記載した書類の備付けを行うこと。

（注） 税務職員からの質問検査権の行使として行われるダウンロードの求め（Q12参照）に応じることができるようにしている場合には、上記ハ(ロ)及び(ハ)の要件は不要とされます（電帳規4①柱書）。

また、そのダウンロードの求めに応じることができるようにしていることに加えて、その保存義務者が、その判定期間（※１）に係る基準期間（※２）における売上高が1,000万円以下である事業者であるときは、上記ハ(イ)の要件についても不要とされ、結果的に上記ハの検索機能の確保の要件は全て不要となります（電帳規４①柱書）。

（※１）上記の「判定期間」とは、個人事業者については、「電子取引を行った日の属する年の１月１日から12月31日までの期間」をいい、法人については、「電子取引を行った日の属する事業年度」をいいます（電帳規４②二）。

（※２）上記の「基準期間」とは、個人事業者についてはその年の前々年をいい、法人についてはその事業年度の前々事業年度（その前々事業年度が１年未満である法人については、その事業年度開始の日の２年前の日の前日から同日以後１年を経過する日までの間に開始した各事業年度を合わせた期間）をいいます（電帳規４②三）。

なお、令和３年度の税制改正において、所得税（源泉徴収に係る所得税を除きます。）及び法人税に係る保存義務者について、電子取引の取引情報に係る電磁的記録を出力することにより作成した書面又はCOM（以下「出力書面等」といいます。）の保存をもって、その電磁的記録の保存に代えることができる措置は廃止されましたが、その廃止された措置の概要は以下のとおりです。なお、令和３年度の税制改正については、令和４年１月１日以後に行う電子取引の取引情報について適用され、同日前に行った電子取引の取引情報についてはこの廃止された措置が適用されます（令和３年改正法附則82⑥）。

（参考）廃止された措置

電子取引の取引情報に係る電磁的記録の出力書面又はCOMは、次の要件に従って保存することが必要とされていました。

① 電子取引の取引情報に係る電磁的記録の出力書面を保存する場合

電磁的記録を整然とした形式及び明瞭な状態で出力し、その書面を整理して保存すること。

② 電子取引の取引情報に係るCOMを保存する場合

イ　COMの保存に併せて、次の事項が記載された書類の備付けを行うこと。

(イ)　保存義務者（法人にあっては保存責任者）の電子取引の取引情報に係る電磁的記録が真正に出力され、そのCOMが作成された旨を証する記載及びその氏名

(ロ)　COMの作成責任者の氏名

(ハ)　COMの作成年月日

ロ　COMの保存に併せて、取引情報の種類及び取引年月日その他の日付を特定することによりこれらに対応するCOMを探し出すことができる索引簿の備付けを行うこと。

ハ　各COMごとに、その記録事項の索引を出力しておくこと。

ニ　COMの保存をする場所に、所定のマイクロフィルムリーダプリンタ及びその操作説明書を備え付け、そのCOMの内容をマイクロフィルムリーダプリンタの画面及び書面に、整然とした形式及び明瞭な状態で、速やかに出力することができるようにしておくこと。

(参考) 消費税法令における取扱い

消費税に係る保存義務者が行う電子取引の取引情報に係る電磁的記録の保存については、その保存の有無が税額計算に影響を及ぼすことなどを勘案して、令和3年度の税制改正における電子帳簿保存法上の出力書面等の保存措置の廃止後も引き続き、その電磁的記録を出力した書面による保存が可能と

されています。

【関連する電子帳簿保存法取扱通達】

（電磁的記録等により保存すべき取引情報）

7－1　法第7条《電子取引の取引情報に係る電磁的記録の保存》の規定の適用に当たっては、次の点に留意する。

(1)　電子取引の取引情報に係る電磁的記録は、ディスプレイの画面及び書面に、整然とした形式及び明瞭な状態で出力されることを要するのであるから、暗号化されたものではなく、受信情報にあってはトランスレータによる変換後、送信情報にあっては変換前のもの等により保存することを要する。

(2)　取引情報の授受の過程で発生する訂正又は加除の情報を個々に保存することなく、確定情報のみを保存することとしている場合には、これを認める。

(3)　取引情報に係る電磁的記録は、あらかじめ授受されている単価等のマスター情報を含んで出力されることを要する。

(4)　見積りから決済までの取引情報を、取引先、商品単位で一連のものに組み替える、又はそれらの取引情報の重複を排除するなど、合理的な方法により編集（取引情報の内容を変更することを除く。）をしたものを保存することとしている場合には、これを認める。

（注）　いわゆるEDI取引において、電磁的記録により保存すべき取引情報は、一般に「メッセージ」と称される見積書、注文書、納品書及び支払通知書等の書類に相当する単位ごとに、一般に「データ項目」と称される注文番号、注文年月日、注文総額、品名、数量、単価及び金額等の各書類の記載項目に相当する項目となることに留意する。

（速やかに行うことの意義）【4－17の再掲】

7－2　規則第2条第6項第1号イ《入力方法》に規定する「速やかに」の適用に当たり、国税関係書類の作成又は受領後おおむね7営業日以内に入力している場合には、速やかに行っているものとして取り扱う。

なお、同号ロに規定する「速やかに」の適用に当たり、その業務の処理に係る通常の期間を経過した後、おおむね7営業日以内に入力している場合には同様に取り扱う。

また、タイムスタンプを付す場合の期限である、同項第2号ロ《スキャナ保存に係るタイムスタンプの付与》及び規則第4条第1項第2号《電子取引に係るタイムスタンプの付与》にそれぞれ規定する「速やかに」の適用に当たっても、同様に取り扱う。

（業務の処理に係る通常の期間の意義）【4－18の再掲】

7－3　規則第2条第6項第1号ロ及び第2号ロ《入力方法》に規定する「その業務の処理に係る通常の期間」とは、国税関係書類の作成又は受領からスキャナで読み取り可能となるまでの業務処理サイクルの期間をいうことに留意する。

なお、月をまたいで処理することも通常行われている業務処理サイクルと認められることから、最長2か月の業務処理サイクルであれば、「その業務の処理に係る通常の期間」として取り扱うこととする。

また、電子取引の取引情報に係る電磁的記録の保存の要件であるタイムスタンプに係る規則第4条第1項第2号ロ《タイムスタンプの付与》に規定する「その業務の処理に係る通常の期間」の適用に当たっても、同様に取り扱う。

(規則第4条第1項第3号に規定するシステムの例示)

7－4 規則第4条第1項第3号イに規定する「当該電磁的記録の記録事項について訂正又は削除を行った場合には、これらの事実及び内容を確認することができること」とは、例えば、電磁的記録の記録事項を直接に訂正又は削除を行った場合には、訂正前又は削除前の記録事項及び訂正又は削除の内容がその電磁的記録又はその電磁的記録とは別の電磁的記録（訂正削除前の履歴ファイル）に自動的に記録されるシステム等をいう。

また、同号ロに規定する「当該電磁的記録の記録事項について訂正又は削除を行うことができないこと」とは、例えば、電磁的記録の記録事項に係る訂正又は削除について、物理的にできない仕様とされているシステム等をいう。

(訂正及び削除の防止に関する事務処理の規程)

7－5 規則第4条第1項第4号《電子取引の取引情報に係る電磁的記録の訂正削除の防止》に規定する「正当な理由がない訂正及び削除の防止に関する事務処理の規程」とは、例えば、次に掲げる区分に応じ、それぞれ次に定める内容を含む規程がこれに該当する。

⑴ 自らの規程のみによって防止する場合

① データの訂正削除を原則禁止

② 業務処理上の都合により、データを訂正又は削除する場合（例えば、取引相手方からの依頼により、入力漏れとなった取引年月日を追記する等）の事務処理手続（訂正削除日、訂正削除理由、訂正削除内容、処理担当者の氏名の記録及び保存）

③ データ管理責任者及び処理責任者の明確化

⑵ 取引相手との契約によって防止する場合

① 取引相手とデータ訂正等の防止に関する条項を含む契約を行うこと。

② 事前に上記契約を行うこと。

③ 電子取引の種類を問わないこと。

(国税に関する法律の規定による提示又は提出の要求)【4－13の再掲】

7－6 規則第2条第2項第3号及び第6項、第4条第1項並びに第5条第5項第1号及び第2号ホに規定する「国税に関する法律の規定による……提示又は提出の要求」については、国税通則法第74条の2から第74条の6までの規定による質問検査権の行使に基づく提示又は提出の要求のほか、以下のものが対象となる。

⑴ 国税通則法の規定を準用する租税特別措置法、東日本大震災からの復興のための施策を実施するために必要な財源の確保に関する特別措置法（復興特別所得税・復興特別法人税）及び一般会計における債務の承継等に伴

い必要な財源の確保に係る特別措置に関する法律（たばこ特別税）の規定による質問検査権の行使に基づくもの（措法87の６⑪等、復興財確法32①、62①、財源確保法19①）

(2) 非居住者の内部取引に係る課税の特例、国外所得金額の計算の特例等に係る同種の事業を営む者等に対する質問検査権の行使に基づくもの（措法40の３の３、措法41の19の５等）

(3) 国外財産調書・財産債務調書を提出する義務がある者に対する質問検査権の行使に基づくもの（国送法７②）

(4) 支払調書等の提出に関する質問検査権の行使に基づくもの（措法９の４の２等）

(5) 相手国等から情報の提供要請があった場合の質問検査権の行使に基づくもの（実特法９①）

(6) 報告事項の提供に係る質問検査権の行使に基づくもの（実特法10の９①等）

（電磁的記録の提示又は提出の要求に応じる場合の意義）【４－14の再掲】

７－７　規則第２条第２項第３号及び第６項、第４条第１項並びに第５条第５項の「国税に関する法律の規定による……電磁的記録の提示又は提出の要求に応じること」とは、法の定めるところにより備付け及び保存が行われている国税関係帳簿又は保存が行われている国税関係書類若しくは電子取引の取引情報に係る電磁的記録について、税務職員から提示又は提出の要求（以下７－７において「ダウンロードの求め」という。）があった場合に、そのダウンロードの求めに応じられる状態で電磁的記録の保存等を行い、かつ、実際にそのダウンロードの求めがあった場合には、その求めに応じることをいうのであり、「その要求に応じること」とは、当該職員の求めの全てに応じた場合をいうのであって、その求めに一部でも応じない場合はこれらの規定の適用（電子帳簿等保存制度の適用・検索機能の確保の要件の緩和）は受けられないことに留意する。

したがって、その求めに一部でも応じず、かつ、規則第２条第６項第６号に掲げる要件（検索機能の確保に関する要件の全て）又は第５条第５項に定める要件（優良な電子帳簿に関する要件。なお、国税関係書類については、これに相当する要件）が備わっていなかった場合には、規則第２条第２項、第３項、若しくは第６項、第３条又は第４条第１項の規定の適用に当たって、要件に従って保存等が行われていないこととなるから、その保存等がされている電磁的記録又は電子計算機出力マイクロフィルムは国税関係帳簿又は国税関係書類とはみなされないこととなる（電子取引の取引情報に係る電磁的記録については国税関係書類以外の書類とみなされないこととなる）ことに留意する。

また、当該ダウンロードの求めの対象については、法の定めるところにより備付け及び保存が行われている国税関係帳簿又は保存が行われている国税関係書類若しくは電子取引の取引情報に係る電磁的記録が対象となり、ダウンロードの求めに応じて行われる当該電磁的記録の提出については、税務職員の求めた状態で提出される必要があることに留意する。

Q75 電子メールの保存方法について

電子メールを受信した場合には、どのように保存すればよいのでしょうか。

A 電子メールにより取引情報を授受する取引（添付ファイルによる場合を含みます。）を行った場合についても電子取引に該当するため（電帳法２五）、その取引情報に係る電磁的記録の保存が必要となります（電帳法７）。具体的に、この電磁的記録の保存とは、電子メール本文に取引情報が記載されている場合はその電子メールを、電子メールの添付ファイルにより取引情報（領収書等）が授受された場合はその添付ファイルを、それぞれ、ハードディスク、コンパクトディスク、DVD、磁気テープ、クラウド（ストレージ）サービス等に記録・保存をする状態にすることをいいます。

Q76 ファクシミリの取扱いについて

ファクシミリを使用して取引に関する情報をやり取りする場合には、その取引情報を電磁的記録により保存しなければならないのでしょうか。

A ファクシミリを使用して取引に関する情報をやり取りする場合については、一般的に、送信側においては書面を読み取ることにより送信し、受信側においては受信した電磁的記録について書面で出力することにより、確認・保存をすることを前提としているものであることから、書面による取引があったものとして取り扱うこととされています。

ただし、複合機等のファクシミリ機能を用いて、電磁的記録により送受信し、その電磁的記録を保存する場合については、電子取引に該当することから（電帳法２五）、電子取引の取引情報に係る電磁的記録の保存要件に従ってその電磁的記録の保存が必要となります（Q74参照）。

【関連する電子帳簿保存法取扱通達】
（ファクシミリの取扱いについて）

7－8　ファクシミリを使用して取引に関する情報をやり取りする場合については、一般的に、送信側においては書面を読み取ることにより送信し、受信側においては受信した電磁的記録について書面で出力することにより、確認、保存することを前提としているものであることから、この場合においては、書面による取引があったものとして取り扱うが、複合機等のファクシミリ機能を用いて、電磁的記録により送受信し、当該電磁的記録を保存する場合については、法第２条第５号に規定する電子取引に該当することから、規則第４条に規定する要件に従って当該電磁的記録の保存が必要となることに留意する。

Q77　電子メールの保存範囲

電子取引には、電子メールにより取引情報を授受する取引（添付ファイルによる場合を含みます。）が該当するとのことですが、全ての電子メールを保存しなければなりませんか。

A　この取引情報とは、取引に関して受領し、又は交付する注文書、領収書等に通常記載される事項をいうことから（電帳法２五）、電子メールにおいて授受される情報の全てが取引情報に該当するものではありません。したがって、そのような取引情報の含まれていない電子メールを保存する必要はありません。

具体的には、電子メール本文に取引情報が記載されている場合はその電子メールを保存する必要がありますが、電子メールの添付ファイルにより授受された取引情報（領収書等）についてはその添付ファイルのみを保存しておけばよいことになります。

Q78　クラウドサービスを利用した受領について

取引先からクラウドサービスを利用して請求書等を受領していますが、クラウドサービスを利用して受領した場合には、電子取引に該当しますか。

A　請求書等の授受についてクラウドサービスを利用する場合は、取引の相手方と直接取引情報を授受するものでなくても、請求書等のデータをクラウドサービスにアップロードし、そのデータを取引当事者双方で共有するものが一般的ですので、取引当事者双方でデータを共有するものも取引情報の授受にあたり、電子取引に該当します。

Q79　スマホアプリによる決済を利用した受領について

スマホアプリによる決済を行いましたが、この際にアプリ提供事業者から利用明細等を受領する行為は、電子取引に該当しますか。

A　いわゆるスマホアプリを利用した際に、アプリ提供事業者から受領する利用明細に係る内容には、通常、支払日時、支払先、支払金額等が記載されていることから、取引情報（取引に関して受領し、又は交付する注文書、契約書、送り状、領収書、見積書その他これらに準ずる書類に通常記載される事項）に該当し、その取引情報の授受を電磁的方式より行う場合には、電子取引に該当しますので、取引データを保存する必要があります。

Q80　従業員による電子データの受領について

従業員が会社の経費等を立て替えた場合において、その従業員が支払先から領収書を電子データで受領した行為は、会社としての電子取引に該当しますか。該当するとした場合には、どのように保存すればよいのでしょうか。

A　従業員が支払先から電子データにより領収書を受領する行為についても、その行為が会社の行為として行われる場合には、会社としての電子取引に該当します。そのため、この電子取引の取引情報に係る電磁的記録については、従業員から集約し、会社として取りまとめて保存し管理することが望ましいですが、一定の間、従業員のパソコンやスマートフォン等に保存しておきつつ、会社としても日付、金額、取引先の検索条件に紐づく形でその保存状況を管理しておくことも認められます。

なお、この場合においても、電子帳簿保存法上求められる措置（電帳規4①）を行うとともに、税務調査の際には、その従業員が保存する電磁的記録について、税務職員の求めに応じて提出する等の対応ができるような体制を整えておく必要があり、電子データを検索して表示するときは、整然とした形式及び明瞭な状態で、速やかに出力することができるように管理しておく必要があります。

Q81　各税目の保存義務者ごとの電子取引で授受したデータの保存方法の違いについて

電子取引で授受したデータについて、所得税（源泉徴収に係る所得税を除きます。）及び法人税に係る保存義務者と消費税に係る保存義務者で取扱いにどのような違いがあるのですか。

A　令和３年度の税制改正により、所得税（源泉徴収に係る所得税を除きます。）及び法人税に係る保存義務者については、令和４年１月１日以後行う電子取引の取引情報に係る電磁的記録を書面やマイクロフィルムに出力して保存する措置が廃止されましたので、その電磁的記録を一定の要件の下、保存しなければならないこととされました（電帳法７）。

一方、消費税に係る保存義務者が行う電子取引の取引情報に係る電磁的記録の保存については、その保存の有無が税額計算に影響を及ぼすことなどを勘案して、令和４年１月１日以後も引き続き、その電磁的記録を書面に出力することにより保存することも認められています。

Q82　特別な請求書等保存ソフトを使用していない場合の電子取引で授受したデータの保存方法について

一般的なパソコンを使用しており、プリンタも持っている一方で、特別な請求書等保存ソフトは使用していません。どのように保存しておけばよいですか。

A 例えば、以下のような方法で保存すれば要件を満たしていることとなります。

① 請求書データ（PDF）のファイル名に、規則性をもって内容を表示する。

（記載例） 2022年（令和４年）10月31日に株式会社国税商事から受領した110,000円の請求書⇒「20221031_⑭国税商事_110,000」

② 「取引の相手先」や「各月」など任意のフォルダに格納して保存する。

③ 「正当な理由がない訂正及び削除の防止に関する事務処理の規程」（Q83参照）を作成し備え付ける。

なお、判定期間に係る基準期間（通常は２年前です。）の売上高が1,000万円以下であり（Q84参照）、税務調査の際に、税務職員からダウンロードの求めに応じることができるようにしている場合には、上記①の設定は不要です。

Q83 「正当な理由がない訂正及び削除の防止に関する事務処理の規程」について

電子取引の取引情報に係る電磁的記録の保存に当たり、「正当な理由がない訂正及び削除の防止に関する事務処理の規程」（電帳規４①四）を定めて運用する措置を行うことを考えていますが、具体的にどのような規程を整備すればよいのでしょうか。

A　「正当な理由がない訂正及び削除の防止に関する事務処理の規程」（電帳規４①四）は、その規程によって電子取引の取引情報に係る電磁的記録の真実性を確保する観点から必要な措置として要件とされたものです。

この規程については、どこまで整備すればデータ改ざん等の不正を防ぐことができるのかについて、事業規模等を踏まえて個々に検討する必要がありますが、必要となる事項を定めた規程としては、次のようなものが示されています（電子帳簿保存法一問一答・電子取引関係問24参照）。

なお、規程に沿った運用を行うに当たっては、業務ソフトに内蔵されたワークフロー機能で運用することとしても差し支えないこととなります。

（法人の例）

電子取引データの訂正及び削除の防止に関する事務処理規程

第１章　総則

（目的）

第１条　この規程は、電子計算機を使用して作成する国税関係帳簿書類の保存方法の特例に関する法律第７条に定められた電子取引の取引情報に係る電磁的記録の保存義務を履行するため、○○において行った電子取引の取引情報に係る電磁的記録を適正に保存するために必要な事項を定め、これに基づき保存することを目的とする。

（適用範囲）

第２条　この規程は、〇〇の全ての役員及び従業員（契約社員、パートタイマー及び派遣社員を含む。以下同じ。）に対して適用する。

（管理責任者）

第３条　この規程の管理責任者は、●●とする。

第２章　電子取引データの取扱い

（電子取引の範囲）

第４条　当社における電子取引の範囲は以下に掲げる取引とする。

一　EDI 取引

二　電子メールを利用した請求書等の授受

三　■■（クラウドサービス）を利用した請求書等の授受

四　・・・・・・

記載に当たってはその範囲を具体的に記載してください。

（取引データの保存）

第５条　取引先から受領した取引関係情報及び取引相手に提供した取引関係情報のうち、第６条に定めるデータについては、保存サーバ内に△△年間保存する。

（対象となるデータ）

第６条　保存する取引関係情報は以下のとおりとする。

一　見積依頼情報

二　見積回答情報

三　確定注文情報

四　注文請け情報

五　納品情報

六　支払情報

七　▲▲

（運用体制）

第7条　保存する取引関係情報の管理責任者及び処理責任者は以下のとおりとする。

一　管理責任者　○○部△△課　課長　XXXX

二　処理責任者　○○部△△課　係長　XXXX

（訂正削除の原則禁止）

第8条　保存する取引関係情報の内容について、訂正及び削除をすることは原則禁止とする。

（訂正削除を行う場合）

第9条　業務処理上やむを得ない理由によって保存する取引関係情報を訂正または削除する場合は、処理責任者は「取引情報訂正・削除申請書」に以下の内容を記載の上、管理責任者へ提出すること。

一　申請日

二　取引伝票番号

三　取引件名

四　取引先名

五　訂正・削除日付

六　訂正・削除内容

七　訂正・削除理由

八　処理担当者名

2　管理責任者は、「取引情報訂正・削除申請書」の提出を受けた場合は、正当な理由があると認める場合のみ承認する。

3　管理責任者は、前項において承認した場合は、処理責任者に対して取引関係情報の訂正及び削除を指示する。

4　処理責任者は、取引関係情報の訂正及び削除を行った場合は、当該取引関係情報に訂正・削除履歴がある旨の情報を付すとともに「取引情報訂正・削除完了報告書」を作成し、当該報告書を管理責任者に提出する。

5　「取引情報訂正・削除申請書」及び「取引情報訂正・削除完了報告書」は、事後に訂正・削除履歴の確認作業が行えるよう整然とした形で、訂正・削除の対象となった取引データの保存期間が満了するまで保存する。

附則

（施行）

第10条　この規程は、令和○年○月○日から施行する。

（個人事業者の例）

電子取引データの訂正及び削除の防止に関する事務処理規程

電子取引の取引情報に係る電磁的記録の保存制度

この規程は、電子計算機を使用して作成する国税関係帳簿書類の保存方法の特例に関する法律第７条に定められた電子取引の取引情報に係る電磁的記録の保存義務を適正に履行するために必要な事項を定め、これに基づき保存することとする。

（訂正削除の原則禁止）

保存する取引関係情報の内容について、訂正及び削除をすることは原則禁止とする。

（訂正削除を行う場合）

業務処理上やむを得ない理由（正当な理由がある場合に限る。）によって保存する取引関係情報を訂正又は削除する場合は、「取引情報訂正・削除申請書」に以下の内容を記載の上、事後に訂正・削除履歴の確認作業が行えるよう整然とした形で、当該取引関係情報の保存期間に合わせて保存することをもって当該取引情報の訂正及び削除を行う。

一　申請日

二　取引伝票番号

三　取引件名

四　取引先名

五　訂正・削除日付

六　訂正・削除内容

七　訂正・削除理由

八　処理担当者名

この規程は、令和○年○月○日から施行する。

Q84　検索機能の確保の要件について

電子取引の取引情報に係る電磁的記録を保存する際の要件のうち、検索機能の確保の要件が不要とされる場合の「判定期間に係る基準期間の売上高が1,000万円以下」とは、どのように判断すればよいのでしょうか。

A　個人事業者については、電子取引が行われた日の属する年の前々年の１月１日から12月31日までの期間の売上高が、法人については、電子取引が行われた日の属する事業年度の前々事業年度の売上高が、それぞれ1,000万円を超えるかどうかで判断します（Q74（注）参照）。

なお、売上高が1,000万円を超えるかどうかの判断基準については、消費税法第９条の小規模事業者に係る納税義務の免除の課税期間に係る基準期間における課税売上高の判断基準の例によりますが、例えば、判定期間に係る基準期間がない新規開業者、新設法人の初年（度）、翌年（度）の課税期間などについては、検索機能の確保の要件が不要となります。

Q85　ソフトウェアの要件確認

自社で使用する電子取引用のソフト等について、電子帳簿保存法の要件を満たしているかわからないのですが、どのようにしたらよいですか。

A　まずは、そのソフトウェアの取扱説明書などで電子帳簿保存法の要件を満たしているか確認してください。

また、公益社団法人日本文書情報マネジメント協会（以下「JIIMA」といいます。）において、市販のソフトウェア及びソフトウェアサービス（以下「ソフトウェア等」といいます。）を対象に、電子帳簿保存法における要件適合性の確認（認証）を行っており、JIIMAが確認（認証）したソフトウェア等については、事前に国税庁のホームページにおいても確認することができます。

なお、電子帳簿保存法の保存等の要件には、事務手続関係書類の備付けに関する事項など、機能に関する事項以外の要件もあり、それらを含め全ての要件を満たす必要があります。

Q86 要件に従って保存が行われていない電子取引の取引情報に係る電磁的記録及びその電磁的記録を出力した書面の税務調査における取扱い

電子取引の取引情報に係る電磁的記録について保存要件を満たして保存できないため、全て書面等に出力して保存していますが、その電磁的記録や書面等は税務調査においてどのように取り扱われるのでしょうか。

A 保存要件に従って保存が行われている電子取引の取引情報に係る電磁的記録については、各税法で保存義務が課されている書類とは別の書類（国税関係書類以外）とみなされます（電帳法８②）。この国税関係書類以外の書類とみなされる電磁的記録については、所得税法及び法人税法における保存書類とみなされるものではありませんが、申告内容を確認するための書類となり得ることとなります。

なお、令和３年度の税制改正後においては、電子取引の取引情報に係る電磁的記録については、その電磁的記録を出力した書面等による保存をもって、その電磁的記録の保存に代えることはできません（Q74参照）

したがって、災害等による事情がなく、その電磁的記録が保存要件に従って保存していない場合やその電磁的記録を出力した書面等を保存している場合については、その電磁的記録や書面等は、国税関係書類以外の書類とみなされませんので、その申告内容の適正性については、税務調査において、納税者からの追加的な説明や資料提出、取引先の情報等を総合勘案して確認されることとなります。

電磁的記録等に対する各税法の適用

Q87　各税法の記帳・記録保存義務への影響

電磁的記録若しくはCOMによる保存等又はスキャナ保存により、国税関係帳簿書類の記帳義務及び記録保存義務の内容が変わるのでしょうか。

A　電磁的記録又はCOMによる保存等（スキャナ保存を含みます。）を行う場合であっても、各税法における国税関係帳簿書類の記帳義務や記録保存義務の内容自体が変わるということはありません。

電子帳簿保存法は、各税法における帳簿書類の記帳及び記録保存制度を前提として、その帳簿書類の備付け及び保存の媒体の特例を定めているだけであり、国税関係帳簿書類の保存場所や保存期間をはじめとして、記帳義務や記録保存義務の内容自体に関しては何ら特例は定められていません。したがって、電磁的記録若しくはCOMによる保存制度又はスキャナ保存制度により、国税関係帳簿書類の記帳義務や記録保存義務の内容自体が変わるということはありません。

Q88　電磁的記録又はCOMに対する各税法の規定の適用

電磁的記録又はCOMに対する各税法の規定の適用について説明してください。

A　電子帳簿保存法に基づき保存等をする電磁的記録又はCOMに対する各税法の規定の適用については、次のとおりとされています。

① 電磁的記録又はCOMによる保存等（スキャナ保存を含みます。）が保存要件に従って行われている国税関係帳簿又は国税関係書類に係る電磁的記録又はCOMに対する各税法の規定の適用

電磁的記録等による保存等が保存要件に従って行われている国税関係帳簿又は国税関係書類に係る電磁的記録又はCOMに対する各税法の規定の適用については、その電磁的記録又はCOMを、その国税関係帳簿又は国税関係書類とみなすこととされています（電帳法8①）。したがって、税務調査の際には、その電磁的記録又はCOMをその国税関係帳簿又は国税関係書類とみなして調査が行われることになります。

（注）その保存要件に従って保存が行われていない電磁的記録は、原則として、国税関係帳簿又は国税関係書類とみなされません。

これにより、例えば、仕入れに係る消費税額の控除を適用する場合には、その控除に係る帳簿及び請求書等の保存が必要とされていますが（消法30⑦）、請求書等のスキャナ保存が保存要件に従って行われていない場合には、その控除の適用が否認され得ることとなります。

② 電子取引の取引情報に係る電磁的記録に対する各税法の規定の適用

電子取引の取引情報に係る電磁的記録に対する各税法の規定の適用

については、その電磁的記録を各税法で保存義務が課せられている書類とは別の書類（国税関係書類以外の書類）とみなすこととして（電帳法8②)、税務調査の際に、その電磁的記録を書類と同様に扱うことができるようにされています。

Q89 電磁的記録若しくはCOMによる保存等又はスキャナ保存及び電子取引の取引情報に係る電磁的記録の保存の要件違反と青色申告等の承認取消し

電磁的記録若しくはCOMによる保存等又はスキャナ保存及び電子取引の取引情報に係る電磁的記録の保存の要件違反を理由として青色申告の承認申請却下若しくは承認取消し又は通算予定法人に係る通算承認の承認申請却下が行われる場合としては、具体的には、どのような場合が想定されるのでしょうか。

A 青色申告及びグループ通算制度の要件である帳簿書類の記録及び保存義務の適正な履行は、電磁的記録又はCOMによる保存等（スキャナ保存及び電子取引の取引情報に係る電磁的記録の保存を含みます。）を行っている場合においては、その帳簿書類の保存目的を達成するためには、その要件も満たしている必要があります。そのため、電子帳簿保存法では、電磁的記録等による保存等に係る要件違反を青色申告の承認申請却下若しくは承認取消事由又は通算予定法人に係る通算承認の承認申請却下事由とする旨の規定が設けられています（電帳法8③)。

電磁的記録等による保存等について、具体的にどのような要件違反があった場合に青色申告の承認申請の却下若しくは承認取消し又は通算予定法人に係る通算承認の承認申請却下が行われることとなるかは、所轄税務署長等が個々の事案に即して判断されることとなりますが、要件違反の程度やその要件違反により青色申告及びグループ通算制度に係る帳簿書類の保存等の目的が達成できないこととなっているか否かを見極めながら判断されることになるものと考えられます。

なお、令和３年度の税制改正後においては、電子取引の取引情報に係る電磁的記録については、その電磁的記録の出力書面等による保存をもって、その電磁的記録の保存に代えることはできませんので（Q74参照）、電子取引の取引情報に係る電磁的記録について要件を満たさずに保存している場合や、その電磁的記録の保存に代えて書面出力を行っていた場合についても、上記の判断に基づき、青色申告の承認の取消し等の対象となり得ることとなります。

Q90　スキャナ保存を行う場合の仕入税額控除の可否

スキャナ保存を行う場合には、国税関係書類に係る電磁的記録の保存により、消費税の仕入税額控除は認められるのでしょうか。

A　消費税法第30条第７項に規定する「請求書等」について、国税関係書類の電磁的記録を要件に従ってスキャナ保存している場合には、その電磁的記録の保存をもって、消費税の仕入税額控除が認められることと取り扱われています。

Q91 電磁的記録に係るバックアップの要否

電磁的記録による保存等又はスキャナ保存を行う場合には、電磁的記録のバックアップを行っておく必要はあるのでしょうか。

A 電子帳簿保存法では、バックアップを行うことを義務付けてはいません。バックアップなどの危機管理や障害対策については、保存義務者の責任において行われるべきものとの考えによるものです。ただし、電磁的記録は記録の大量消滅に対する危険性が高く、経年変化等による記録状態の劣化等が生じるおそれがあることから、バックアップを行っておくことが望まれます。

Q92 税務調査における出力費用の負担

税務調査の際の電磁的記録の出力費用は、保存義務者において負担する必要があるのでしょうか。

A 国税関係帳簿書類の電磁的記録による保存等（スキャナ保存を含みます。）を行っている場合、税務調査に際しては、電磁的記録をディスプレイに表示するように求められたり、必要に応じて出力（プリントアウト）を求められたりすることがあるものと考えられます。

電子帳簿保存法では、これらの出力費用について特段の規定は設けられていませんが、これは、税務調査においては、保存義務者は自己の責任と負担の下に、調査担当者の求めに応じて帳簿書類についてその内容を確認できる状態で提示することが求められており、これらの出力費用については、保存義務者において負担することが必要とされているものとの考えによるものです。

Q93　電磁的記録に係る重加算税の加重措置の概要

令和３年度税制改正で整備された電磁的記録に係る重加算税の加重措置の概要について説明してください。

A　令和３年度税制改正で整備された電磁的記録に係る重加算税の加重措置とは、保存要件に従ってスキャナ保存が行われている国税関係書類に係る電磁的記録（電帳法４③前段）若しくはその保存要件に従ってスキャナ保存が行われていない国税関係書類に係る電磁的記録（電帳法４③後段）又は保存義務者により行われた電子取引の取引情報に係る電磁的記録（電帳法７）に記録された事項に関し期限後申告等があった場合の重加算税の額については、通常課される重加算税の金額に、その重加算税の基礎となるべき税額（電磁的記録に記録された事項に係る事実（隠蔽仮装されているものに限ります。）以外のものがあるときは、その電磁的記録に記録された事項に係る事実に基づく本税額に限ります。）の10%に相当する金額を加算した金額とする制度です（電帳法８⑤）。

なお、電子帳簿保存法における電子取引の取引情報に係る電磁的記録の保存については、所得税と法人税に係るもののみがその対象となっているため、この重加算税を10%加算する措置も所得税と法人税に係るもののみが対象となります。そこで、令和３年度税制改正において、消費税法においても同様に、消費税法令上、電磁的記録による保存が可能とされている電磁的記録に記録された事項に関し、改ざん等が行われた結果生じた申告漏れ等に対して課される重加算税について10%加算する制度が整備されています（消法59の２）。

(参考) 通常課される重加算税の割合は35%（無申告加算税に代えて課される重加算税については、40%）とされています（通法68①～③)。なお、過去５年以内に無申告加算税又は重加算税を賦課された者が、再び仮装・隠蔽に基づく修正申告書の提出等を行った場合には、重加算税の割合は、10%加重されており（通法68④)、本措置と重複適用された場合の重加算税の割合は、55%（無申告加算税に代えて課される重加算税については、60%）とされます。

Q94 電磁的記録に係る重加算税の加重措置の対象範囲

保存義務者が電磁的記録を直接改ざん等する場合以外には、どのような場合が重加算税の加重措置の対象となるのでしょうか。

A 電磁的記録に係る重加算税の加重措置の対象となるのは、保存義務者が電磁的記録を直接改ざん等する場合のみならず、紙段階で不正のあった請求書等（作成段階で不正のあった電子取引の取引情報に係る電磁的記録を含みます。）のほか、通謀等により相手方から受領した架空の請求書等を電磁的記録により保存している場合又は通謀等により相手方から受領した架空の電子取引の取引情報に係る電磁的記録を保存している場合等も含むこととされています。

つまり、この措置は、取引の相手方から受領した書類等が電子的に保存されている場合には、紙によってその書類等を保存する場合と比して、複製・改ざん行為が容易であり、また、その痕跡が残りにくいという特性に鑑みて、こうした複製・改ざん行為を未然に抑止する観点から重加算税を加重するものであり、電子取引の取引情報に係る電磁的記録の保存が行われている場合についても同様に対象とするものです。

また、法第８条第５項に規定する「電磁的記録に記録された事項に関し……同法（国税通則法）第68条第１項から第３項まで（重加算税）の規定に該当するとき」の範囲については、「電磁的記録に記録された事項に関し」とされており、「事項」は電磁的記録に限定されないことから、電磁的記録の直接的な改ざんや削除による不正行為に基づく期限後申告等のほか、書類の作成・受領後からスキャナ保存までの間に行われる紙段階での不正行為に基づく期限後申告等も含まれ得ることとなります。

さらに、相手方と通謀し、他者に架空の請求書等を作成させ、その請求書等について受領者側でスキャナ保存を行う場合や架空の電子取引情報をやりとりする場合についても、電磁的記録の特性を利用した複製や改ざん行為を容易に行い得る状態としていることから、本措置の対象から除外されていない点について留意が必要です。

なお、電子帳簿保存法上の電磁的記録に係る重加算税の加重措置と消費税法上の電磁的記録に係る重加算税の加重措置（Q93参照）については、重複適用はないこととされています。

【関連する電子帳簿保存法取扱通達】
（重加算税の加重措置の対象範囲）

8－21　法第８条第５項に規定する「電磁的記録に記録された事項に関し……同法（国税通則法）第68条第１項から第３項まで（重加算税）の規定に該当するとき」とは、保存義務者が電磁的記録を直接改ざん等する場合のみならず、紙段階で不正のあった請求書等（作成段階で不正のあった電子取引の取引情報に係る電磁的記録を含む。）のほか、通謀等により相手方から受領した架空の請求書等を電磁的記録により保存している場合又は通謀等により相手方から受領した架空の電子取引の取引情報に係る電磁的記録を保存している場合等も含むことに留意する。
　なお、法第８条第５項の規定による重加算税の加重措置と消費税法第59条の２第１項の規定による重加算税の加重措置については重複適用がないことに留意する。

Q95 電磁的記録に係る重加算税の加重措置と国税通則法上の重加算税の加重措置の重複適用

電磁的記録に係る重加算税の加重措置がある場合において、国税通則法に定める短期間に繰り返して無申告又は仮装・隠蔽が行われた場合の重加算税の加重措置はどのように適用されるのか教えてください。

A 電子帳簿保存法上の電磁的記録に係る重加算税の加重措置の適用がある場合であっても、国税通則法上の短期間に繰り返して無申告又は仮装・隠蔽が行われた場合の重加算税の加重措置が適用されるときは、重加算税の加重措置について重複適用があることとされています。

　したがって、過去５年以内に無申告加算税又は重加算税を課された納税者が、電磁的記録の記録事項に関連した仮装・隠蔽に基づく期限後申告等を行ったことが判明した場合には、電子帳簿保存法上の電磁的記録に係る重加算税の10％加重措置及び国税通則法上の重加算税の10％加重措置のいずれも適用があることとなります。

【関連する電子帳簿保存法取扱通達】

（電磁的記録に係る重加算税の加重措置と国税通則法第68条第４項の重複適用）

８－22　法第８条第５項《電磁的記録の記録事項に関連した仮装・隠蔽の場合の重加算税の加重措置》の規定の適用がある場合であっても、国税通則法第68条第４項《短期間に繰り返して無申告又は仮装・隠蔽が行われた場合の加算税の加重措置》の規定に該当するときは、重加算税の加重措置について重複適用があることに留意する。

令和３年度の税制改正の適用関係について

Q96　電子帳簿保存の承認を受けている国税関係帳簿についての優良な電子帳簿に係る過少申告加算税の軽減措置の適用

令和４年１月１日において現に電子帳簿保存の承認を受けている国税関係帳簿について、優良な電子帳簿に係る過少申告加算税の軽減措置の適用を受けることはできますか。

A　令和４年１月１日前において現に令和３年度の税制改正前の電磁的記録又はCOMによる保存等の承認を受けている国税関係帳簿（承認済国税関係帳簿）について、その承認済国税関係帳簿が特例国税関係帳簿（所得税法上の青色申告者が保存しなければならないこととされる仕訳帳、総勘定元帳その他必要な帳簿（所規58①）、法人税法上の青色申告法人が保存しなければならないこととされる仕訳帳、総勘定元帳その他必要な帳簿（法規54）又は消費税法上の事業者が保存しなければならないこととされる一定の帳簿（消法30⑦、38②、38の２②、58））である場合には、優良な電子帳簿に係る過少申告加算税の軽減措置の適用を受けることが可能です。その場合においても、あらかじめ、この措置の適用を受ける旨等を記載した届出書の提出が必要となります（令３改正法附則82⑦）。

Q97　令和３年度の税制改正後の要件による保存等への移行

令和３年度の税制改正前の承認済国税関係帳簿及び承認済国税関係書類について、令和４年１月１日以後に令和３年度の税制改正後の要件を適用して国税関係帳簿又は国税関係書類の保存等をすることとした場合には、どのような手続が必要となるのでしょうか。

A　令和３年度の税制改正前の電磁的記録又はCOMによる保存等の承認を受けている国税関係帳簿（承認済国税関係帳簿）及び国税関係書類（承認済国税関係書類）について、令和４年１月１日以後に令和３年度の税制改正後の要件で電磁的記録の保存等を行う場合については、原則として、当該承認済国税関係帳簿及び承認済国税関係書類に係る取りやめの届出書の提出が必要となりますが、以下について行っている場合又は優良な電子帳簿に係る過少申告加算税の軽減措置の適用を受ける旨等を記載した届出書に併せて取りやめようとする承認済国税関係帳簿の種類等を記載する場合は、その承認済国税関係帳簿及び承認済国税関係書類に係る取りやめの届出書を提出する必要はありません（電子帳簿保存法一問一答・電子計算機を使用して作成する帳簿書類関係問52）。

①　令和３年度の税制改正後の要件で電磁的記録の保存等を開始した日（優良な電子帳簿に係る過少申告加算税の軽減措置（Ｑ２参照）の適用を受けようとする場合には、優良な電子帳簿の要件を満たして保存等を開始した日を含みます。）について、管理、記録をしておくこと。

②　税務調査があった際に、上記の管理、記録しておいた内容について答えられるようにしておくこと。

また、令和３年度のスキャナ保存の承認を受けている国税関係書類

（承認済国税関係書類）について、令和３年度の税制改正後の要件で引き続きスキャナ保存を行う場合において、以下について行っているときは、その承認済国税関係書類に係る取りやめの届出書を提出する必要はありません（電子帳簿保存法一問一答・スキャナ保存関係問63）。

① 令和３年度の税制改正後の要件でスキャナ保存を開始した日について、管理、記録をしておくこと。

② 税務調査があった際に、上記の管理、記録しておいた内容について答えられるようにしておくこと。

なお、令和４年１月１日以後に備付けを開始する国税関係帳簿又は保存が行われる国税関係書類等について、税務署長の承認を受けて保存等を行おうとする保存義務者は、令和３年９月30日までに納税地等の所轄税務署長宛に承認申請書を提出する必要があります（電子帳簿保存法一問一答・電子計算機を使用して作成する帳簿書類関係問53、スキャナ保存関係問64）。

Q98 スキャナ保存の適用関係

具体的に、令和３年度の税制改正後のスキャナ保存の要件で保存を行うことができるのはいつからですか。

A 令和３年度の税制改正後のスキャナ保存の規定は、令和４年１月１日以後に保存が行われる国税関係書類について適用されることとなります（令和３年改正法附則82③）。

この「保存が行われる」とは、実際にスキャナ保存が行われることを意味しており、具体的には、入力（具体的には、タイムスタンプ要件を満たすまでを指します。）が完了した日がスキャナ保存の行われた日となります。

したがって、その業務の処理に係る通常の期間を最長の２か月で設定している保存義務者については、最も早いもので、概ね令和３年10月末頃に作成又は受領した国税関係書類について令和４年１月１日以後に入力が完了した場合には、その国税関係書類については、「令和４年１月１日以後に（スキャナ）保存が行われる国税関係書類」に該当するため改正後の要件が適用されることになります。

Q99　課税期間の途中における電子取引の取引情報の保存

例えば、課税期間が、令和３年４月１日から令和４年３月31日までの場合、令和４年１月１日以後に行う電子取引の取引情報については、課税期間の途中であっても、令和３年度の税制改正後の要件で保存しなければならないのでしょうか。

A　令和３年度の税制改正における電子帳簿保存法の改正の施行日は令和４年１月１日であり、同日以後に行う電子取引の取引情報については改正後の要件に従って保存を行う必要があります（令和３年改正法附則82⑥）。

したがって、同一課税期間に行う電子取引の取引情報であっても、令和３年12月31日までに行う電子取引と令和４年１月１日以後行う電子取引とではその取引情報の保存要件が異なることとなります。

Q100 電子取引の取引情報に係る電磁的記録の保存の適用関係

例えば、課税期間が、令和３年４月１日から令和４年３月31日までの場合、令和４年１月１日以後に保存を行えば、同日前に行った電子取引の取引情報について、令和３年度の税制改正後の保存要件に従って保存することは認められますか。

A 令和３年度の税制改正における電子帳簿保存法の改正の施行日は令和４年１月１日であり、電子取引の取引情報に係る電磁的記録の保存制度に関する改正は、同日以後に行う電子取引の取引情報について適用することとされています（令和３年改正法附則82⑥）。そのため、同日以後に行う電子取引の取引情報に係る電磁的記録については、改正後の保存要件により保存を行わなければならないこととされています。一方で、同日前に行った電子取引の取引情報に係る電磁的記録については、改正後の保存要件により保存することは認められませんので、その電磁的記録について、改正前の保存要件（記録項目が限定される等の措置が講じられる前の検索機能の確保の要件等）を満たせないものについては、その電磁的記録を出力した書面等を保存する必要があります。

（注）令和４年１月１日以後に行う電子取引の取引情報に係る電磁的記録については、今回の改正が適用され、電磁的記録を出力した書面等を保存する措置は廃止されます。

第 3 編

関係法令等

■ 電子帳簿保存法・同法施行令・同法施行規則三段対照表

電子計算機を使用して作成する国税関係帳簿書類の保存方法等の特例に関する法律（平成10年法律第25号） 【最終改正　令和３年法律第11号】	電子計算機を使用して作成する国税関係帳簿書類の保存方法等の特例に関する法律施行令（令和３年政令第128号） 【最終改正　改正なし】
（趣旨） **第１条**　この法律は、情報化社会に対応し、国税の納税義務の適正な履行を確保しつつ納税者等の国税関係帳簿書類の保存に係る負担を軽減する等のため、電子計算機を使用して作成する国税関係帳簿書類の保存方法等について、所得税法（昭和40年法律第33号）、法人税法（昭和40年法律第34号）その他の国税に関する法律の特例を定めるものとする。	
（定義） **第２条**　この法律において、次の各号に掲げる用語の意義は、当該各号に定めるところによる。 一　国税　国税通則法（昭和37年法律第66号）第２条第１号（定義）に規定する国税をいう。 二　国税関係帳簿書類　国税関係帳簿（国税に関する法律の規定により備付け及び保存をしなければならないこととされている帳簿（輸入品に対する内国消費税の徴収等に関する法律（昭和30年法律第37号）第16条第11項（保税工場等において保税作業をする場合等の内国消費税の特例）に規定する帳簿を除く。）をいう。以下同じ。）又は国税関係書類（国税に関する法律の規定により保存をしなければならないこととされている書類をいう。以下同じ。）をいう。 三　電磁的記録　電子的方式、磁気的方式その他の人の知覚によって	（定義） **第１条**　この政令において「保存義務者」とは、電子計算機を使用して作成する国税関係帳簿書類の保存方法等の特例に関する法律（以下「法」という。）第２条第４号に規定する保存義務者をいう。

電子計算機を使用して作成する国税関係帳簿書類の保存方法等の特例に関する法律施行規則（平成10年大蔵省令第43号）

【最終改正　令和３年財務省令第25号】

（定義）

第１条　この省令において「国税」、「国税関係帳簿書類」、「電磁的記録」、「保存義務者」、「電子取引」又は「電子計算機出力マイクロフィルム」とは、それぞれ電子計算機を使用して作成する国税関係帳簿書類の保存方法等の特例に関する法律（平成10年法律第25号。以下「法」という。）第２条に規定する国税、国税関係帳簿書類、電磁的記録、保存義務者、電子取引又は電子計算機出力マイクロフィルムをいう。

２　この省令において、次の各号に掲げる用語の意義は、当該各号に定めるところによる。

一　電子計算機処理　電子計算機を使用して行われる情報の入力、蓄積、編集、加工、修正、更新、検索、消去、出力又はこれらに類する処理をいう。

二　納税地等　保存義務者が、国税関係帳簿書類に係る国税の納税者（国税通則法（昭和37年法律第66号）第２条第５号（定義）に規定する納税者をいう。以下この号及び第５条第５項第２号ホにおいて同じ。）である場合には当該国税の納税地をいい、国税関係帳簿書類に係る国税の納税者でない場合には当該国税関係帳簿書類に係る対応業務（国税に関する法律の規定により業務に関して国税関係帳簿書類の保存をしなければならないこととされている場合における当該業務をいう。）を行う事務所、事業所その他これらに準ずるものの所在地をいう。

電子帳簿保存法	電子帳簿保存法施行令
は認識することができない方式（第５号において「電磁的方式」という。）で作られる記録であって、電子計算機による情報処理の用に供されるものをいう。 四　保存義務者　国税に関する法律の規定により国税関係帳簿書類の保存をしなければならないこととされている者をいう。 五　電子取引　取引情報（取引に関して受領し、又は交付する注文書、契約書、送り状、領収書、見積書その他これらに準ずる書類に通常記載される事項をいう。以下同じ。）の授受を電磁的方式により行う取引をいう。 六　電子計算機出力マイクロフィルム　電子計算機を用いて電磁的記録を出力することにより作成するマイクロフィルムをいう。 **（他の国税に関する法律との関係）** **第３条**　国税関係帳簿書類の備付け又は保存及び国税関係書類以外の書類の保存については、他の国税に関する法律に定めるもののほか、この法律の定めるところによる。 **（国税関係帳簿書類の電磁的記録による保存等）** **第４条**　保存義務者は、国税関係帳簿（財務省令で定めるものを除く。以下この項、次条第１項及び第３項並びに第８条第１項及び第４項において同じ。）の全部又は一部について、自己が最初の記録段階から一貫して電子計算機を使用して作成する場合には、財務省令で定めるところにより、当該国税関係帳簿に係る電磁的記録の備付け及び保存をもって当該	

電子帳簿保存法施行規則

（国税関係帳簿書類の電磁的記録による保存等）

第２条　法第４条第１項に規定する財務省令で定める国税関係帳簿は、所得税法（昭和40年法律第33号）又は法人税法（昭和40年法律第34号）の規定により備付け及び保存をしなければならないこととされている帳簿であって、資産、負債及び資本に影響を及ぼす一切の取引につき、正規の簿記の原則（同法の規定により備付け及び保存をしなければならないこととされている帳簿にあっては、複式簿記の原則）に従い、整然と、かつ、明瞭に記録されているもの以外のものとする。

２　法第４条第１項の規定により国税関係帳簿（同項に規定する国税関係帳簿をいう。第６項第４号を除き、以下同じ。）に係る電磁的記録の備付け及び保存をもって当該国税関係帳簿の備付け及び保存に代えようとする保存義務者は、次に掲げる要件（当該保存義務者が第５条第５項第１号に定める要件に従って

電子帳簿保存法	電子帳簿保存法施行令
国税関係帳簿の備付け及び保存に代えることができる。 2　保存義務者は、国税関係書類の全部又は一部について、自己が一貫して電子計算機を使用して作成する場合には、財務省令で定めるところにより、当該国税関係書類に係る電磁的記録の保存をもって当該国税関係書類の保存に代えることができる。 3　前項に規定するもののほか、保存義務者は、国税関係書類（財務省令で定めるものを除く。以下この項において同じ。）の全部又は一部につ	

電子帳簿保存法施行規則

当該電磁的記録の備付け及び保存を行っている場合には、第３号に掲げる要件を除く。）に従って当該電磁的記録の備付け及び保存をしなければならない。

一　当該国税関係帳簿に係る電磁的記録の備付け及び保存に併せて、次に掲げる書類（当該国税関係帳簿に係る電子計算機処理に当該保存義務者が開発したプログラム（電子計算機に対する指令であって、一の結果を得ることができるように組み合わされたものをいう。以下この項及び第６項第５号において同じ。）以外のプログラムを使用する場合にはイ及びロに掲げる書類を除くものとし、当該国税関係帳簿に係る電子計算機処理を他の者（当該電子計算機処理に当該保存義務者が開発したプログラムを使用する者を除く。）に委託している場合にはハに掲げる書類を除くものとする。）の備付けを行うこと。

イ　当該国税関係帳簿に係る電子計算機処理システム（電子計算機処理に関するシステムをいう。以下同じ。）の概要を記載した書類

ロ　当該国税関係帳簿に係る電子計算機処理システムの開発に際して作成した書類

ハ　当該国税関係帳簿に係る電子計算機処理システムの操作説明書

ニ　当該国税関係帳簿に係る電子計算機処理並びに当該国税関係帳簿に係る電磁的記録の備付け及び保存に関する事務手続を明らかにした書類（当該電子計算機処理を他の者に委託している場合には、その委託に係る契約書並びに当該国税関係帳簿に係る電磁的記録の備付け及び保存に関する事務手続を明らかにした書類）

二　当該国税関係帳簿に係る電磁的記録の備付け及び保存をする場所に当該電磁的記録の電子計算機処理の用に供することができる電子計算機、プログラム、ディスプレイ及びプリンタ並びにこれらの操作説明書を備え付け、当該電磁的記録をディスプレイの画面及び書面に、整然とした形式及び明瞭な状態で、速やかに出力することができるようにしておくこと。

三　国税に関する法律の規定による当該国税関係帳簿に係る電磁的記録の提示又は提出の要求に応じることができるようにしておくこと。

3　前項の規定は、法第４条第２項の規定により国税関係書類（法第２条第２号に規定する国税関係書類をいう。以下同じ。）に係る電磁的記録の保存をもって当該国税関係書類の保存に代えようとする保存義務者の当該電磁的記録の保存について準用する。この場合において、前項中「第５条第５項第１号に定める要件に従って当該電磁的記録の備付け及び」とあるのは、「当該電磁的記録の記録事項の検索をすることができる機能（取引年月日その他の日付を検索の条件として設定すること及びその範囲を指定して条件を設定することができるものに限る。）を確保して当該電磁的記録の」と読み替えるものとする。

4　法第４条第３項に規定する財務省令で定める書類は、国税関係書類のうち、棚卸表、貸借対照表及び損益計算書並びに計算、整理又は決算に関して作成されたその他の書類とする。

5　法第４条第３項に規定する財務省令で定める装置は、スキャナとする。

電子帳簿保存法	電子帳簿保存法施行令
いて、当該国税関係書類に記載されている事項を財務省令で定める装置により電磁的記録に記録する場合には、財務省令で定めるところにより、当該国税関係書類に係る電磁的記録の保存をもって当該国税関係書類の保存に代えることができる。この場合において、当該国税関係書類に係る電磁的記録の保存が当該財務省令で定めるところに従って行われていないとき（当該国税関係書類の保存が行われている場合を除く。）は、当該保存義務者は、当該電磁的記録を保存すべき期間その他の財務省令で定める要件を満たして当該電磁的記録を保存しなければならない。	

電子帳簿保存法施行規則

6　法第4条第2項の規定により国税関係書類（同項に規定する国税関係書類に限る。以下この条において同じ。）に係る電磁的記録の保存をもって当該国税関係書類の保存に代えようとする保存義務者は、次に掲げる要件（当該保存義務者が国税に関する法律の規定による当該電磁的記録の提示又は提出の要求に応じることができるようにしている場合には、第6号（ロ及びハに係る部分に限る。）に掲げる要件を除く。）に従って当該電磁的記録の保存をしなければならない。

一　次に掲げる方法のいずれかにより入力すること。

イ　当該国税関係書類に係る記録事項の入力をその作成又は受領後、速やかに行うこと。

ロ　当該国税関係書類に係る記録事項の入力をその業務の処理に係る通常の期間を経過した後、速やかに行うこと（当該国税関係書類の作成又は受領から当該入力までの各事務の処理に関する規程を定めている場合に限る。）。

二　前号の入力に当たっては、次に掲げる要件（当該保存義務者が同号イ又はロに掲げる方法により当該国税関係書類に係る記録事項を入力したことを確認することができる場合にあっては、ロに掲げる要件を除く。）を満たす電子計算機処理システムを使用すること。

イ　スキャナ（次に掲げる要件を満たすものに限る。）を使用する電子計算機処理システムであること。

(1)　解像度が、日本産業規格（産業標準化法（昭和24年法律第185号）第20条第1項（日本産業規格）に規定する日本産業規格をいう。以下同じ。）Z6016附属書AのA・1・2に規定する一般文書のスキャニング時の解像度である25・4ミリメートル当たり200ドット以上で読み取るものであること。

(2)　赤色、緑色及び青色の階調がそれぞれ256階調以上で読み取るものであること。

ロ　当該国税関係書類の作成又は受領後、速やかに一の入力単位ごとの電磁的記録の記録事項に一般財団法人日本データ通信協会が認定する業務に係るタイムスタンプ（次に掲げる要件を満たすものに限る。以下この号並びに第4条第1項第1号及び第2号において「タイムスタンプ」という。）を付すこと（当該国税関係書類の作成又は受領から当該タイムスタンプを付すまでの各事務の処理に関する規程を定めている場合にあっては、その業務の処理に係る通常の期間を経過した後、速やかに当該記録事項に当該タイムスタンプを付すこと）。

(1)　当該記録事項が変更されていないことについて、当該国税関係書類の保存期間（国税に関する法律の規定により国税関係書類の保存をしなければならないこととされている期間をいう。）を通じ、当該業務を行う者に対して確認する方法その他の方法により確認することができること。

(2)　課税期間（国税通則法第2条第9号（定義）に規定する課税期間をいう。第5条第2項において同じ。）中の任意の期間を指定し、当該期間

第3編　関係法令等

電子帳簿保存法	電子帳簿保存法施行令

電子帳簿保存法施行規則

内に付したタイムスタンプについて、一括して検証することができること。

ハ　当該国税関係書類をスキャナで読み取った際の次に掲げる情報（当該国税関係書類の作成又は受領をする者が当該国税関係書類をスキャナで読み取る場合において、当該国税関係書類の大きさが日本産業規格Ａ列４番以下であるときは、(1)に掲げる情報に限る。）を保存すること。

(1)　解像度及び階調に関する情報

(2)　当該国税関係書類の大きさに関する情報

ニ　当該国税関係書類に係る電磁的記録の記録事項について、次に掲げる要件のいずれかを満たす電子計算機処理システムであること。

(1)　当該国税関係書類に係る電磁的記録の記録事項について訂正又は削除を行った場合には、これらの事実及び内容を確認することができること。

(2)　当該国税関係書類に係る電磁的記録の記録事項について訂正又は削除を行うことができないこと。

三　当該国税関係書類に係る記録事項の入力を行う者又はその者を直接監督する者に関する情報を確認することができるようにしておくこと。

四　当該国税関係書類に係る電磁的記録の記録事項と当該国税関係書類に関連する法第２条第２号に規定する国税関係帳簿の記録事項（当該国税関係帳簿が、法第４条第１項の規定により当該国税関係帳簿に係る電磁的記録の備付け及び保存をもって当該国税関係帳簿の備付け及び保存に代えられているもの又は法第５条第１項若しくは第３項の規定により当該電磁的記録の備付け及び当該電磁的記録の電子計算機出力マイクロフィルムによる保存をもって当該国税関係帳簿の備付け及び保存に代えられているものである場合には、当該電磁的記録又は当該電子計算機出力マイクロフィルムの記録事項）との間において、相互にその関連性を確認することができるようにしておくこと。

五　当該国税関係書類に係る電磁的記録の保存をする場所に当該電磁的記録の電子計算機処理の用に供することができる電子計算機、プログラム、映像面の最大径が35センチメートル以上のカラーディスプレイ及びカラープリンタ並びにこれらの操作説明書を備え付け、当該電磁的記録をカラーディスプレイの画面及び書面に、次のような状態で速やかに出力することができるようにしておくこと。

イ　整然とした形式であること。

ロ　当該国税関係書類と同程度に明瞭であること。

ハ　拡大又は縮小して出力することが可能であること。

ニ　国税庁長官が定めるところにより日本産業規格Ｚ8305に規定する４ポイントの大きさの文字を認識することができること。

六　当該国税関係書類に係る電磁的記録の記録事項の検索をすることができる機能（次に掲げる要件を満たすものに限る。）を確保しておくこと。

イ　取引年月日その他の日付、取引金額及び取引先（ロ及びハにおいて「記録項目」という。）を検索の条件として設定することができること。

電子帳簿保存法	電子帳簿保存法施行令

電子帳簿保存法施行規則

ロ　日付又は金額に係る記録項目については、その範囲を指定して条件を設定することができること。

ハ　２以上の任意の記録項目を組み合わせて条件を設定することができること。

七　第２項第１号の規定は、法第４条第３項の規定により国税関係書類に係る電磁的記録の保存をもって当該国税関係書類の保存に代えようとする保存義務者の当該電磁的記録の保存について準用する。

7　法第４条第３項の規定により国税関係書類に係る電磁的記録の保存をもって当該国税関係書類の保存に代えようとする保存義務者は、当該国税関係書類のうち国税庁長官が定める書類（以下この項及び第９項において「一般書類」という。）に記載されている事項を電磁的記録に記録する場合には、前項第１号及び第２号ハ（⑵に係る部分に限る。）に掲げる要件にかかわらず、当該電磁的記録の保存に併せて、当該電磁的記録の作成及び保存に関する事務の手続を明らかにした書類（当該事務の責任者が定められているものに限る。）の備付けを行うことにより、当該一般書類に係る電磁的記録の保存をすることができる。この場合において、同項の規定の適用については、同号イ⑵中「赤色、緑色及び青色の階調がそれぞれ」とあるのは「白色から黒色までの階調が」と、同号ロ中「又は受領後、速やかに」とあるのは「若しくは受領後速やかに、又は当該国税関係書類をスキャナで読み取る際に、」と、「、速やかに当該」とあるのは「速やかに、又は当該国税関係書類をスキャナで読み取る際に、当該」と、同項第５号中「カラーディスプレイ」とあるのは「ディスプレイ」と、「カラープリンタ」とあるのは「プリンタ」とする。

8　法第４条第３項の保存義務者が、災害その他やむを得ない事情により、同項前段に規定する財務省令で定めるところに従って同項前段の国税関係書類に係る電磁的記録の保存をすることができなかったことを証明した場合には、前２項の規定にかかわらず、当該電磁的記録の保存をすることができる。ただし、当該事情が生じなかったとした場合において、当該財務省令で定めるところに従って当該電磁的記録の保存をすることができなかったと認められるときは、この限りでない。

9　法第４条第３項の規定により国税関係書類に係る電磁的記録の保存をもって当該国税関係書類の保存に代えている保存義務者は、当該国税関係書類のうち当該国税関係書類の保存に代える日（第２号において「基準日」という。）前に作成又は受領をした書類（一般書類を除く。以下第11項までにおいて「過去分重要書類」という。）に記載されている事項を電磁的記録に記録する場合において、あらかじめ、その記録する事項に係る過去分重要書類の種類及び次に掲げる事項を記載した届出書（以下この項及び次項において「適用届出書」という。）を納税地等の所轄税務署長（当該過去分重要書類が、酒税法施行令（昭和37年政令第97号）第52条第４項ただし書（記帳義務）、たばこ税法施行令（昭和60年政令第５号）第17条第５項ただし書（記帳義務）、揮発油税法施行令（昭和32年政令第57号）第17条第５項ただし書（記帳義務）、石油ガス税法施行

第3編　関係法令等

電子帳簿保存法	電子帳簿保存法施行令

電子帳簿保存法施行規則

令（昭和41年政令第５号）第21条第４項ただし書（記帳義務）若しくは石油石炭税法施行令（昭和53年政令第132号）第20条第８項ただし書（記帳義務）の書類若しくは輸入の許可書、消費税法施行規則（昭和63年大蔵省令第53号）第27条第６項（帳簿の記載事項等）の書類若しくは輸入の許可があったことを証する書類又は国際観光旅客税法施行令（平成30年政令第161号）第７条ただし書（同条の国外事業者に係る部分に限る。）（記帳義務）に規定する旅客名簿である場合にあっては、納税地等の所轄税関長。次項において「所轄税務署長等」という。）に提出したとき（従前において当該過去分重要書類と同一の種類の書類に係る適用届出書を提出していない場合に限る。）は、第６項第１号に掲げる要件にかかわらず、当該電磁的記録の保存に併せて、当該電磁的記録の作成及び保存に関する事務の手続を明らかにした書類（当該事務の責任者が定められているものに限る。）の備付けを行うことにより、当該過去分重要書類に係る電磁的記録の保存をすることができる。この場合において、同項の規定の適用については、同項第２号ロ中「の作成又は受領後、速やかに」とあるのは「をスキャナで読み取る際に、」と、「こと（当該国税関係書類の作成又は受領から当該タイムスタンプを付すまでの各事務の処理に関する規程を定めている場合にあっては、その業務の処理に係る通常の期間を経過した後、速やかに当該記録事項に当該タイムスタンプを付すこと）」とあるのは「こと」と、同号ハ中「情報（当該国税関係書類の作成又は受領をする者が当該国税関係書類をスキャナで読み取る場合において、当該国税関係書類の大きさが日本産業規格Ａ列４番以下であるときは、⑴に掲げる情報に限る。）」とあるのは「情報」とする。

一　届出者の氏名又は名称、住所若しくは居所又は本店若しくは主たる事務所の所在地及び法人番号（行政手続における特定の個人を識別するための番号の利用等に関する法律（平成25年法律第27号）第２条第15項（定義）に規定する法人番号をいう。以下この号及び第５条第１項から第３項までにおいて同じ。）（法人番号を有しない者にあっては、氏名又は名称及び住所若しくは居所又は本店若しくは主たる事務所の所在地）

二　基準日

三　その他参考となるべき事項

10　前項の保存義務者は、同項の規定の適用を受けようとする過去分重要書類につき、所轄税務署長等のほかに適用届出書の提出に当たり便宜とする税務署長（以下この項において「所轄外税務署長」という。）がある場合において、当該所轄外税務署長がその便宜とする事情について相当の理由があると認めたときは、当該所轄外税務署長を経由して、その便宜とする事情の詳細を記載した適用届出書を当該所轄税務署長等に提出することができる。この場合において、当該適用届出書が所轄外税務署長に受理されたときは、当該適用届出書は、その受理された日に所轄税務署長等に提出されたものとみなす。

11　第９項の規定により過去分重要書類に係る電磁的記録の保存をする保存義務者が、災害その他やむを得ない事情により、法第４条第３項前段に規定する財

電子帳簿保存法	電子帳簿保存法施行令
（国税関係帳簿書類の電子計算機出力マイクロフィルムによる保存等） **第５条**　保存義務者は、国税関係帳簿の全部又は一部について、自己が最初の記録段階から一貫して電子計算機を使用して作成する場合には、財務省令で定めるところにより、当該国税関係帳簿に係る電磁的記録の備付け及び当該電磁的記録の電子計算機出力マイクロフィルムによる保存をもって当該国税関係帳簿の備付け及び保存に代えることができる。 **２**　保存義務者は、国税関係書類の全部又は一部について、自己が一貫して電子計算機を使用して作成する場	

電子帳簿保存法施行規則

務省令で定めるところに従って当該電磁的記録の保存をすることができないこととなったことを証明した場合には、第9項の規定にかかわらず、当該電磁的記録の保存をすることができる。ただし、当該事情が生じなかったとした場合において、当該財務省令で定めるところに従って当該電磁的記録の保存をすることができないこととなったと認められるときは、この限りでない。

12　法第4条第3項後段に規定する財務省令で定める要件は、同項後段の国税関係書類に係る電磁的記録について、当該国税関係書類の保存場所に、国税に関する法律の規定により当該国税関係書類の保存をしなければならないこととされている期間、保存が行われることとする。

（国税関係帳簿書類の電子計算機出力マイクロフィルムによる保存等）

第3条　法第5条第1項の規定により国税関係帳簿に係る電磁的記録の備付け及び当該電磁的記録の電子計算機出力マイクロフィルムによる保存をもって当該国税関係帳簿の備付け及び保存に代えようとする保存義務者は、前条第2項各号に掲げる要件（当該保存義務者が第5条第5項第2号に定める要件に従って当該電磁的記録の備付け及び当該電磁的記録の電子計算機出力マイクロフィルムによる保存を行っている場合には、前条第2項第3号に掲げる要件を除く。）及び次に掲げる要件に従って当該電磁的記録の備付け及び当該電磁的記録の電子計算機出力マイクロフィルムによる保存をしなければならない。

一　当該電子計算機出力マイクロフィルムの保存に併せて、次に掲げる書類の備付けを行うこと。

イ　当該電子計算機出力マイクロフィルムの作成及び保存に関する事務手続を明らかにした書類

ロ　次に掲げる事項が記載された書類

(1)　保存義務者（保存義務者が法人（法人税法第2条第8号（定義）に規定する人格のない社団等を含む。(1)及び次条第2項において同じ。）である場合には、当該法人の国税関係帳簿の保存に関する事務の責任者である者）の当該国税関係帳簿に係る電磁的記録が真正に出力され、当該電子計算機出力マイクロフィルムが作成された旨を証する記載及びその氏名

(2)　当該電子計算機出力マイクロフィルムの作成責任者の氏名

(3)　当該電子計算機出力マイクロフィルムの作成年月日

二　当該電子計算機出力マイクロフィルムの保存をする場所に、日本産業規格B7186に規定する基準を満たすマイクロフィルムリーダプリンタ及びその操作説明書を備え付け、当該電子計算機出力マイクロフィルムの内容を当該マイクロフィルムリーダプリンタの画面及び書面に、整然とした形式及び明瞭な状態で、速やかに出力することができるようにしておくこと。

2　前項の規定は、法第5条第2項の規定により国税関係書類に係る電磁的記録の電子計算機出力マイクロフィルムによる保存をもって当該国税関係書類の保存に代えようとする保存義務者の当該電磁的記録の電子計算機出力マイクロフ

電子帳簿保存法	電子帳簿保存法施行令
合には、財務省令で定めるところにより、当該国税関係書類に係る電磁的記録の電子計算機出力マイクロフィルムによる保存をもって当該国税関係書類の保存に代えることができる。 **3**　前条第1項の規定により国税関係帳簿に係る電磁的記録の備付け及び保存をもって当該国税関係帳簿の備付け及び保存に代えている保存義務者又は同条第2項の規定により国税関係書類に係る電磁的記録の保存をもって当該国税関係書類の保存に代えている保存義務者は、財務省令で定める場合には、当該国税関係帳簿又は当該国税関係書類の全部又は一部について、財務省令で定めるところにより、当該国税関係帳簿又は当該国税関係書類に係る電磁的記録の電子計算機出力マイクロフィルムによる保存をもって当該国税関係帳簿又は当該国税関係書類に係る電磁的記録の保存に代えることができる。 **（民間事業者等が行う書面の保存等における情報通信の技術の利用に関する法律の適用除外）** **第6条**　国税関係帳簿書類については、民間事業者等が行う書面の保存等における情報通信の技術の利用に関する法律（平成16年法律第149号）第3条（電磁的記録による保存）及び第4条（電磁的記録による作成）の規定は、適用しない。 **（電子取引の取引情報に係る電磁的記録の保存）** **第7条**　所得税（源泉徴収に係る所得税を除く。）及び法人税に係る保存義務者は、電子取引を行った場合に	

電子帳簿保存法施行規則
ィルムによる保存について準用する。この場合において、前項中「前条第２項各号」とあるのは「前条第２項第１号及び第３号」と、「第５条第５項第２号に定める要件に従って当該電磁的記録の備付け及び」とあるのは「第５条第５項第２号ハからホまでに掲げる要件に従って」と、「及び次に」とあるのは「並びに次に」と読み替えるものとする。 **3**　法第５条第３項に規定する財務省令で定める場合は、法第４条第１項の規定により国税関係帳簿に係る電磁的記録の備付け及び保存をもって当該国税関係帳簿の備付け及び保存に代えている保存義務者の当該国税関係帳簿又は同条第２項の規定により国税関係書類に係る電磁的記録の保存をもって当該国税関係書類の保存に代えている保存義務者の当該国税関係書類の全部又は一部について、その保存期間（国税に関する法律の規定により国税関係帳簿又は国税関係書類の保存をしなければならないこととされている期間をいう。）の全期間（電子計算機出力マイクロフィルムによる保存をもってこれらの電磁的記録の保存に代えようとする日以後の期間に限る。）につき電子計算機出力マイクロフィルムによる保存をもってこれらの電磁的記録の保存に代えようとする場合とする。 **4**　第１項及び第２項の規定は、法第５条第３項の規定により国税関係帳簿又は国税関係書類に係る電磁的記録の電子計算機出力マイクロフィルムによる保存をもって当該国税関係帳簿又は国税関係書類に係る電磁的記録の保存に代えようとする保存義務者の当該国税関係帳簿又は国税関係書類に係る電磁的記録の電子計算機出力マイクロフィルムによる保存について準用する。 **（電子取引の取引情報に係る電磁的記録の保存）** **第４条**　法第７条に規定する保存義務者は、電子取引を行った場合には、当該電子取引の取引情報（法第２条第５号に規定する取引情報をいう。以下この項及び第３項において同じ。）に係る電磁的記録を、当該取引情報の受領が書面により行われたとした場合又は当該取引情報の送付が書面により行われその写し

電子帳簿保存法	電子帳簿保存法施行令
は、財務省令で定めるところにより、当該電子取引の取引情報に係る電磁的記録を保存しなければならない。	

電子帳簿保存法施行規則

が作成されたとした場合に、国税に関する法律の規定により、当該書面を保存すべきこととなる場所に、当該書面を保存すべきこととなる期間、次に掲げる措置のいずれかを行い、第２条第２項第２号及び第６項第６号並びに同項第７号において準用する同条第２項第１号（同号イに係る部分に限る。）に掲げる要件（当該保存義務者が国税に関する法律の規定による当該電磁的記録の提示又は提出の要求に応じることができるようにしている場合には、同条第６項第６号（ロ及びハに係る部分に限る。）に掲げる要件（当該保存義務者が、その判定期間に係る基準期間における売上高が1,000万円以下である事業者である場合であって、当該要求に応じることができるようにしているときは、同号に掲げる要件）を除く。）に従って保存しなければならない。

一　当該電磁的記録の記録事項にタイムスタンプが付された後、当該取引情報の授受を行うこと。

二　次に掲げる方法のいずれかにより、当該電磁的記録の記録事項にタイムスタンプを付すとともに、当該電磁的記録の保存を行う者又はその者を直接監督する者に関する情報を確認することができるようにしておくこと。

イ　当該電磁的記録の記録事項にタイムスタンプを付すことを当該取引情報の授受後、速やかに行うこと。

ロ　当該電磁的記録の記録事項にタイムスタンプを付すことをその業務の処理に係る通常の期間を経過した後、速やかに行うこと（当該取引情報の授受から当該記録事項にタイムスタンプを付すまでの各事務の処理に関する規程を定めている場合に限る。）。

三　次に掲げる要件のいずれかを満たす電子計算機処理システムを使用して当該取引情報の授受及び当該電磁的記録の保存を行うこと。

イ　当該電磁的記録の記録事項について訂正又は削除を行った場合には、これらの事実及び内容を確認することができること。

ロ　当該電磁的記録の記録事項について訂正又は削除を行うことができないこと。

四　当該電磁的記録の記録事項について正当な理由がない訂正及び削除の防止に関する事務処理の規程を定め、当該規程に沿った運用を行い、当該電磁的記録の保存に併せて当該規程の備付けを行うこと。

2　前項及びこの項において、次の各号に掲げる用語の意義は、当該各号に定めるところによる。

一　事業者　個人事業者（業務を行う個人をいう。以下この項において同じ。）及び法人をいう。

二　判定期間　次に掲げる事業者の区分に応じそれぞれ次に定める期間をいう。

イ　個人事業者　電子取引を行った日の属する年の１月１日から12月31日までの期間

ロ　法人　電子取引を行った日の属する事業年度（法人税法第13条及び第14条（事業年度）に規定する事業年度をいう。次号において同じ。）

三　基準期間　個人事業者についてはその年の前々年をいい、法人については

電子帳簿保存法	電子帳簿保存法施行令
(他の国税に関する法律の規定の適用) **第8条** 第4条第1項、第2項若しくは第3項前段又は第5条各項のいずれかに規定する財務省令で定めるところに従って備付け及び保存が行われている国税関係帳簿又は保存が行われている国税関係書類に係る電磁的記録又は電子計算機出力マイクロフィルムに対する他の国税に関する法律の規定の適用については、当該電磁的記録又は電子計算機出力マイクロフィルムを当該国税関係帳簿又は当該国税関係書類とみなす。 **2** 前条に規定する財務省令で定めるところに従って保存が行われている電磁的記録に対する他の国税に関する法律の規定の適用については、当該電磁的記録を国税関係書類以外の書類とみなす。 **3** 前条及び前2項の規定の適用がある場合には、次に定めるところによる。 一 所得税法第145条第1号(青色申告の承認申請の却下)(同法第166条(申告、納付及び還付)において準用する場合を含む。)及び法人税法第64条の9第3項第3号ロ(通算承認)の規定の適用については、所得税法第145条第1	

電子帳簿保存法施行規則

その事業年度の前々事業年度（当該前々事業年度が1年未満である法人については、その事業年度開始の日の2年前の日の前日から同日以後1年を経過する日までの間に開始した各事業年度を合わせた期間）をいう。

3　法第7条に規定する保存義務者が、電子取引を行った場合において、災害その他やむを得ない事情により、同条に規定する財務省令で定めるところに従って当該電子取引の取引情報に係る電磁的記録の保存をすることができなかったことを証明したときは、第1項の規定にかかわらず、当該電磁的記録の保存をすることができる。ただし、当該事情が生じなかったとした場合において、当該財務省令で定めるところに従って当該電磁的記録の保存をすることができなかったと認められるときは、この限りでない。

左の電子帳簿保存法第8条第3項第1号による読替え後の各法令の規定

○　所得税法

（青色申告の承認申請の却下）

第145条　税務署長は、前条の申請書の提出があつた場合において、その申請書を提出した居住者につき次の各号のいずれかに該当する事実があるときは、その申請を却下することができる。

一　その年分以後の各年分の所得税につき第143条（青色申告）の承認を

電子帳簿保存法	電子帳簿保存法施行令
号及び法人税法第64条の9第3項第3号ロ中「帳簿書類)」とあるのは、「帳簿書類)又は電子計算機を使用して作成する国税関係帳簿書類の保存方法等の特例に関する法律(平成10年法律第25号)第4条第1項、第2項若しくは第3項前段(国税関係帳簿書類の電磁的記録による保存等)、第5条各項(国税関係帳簿書類の電子計算機出力マイクロフィルムによる保存等)若しくは第7条(電子取引の取引情報に係る電磁的記録の保存)のいずれか」とする。 二　所得税法第150条第1項第1号(青色申告の承認の取消し)(同法第166条において準用する場合を含む。)及び法人税法第123条第1号(青色申告の承認申請の却下)(同法第146条第1項(青色申告)において準用する場合を含む。)の規定の適用については、所得税法第150条第1項第1号及び法人	

電子帳簿保存法施行規則

受けようとする年における同条に規定する業務に係る帳簿書類の備付け、記録又は保存が第148条第１項（青色申告者の帳簿書類）又は電子計算機を使用して作成する国税関係帳簿書類の保存方法等の特例に関する法律（平成10年法律第25号）第４条第１項、第２項若しくは第３項前段（国税関係帳簿書類の電磁的記録による保存等）、第５条各項（国税関係帳簿書類の電子計算機出力マイクロフィルムによる保存等）若しくは第７条（電子取引の取引情報に係る電磁的記録の保存）のいずれかに規定する財務省令で定めるところに従つて行なわれていないこと。

二・三　省　略

○　法人税法

（通算承認）

第64条の９　省　略

２　省　略

３　国税庁長官は、前項の申請書の提出があつた場合において、次の各号のいずれかに該当する事実があるときは、その申請を却下することができる。

一・二　省　略

三　その申請を行つている通算予定法人につき次のいずれかに該当する事実があること。

イ　省　略

ロ　前目の規定の適用を受けようとする事業年度において、帳簿書類の備付け、記録又は保存が第126条第１項（青色申告法人の帳簿書類）又は電子計算機を使用して作成する国税関係帳簿書類の保存方法等の特例に関する法律（平成10年法律第25号）第４条第１項、第２項若しくは第３項前段（国税関係帳簿書類の電磁的記録による保存等）、第５条各項（国税関係帳簿書類の電子計算機出力マイクロフィルムによる保存等）若しくは第７条（電子取引の取引情報に係る電磁的記録の保存）のいずれかに規定する財務省令で定めるところに従つて行われることが見込まれないこと。

ハ・ニ　省　略

４～13　省　略

左の電子帳簿保存法第８条第３項第２号による読替え後の各法令の規定

○　所得税法

（青色申告の承認の取消し）

第150条　第143条（青色申告）の承認を受けた居住者につき次の各号のいずれかに該当する事実がある場合には、納税地の所轄税務署長は、当該各号に掲げる年までさかのぼつて、その承認を取り消すことができる。この場合において、その取消しがあつたときは、その居住者の当該年分以後の各年分の所得税につき提出したその承認に係る青色申告書は、青色申告書以外の申告書とみなす。

電子帳簿保存法	電子帳簿保存法施行令
税法第123条第１号中「帳簿書類)」とあるのは、「帳簿書類）又は電子計算機を使用して作成する国税関係帳簿書類の保存方法等の特例に関する法律第４条第１項、第２項若しくは第３項前段（国税関係帳簿書類の電磁的記録による保存等)、第５条各項（国税関係帳簿書類の電子計算機出力マイクロフィルムによる保存等）若しくは第７条（電子取引の取引情報に係る電磁的記録の保存）のいずれか」とする。 三　法人税法第127条第１項第１号（青色申告の承認の取消し）（同法第146条第１項において準用する場合を含む。）の規定の適用については、同号中「前条第１項」とあるのは、「前条第１項又は電子計算機を使用して作成する国税関係帳簿書類の保存方法等の特例に関する法律第４条第１項、第２項若しくは第３項前段（国税関係帳簿書類の電磁的記録による保存等)、第５条各項（国税関係帳簿書類の電子計算機出力マイクロフィルムによる保存等）若しくは第７条（電子取引の取引情報に係る	

電子帳簿保存法施行規則

一　その年における第143条に規定する業務に係る帳簿書類の備付け、記録又は保存が第148条第１項（青色申告者の帳簿書類）又は電子計算機を使用して作成する国税関係帳簿書類の保存方法等の特例に関する法律第４条第１項、第２項若しくは第３項前段（国税関係帳簿書類の電磁的記録による保存等）、第５条各項（国税関係帳簿書類の電子計算機出力マイクロフィルムによる保存等）若しくは第７条（電子取引の取引情報に係る電磁的記録の保存）のいずれかに規定する財務省令で定めるところに従つて行なわれていないこと。　その年

二・三　省　略

2　省　略

○　**法人税法**

（青色申告の承認申請の却下）

第123条　税務署長は、前条第１項の申請書の提出があつた場合において、その申請書を提出した内国法人につき次の各号のいずれかに該当する事実があるときは、その申請を却下することができる。

一　前条第１項に規定する当該事業年度に係る帳簿書類の備付け、記録又は保存が第126条第１項（青色申告法人の帳簿書類）又は電子計算機を使用して作成する国税関係帳簿書類の保存方法等の特例に関する法律第４条第１項、第２項若しくは第３項前段（国税関係帳簿書類の電磁的記録による保存等）、第５条各項（国税関係帳簿書類の電子計算機出力マイクロフィルムによる保存等）若しくは第７条（電子取引の取引情報に係る電磁的記録の保存）のいずれかに規定する財務省令で定めるところに従つて行われていないこと。

二・三　省　略

（左の電子帳簿保存法第８条第３項第３号による読替え後の法人税法の規定）

（青色申告の承認の取消し）

第127条　第121条第１項（青色申告）の承認を受けた内国法人につき次の各号のいずれかに該当する事実がある場合には、納税地の所轄税務署長は、当該各号に定める事業年度まで遡つて、その承認を取り消すことができる。この場合において、その取消しがあつたときは、当該事業年度開始の日以後その内国法人が提出したその承認に係る青色申告書（納付すべき義務が同日前に成立した法人税に係るものを除く。）は、青色申告書以外の申告書とみなす。

一　その事業年度に係る帳簿書類の備付け、記録又は保存が前条第１項又は電子計算機を使用して作成する国税関係帳簿書類の保存方法等の特例に関する法律第４条第１項、第２項若しくは第３項前段（国税関係帳簿書類の電磁的記録による保存等）、第５条各項（国税関係帳簿書類の電子計算機出力マイクロフィルムによる保存等）若しくは第７条（電子取引の取引情報に係る電磁的記録の保存）のいずれかに規定する財務省令

電子帳簿保存法	電子帳簿保存法施行令
電磁的記録の保存）のいずれか」とする。 4　次に掲げる国税関係帳簿であって財務省令で定めるものに係る電磁的記録の備付け及び保存又は当該電磁的記録の備付け及び当該電磁的記録の電子計算機出力マイクロフィルムによる保存が、国税の納税義務の適正な履行に資するものとして財務省令で定める要件を満たしている場合における当該電磁的記録又は当該電子計算機出力マイクロフィルム（政令で定める日以後引き続き当該要件を満たしてこれらの備付け及び保存が行われているものに限る。以下この項において同じ。）に記録された事項に関し国税通則法第19条第３項（修正申告）に規定する修正申告書（次項において「修正申告書」という。）の提出又は同法第24条（更正）若しくは第26条（再更正）の規定による更正（次項において「更正」という。）（以下この項において「修正申告等」という。）があった場合において、同法第65条（過少申告加算税）の規定の適用があるときは、同条の過少申告加算税の額は、同条の規定にかかわらず、同条の規定により計算した金額から当該過少申告加算税の額の計算の基礎となるべき税額（その税額の計算の基礎となるべき事実で当該修正申告等の基因となる当該電磁的記録又は当該電子計算機出力マイクロフィルムに記録された事項に係るもの以外のもの（以下この項において「電磁的記録等に記録された事項に係るもの以外の事実」という。）があるときは、当該電磁的記録等に記録された事項に係	 **（軽減された過少申告加算税の対象となる国税関係帳簿に係る電磁的記録等の備付け等が行われる日）** **第２条**　法第８条第４項に規定する政令で定める日は、同項の修正申告書又は更正に係る課税期間（国税通則法（昭和37年法律第66号）第２条第９号（定義）に規定する課税期間をいう。以下この条において同じ。）の初日（新たに業務を開始した個人の当該業務を開始した日の属する課税期間については、同日）とする。 **（軽減された過少申告加算税を課さない部分の税額の計算）** **第３条**　法第８条第４項に規定する電磁的記録等に記録された事項に係るもの以外の事実に基づく税額として政令で定めるところにより計算した金額は、国税通則法第65条（過少申告加算税）の過少申告加算税の額の計算の基礎となるべき税額のうち同項に規定する税額の計算の基礎となるべき事実で同項に規定する電磁的記録等に記録された事項に係るもの以外の事実のみに基づいて同項に規定する修正申告等があったものとした場合における当該修正申告等に基づき同法第35条第２項（申告納税方式による国税等の納付）の規定により納付すべき税額とする。

電子帳簿保存法施行規則

で定めるところに従つて行われていないこと　当該事業年度
二～四　省　略
2～4　省　略

(他の国税に関する法律の規定の適用)

第5条　法第8条第4項に規定する財務省令で定める国税関係帳簿は、同項に規定する修正申告等(以下この項及び次項において「修正申告等」という。)の基因となる事項に係る所得税法施行規則(昭和40年大蔵省令第11号)第58条第1項(取引に関する帳簿及び記載事項)に規定する帳簿、法人税法施行規則(昭和40年大蔵省令第12号)第54条(取引に関する帳簿及び記載事項)に規定する帳簿又は消費税法(昭和63年法律第108号)第30条第7項(仕入れに係る消費税額の控除)、第38条第2項(売上げに係る対価の返還等をした場合の消費税額の控除)、第38条の2第2項(特定課税仕入れに係る対価の返還等を受けた場合の消費税額の控除)及び第58条(帳簿の備付け等)に規定する帳簿(保存義務者が、あらかじめ、これらの帳簿(以下この項及び次項において「特例国税関係帳簿」という。)に係る電磁的記録又は電子計算機出力マイクロフィルムに記録された事項に関し修正申告等があった場合には法第8条第4項の規定の適用を受ける旨及び次に掲げる事項を記載した届出書を納税地等の所轄税務署長(当該修正申告等の基因となる事項に係る当該特例国税関係帳簿が、消費税法第30条第7項に規定する帳簿(同条第8項第3号に掲げるものに限る。)及び同法第58条に規定する帳簿(同条に規定する課税貨物の同法第2条第1項第2号(定義)に規定する保税地域からの引取りに関する事項の記録に係るものに限る。)である場合にあっては、納税地等の所轄税関長。次項及び第3項において「所轄税務署長等」という。)に提出している場合における当該特例国税関係帳簿に限る。)とする。

一　届出に係る特例国税関係帳簿の種類
二　届出者の氏名又は名称、住所若しくは居所又は本店若しくは主たる事務所の所在地及び法人番号(法人番号を有しない者にあっては、氏名又は名称及び住所若しくは居所又は本店若しくは主たる事務所の所在地)
三　届出に係る特例国税関係帳簿に係る電磁的記録の備付け及び保存又は当該電磁的記録の備付け及び当該電磁的記録の電子計算機出力マイクロフィルムによる保存をもって当該特例国税関係帳簿の備付け及び保存に代える日
四　その他参考となるべき事項

2　前項の保存義務者は、特例国税関係帳簿に係る電磁的記録又は電子計算機出力マイクロフィルムに記録された事項に関し修正申告等があった場合において法第8条第4項の規定の適用を受けることをやめようとするときは、あらかじめ、その旨及び次に掲げる事項を記載した届出書を所轄税務署長等に提出しなければならない。この場合において、当該届出書の提出があったときは、その提出があった日の属する課税期間以後の課税期間については、前項の届出書は、その効力を失う。

一　届出者の氏名又は名称、住所若しくは居所又は本店若しくは主たる事務所

第3編　関係法令等

電子帳簿保存法	電子帳簿保存法施行令
るもの以外の事実に基づく税額として政令で定めるところにより計算した金額を控除した税額）に100分の５の割合を乗じて計算した金額を控除した金額とする。ただし、その税額の計算の基礎となるべき事実で隠蔽し、又は仮装されたものがあるときは、この限りでない。 一　第４条第１項の規定により国税関係帳簿に係る電磁的記録の備付け及び保存をもって当該国税関係帳簿の備付け及び保存に代えている保存義務者の当該国税関係帳簿 二　第５条第１項又は第３項の規定により国税関係帳簿に係る電磁的記録の備付け及び当該電磁的記録の電子計算機出力マイクロフィルムによる保存をもって当該国税関係帳簿の備付け及び保存に代えている保存義務者の当該国税関係帳簿	

電子帳簿保存法施行規則

の所在地及び法人番号（法人番号を有しない者にあっては、氏名又は名称及び住所若しくは居所又は本店若しくは主たる事務所の所在地）
二　前項の届出書を提出した年月日
三　その他参考となるべき事項
3　第１項の保存義務者は、同項の届出書に記載した事項の変更をしようとする場合には、あらかじめ、その旨及び次に掲げる事項を記載した届出書を所轄税務署長等に提出しなければならない。
一　届出者の氏名又は名称、住所若しくは居所又は本店若しくは主たる事務所の所在地及び法人番号（法人番号を有しない者にあっては、氏名又は名称及び住所若しくは居所又は本店若しくは主たる事務所の所在地）
二　第１項の届出書を提出した年月日
三　変更をしようとする事項及び当該変更の内容
四　その他参考となるべき事項
4　第２条第10項の規定は、前３項の届出書の提出について準用する。
5　法第８条第４項に規定する財務省令で定める要件は、次の各号に掲げる保存義務者の区分に応じ当該各号に定める要件とする。
一　法第８条第４項第１号に規定する保存義務者　次に掲げる要件（当該保存義務者が国税に関する法律の規定による当該国税関係帳簿に係る電磁的記録の提示又は提出の要求に応じることができるようにしている場合には、ハ((2)及び(3)に係る部分に限る。）に掲げる要件を除く。）
イ　当該国税関係帳簿に係る電子計算機処理に、次に掲げる要件を満たす電子計算機処理システムを使用すること。
(1)　当該国税関係帳簿に係る電磁的記録の記録事項について訂正又は削除を行った場合には、これらの事実及び内容を確認することができること。
(2)　当該国税関係帳簿に係る記録事項の入力をその業務の処理に係る通常の期間を経過した後に行った場合には、その事実を確認することができること。
ロ　当該国税関係帳簿に係る電磁的記録の記録事項と関連国税関係帳簿（当該国税関係帳簿に関連する第２条国税関係帳簿（法第２条第２号に規定する国税関係帳簿をいう。）をいう。ロにおいて同じ。）の記録事項（当該関連国税関係帳簿が、法第４条第１項の規定により当該関連国税関係帳簿に係る電磁的記録の備付け及び保存をもって当該関連国税関係帳簿の備付け及び保存に代えられているもの又は法第５条第１項若しくは第３項の規定により当該電磁的記録の備付け及び当該電磁的記録の電子計算機出力マイクロフィルムによる保存をもって当該関連国税関係帳簿の備付け及び保存に代えられているものである場合には、当該電磁的記録又は当該電子計算機出力マイクロフィルムの記録事項）との間において、相互にその関連性を確認することができるようにしておくこと。
ハ　当該国税関係帳簿に係る電磁的記録の記録事項の検索をすることができる機能（次に掲げる要件を満たすものに限る。）を確保しておくこと。

電子帳簿保存法	電子帳簿保存法施行令
5　第4条第3項前段に規定する財務省令で定めるところに従って保存が行われている同項に規定する国税関係書類に係る電磁的記録若しくは同項後段の規定により保存が行われている当該電磁的記録又は前条の保存	**(加重された重加算税が課される部分の税額の計算)** **第4条**　法第8条第5項に規定する電磁的記録に記録された事項に係る事実に基づく税額として政令で定めるところにより計算した金額は、国税

電子帳簿保存法施行規則
⑴　取引年月日、取引金額及び取引先（⑵及び⑶において「記録項目」という。）を検索の条件として設定することができること。 ⑵　日付又は金額に係る記録項目については、その範囲を指定して条件を設定することができること。 ⑶　２以上の任意の記録項目を組み合わせて条件を設定することができること。 二　法第８条第４項第２号に規定する保存義務者　次に掲げる要件 イ　前号に定める要件 ロ　第３条第１項第１号ロ⑴の電磁的記録に、前号イ⑴及び⑵に規定する事実及び内容に係るものが含まれていること。 ハ　当該電子計算機出力マイクロフィルムの保存に併せて、国税関係帳簿の種類及び取引年月日その他の日付を特定することによりこれらに対応する電子計算機出力マイクロフィルムを探し出すことができる索引簿の備付けを行うこと。 ニ　当該電子計算機出力マイクロフィルムごとの記録事項の索引を当該索引に係る電子計算機出力マイクロフィルムに出力しておくこと。 ホ　当該国税関係帳簿の保存期間（国税に関する法律の規定により国税関係帳簿の保存をしなければならないこととされている期間をいう。）の初日から当該国税関係帳簿に係る国税の国税通則法第２条第７号（定義）に規定する法定申告期限（当該法定申告期限のない国税に係る国税関係帳簿については、当該国税の同条第８号に規定する法定納期限）後３年を経過する日までの間（当該保存義務者が当該国税関係帳簿に係る国税の納税者でない場合には、当該保存義務者が当該納税者であるとした場合における当該期間に相当する期間）、当該電子計算機出力マイクロフィルムの保存に併せて第２条第２項第２号及び前号ハに掲げる要件（当該保存義務者が国税に関する法律の規定による当該国税関係帳簿に係る電磁的記録の提示又は提出の要求に応じることができるようにしている場合には、同号ハ（⑵及び⑶に係る部分に限る。）に掲げる要件を除く。）に従って当該電子計算機出力マイクロフィルムに係る電磁的記録の保存をし、又は当該電子計算機出力マイクロフィルムの記録事項の検索をすることができる機能（同号ハに規定する機能（当該保存義務者が国税に関する法律の規定による当該国税関係帳簿に係る電磁的記録の提示又は提出の要求に応じることができるようにしている場合には、同号ハ⑴に掲げる要件を満たす機能）に相当するものに限る。）を確保しておくこと。

電子帳簿保存法	電子帳簿保存法施行令
義務者により行われた電子取引の取引情報に係る電磁的記録に記録された事項に関し国税通則法第18条第２項（期限後申告）に規定する期限後申告書若しくは修正申告書の提出、更正若しくは同法第25条（決定）の規定による決定又は納税の告知（同法第36条第１項（第２号に係る部分に限る。）（納税の告知）の規定による納税の告知をいう。以下この項において同じ。）若しくは納税の告知を受けることなくされた納付（以下この項において「期限後申告等」という。）があった場合において、同法第68条第１項から第３項まで（重加算税）の規定に該当するときは、同条第１項から第３項までの重加算税の額は、これらの規定にかかわらず、これらの規定により計算した金額に、これらの規定に規定する基礎となるべき税額（その税額の計算の基礎となるべき事実で当該期限後申告等の基因となるこれらの電磁的記録に記録された事項に係るもの（隠蔽し、又は仮装された事実に係るものに限る。以下この項において「電磁的記録に記録された事項に係る事実」という。）以外のものがあるときは、当該電磁的記録に記録された事項に係る事実に基づく税額として政令で定めるところにより計算した金額に限る。）に100分の10の割合を乗じて計算した金額を加算した金額とする。	通則法第65条から第67条まで（過少申告加算税等）の過少申告加算税の額、無申告加算税の額又は不納付加算税の額の計算の基礎となるべき税額のうち次の各号に掲げる場合の区分に応じ当該各号に定める税額とする。 一　国税通則法第68条第１項から第３項まで（重加算税）に規定する隠蔽し、又は仮装されていない事実（以下この号において「隠蔽仮装されていない事実」という。）がある場合　当該隠蔽仮装されていない事実及び法第８条第５項に規定する電磁的記録に記録された事項に係る事実（以下この号において「隠蔽仮装されていない事実等」という。）のみに基づいて国税通則法第18条第２項（期限後申告）に規定する期限後申告書若しくは同法第19条第３項（修正申告）に規定する修正申告書の提出又は同法第24条（更正）若しくは第26条（再更正）の規定による更正若しくは同法第25条（決定）の規定による決定（以下この条において「期限後申告等」という。）があったものとした場合における当該期限後申告等に基づき同法第35条第２項（申告納税方式による国税等の納付）の規定により納付すべき税額又は法第８条第５項の国税関係書類の保存義務者が当該隠蔽仮装されていない事実等のみに基づいてその国税通則法第２条第２号（定義）に規定する源泉徴収等による国税（以下この条において「源泉徴収等による国税」という。）の同法第２条第８号に規定する法定納期限（以下この条に

電子帳簿保存法施行規則

電子帳簿保存法	電子帳簿保存法施行令
6　前2項に定めるもののほか、これらの規定の適用に関し必要な事項は、政令で定める。	おいて「法定納期限」という。）までに納付しなかった税額から当該隠蔽仮装されていない事実のみに基づいて期限後申告等があったものとした場合における当該期限後申告等に基づき同法第35条第2項の規定により納付すべき税額又は当該保存義務者が当該隠蔽仮装されていない事実のみに基づいてその源泉徴収等による国税の法定納期限までに納付しなかった税額を控除した税額 二　前号に掲げる場合以外の場合　法第8条第5項に規定する電磁的記録に記録された事項に係る事実のみに基づいて期限後申告等があったものとした場合における当該期限後申告等に基づき国税通則法第35条第2項の規定により納付すべき税額又は同号の保存義務者が当該電磁的記録に記録された事項に係る事実のみに基づいてその源泉徴収等による国税の法定納期限までに納付しなかった税額 **（国税通則法等の規定の適用）** **第5条**　法第8条第5項の規定の適用がある場合における次の表の第1欄に掲げる法令の適用については、同表の第2欄に掲げる規定中同表の第3欄に掲げる字句は、同表の第4欄に掲げる字句とする。

第1欄	第2欄	第3欄	第4欄
国税通則法	第15条第2項第14号	）の	）若しくは電子計算機を使用して作成する国税関係帳簿書類の保存方法等の特例に関する法律

電子帳簿保存法施行規則

左の電子帳簿保存法施行令第5条による読替え後の各法令の規定

○　国税通則法（昭和37年法律第66号）

（納税義務の成立及びその納付すべき税額の確定）

第15条　省　略

2　納税義務は、次の各号に掲げる国税（第1号から第13号までにおいて、附帯税を除く。）については、当該各号に定める時（当該国税のうち政令で定めるものについては、政令で定める時）に成立する。

一～十三　省　略

十四　過少申告加算税、無申告加算税又は第68条第1項、第2項若しくは第4項（同条第1項又は第2項の重加算税に係る部分に限る。）（重加算税）若しくは電子計算機を使用して作成する国税関係帳簿書類の保存方法等の特例に関する法律（平成10年法律第25号。以下「電子帳簿保存法」という。）第8条第5項（第68条第1項又は第2項の重加算税に係る部分に限る。）（他の国税に関する法律の規定の適用）の重加算税　法定申告期限の経過の時

十五　不納付加算税又は第68条第3項若しくは第4項（同条第3項の重加

電子帳簿保存法	電子帳簿保存法施行令		
			（平成10年法律第25号。以下「電子帳簿保存法」という。）第8条第5項（第68条第1項又は第2項の重加算税に係る部分に限る。）（他の国税に関する法律の規定の適用）の
	第15条第2項第15号	）の	）若しくは電子帳簿保存法第8条第5項（第68条第3項の重加算税に係る部分に限る。）の
	第33条第3項	）の重加算税	）若しくは電子帳簿保存法第8条第5項（第68条第3項の重加算税に係る部分に限る。）（他の国税に関する法律の規定の適用）の重加算税
	第35条第3項及び第73条第1項第2号	又は第4項	若しくは第4項
		）の	）又は電子帳簿保存法第8条第5項（第68条第1項又は第2項の重加算税に係る部分に限る。）（他の国税に関する法律の規定の適用）の

電子帳簿保存法施行規則

算税に係る部分に限る。）若しくは電子帳簿保存法第８条第５項（第68条第３項の重加算税に係る部分に限る。）の重加算税　法定納期限の経過の時

3　省　略

（賦課決定の所轄庁）

第33条　省　略

2　省　略

3　保税地域からの引取りに係る消費税等で賦課課税方式によるものその他税関長が徴収すべき消費税等又は国際観光旅客税法第17条第１項（国外事業者による特別徴収等）の規定により徴収して納付すべき国際観光旅客税に係る不納付加算税若しくは第68条第３項若しくは第４項（同条第３項の重加算税に係る部分に限る。）（重加算税）若しくは電子帳簿保存法第８条第５項（第68条第３項の重加算税に係る部分に限る。）（他の国税に関する法律の規定の適用）の重加算税についての賦課決定は、第１項の規定にかかわらず、これらの国税の納税地を所轄する税関長が行う。この場合においては、前２条の規定の適用については、これらの規定中「税務署長」とあるのは「税関長」と、前条第１項各号列記以外の部分中「課税標準申告書を提出すべき期限（課税標準申告書の提出を要しない国税については、その納税義務の成立の時）後に、次の」とあるのは「次の」と、同条第１項第２号及び第３号、第２項、第３項並びに第４項第１号及び第２号中「納付すべき税額」とあるのは「税額等」とする。

（申告納税方式による国税等の納付）

第35条　省　略

2　省　略

3　過少申告加算税、無申告加算税又は重加算税（第68条第１項、第２項若しくは第４項（同条第１項又は第２項の重加算税に係る部分に限る。）（重加算税）又は電子帳簿保存法第８条第５項（第68条第１項又は第２項の重加算税に係る部分に限る。）（他の国税に関する法律の規定の適用）の重加算税に限る。以下この項において同じ。）に係る賦課決定通知書を受けた者は、当該通知書に記載された金額の過少申告加算税、無申告加算税又は重加算税を当該通知書が発せられた日の翌日から起算して１月を経過する日までに納付しなければならない。

（時効の完成猶予及び更新）

第73条　国税の徴収権の時効は、次の各号に掲げる処分に係る部分の国税については、当該各号に定める期間は完成せず、その期間を経過した時から新たにその進行を始める。

一　省　略

二　過少申告加算税、無申告加算税又は重加算税（第68条第１項、第２項若しくは第４項（同条第１項又は第２項の重加算税に係る部分に限る。）（重加算税）又は電子帳簿保存法第８条第５項（第68条第１項又は第２

第3編　関係法令等

<table>
<tr><th>電子帳簿保存法</th><th>電子帳簿保存法施行令</th></tr>
<tr><td></td><td>
<table>
<tr><td></td><td rowspan="2">第85条第1項</td><td>又は第4項</td><td>若しくは第4項</td></tr>
<tr><td></td><td>）の重加算税</td><td>）又は電子帳簿保存法第8条第5項（第68条第3項の重加算税に係る部分に限る。）（他の国税に関する法律の規定の適用）の重加算税</td></tr>
<tr><td rowspan="4">国税通則法施行令(昭和37年政令第135号)</td><td rowspan="2">第27条の3第1項</td><td>又は</td><td>若しくは</td></tr>
<tr><td>重加算税）</td><td>重加算税）又は電子計算機を使用して作成する国税関係帳簿書類の保存方法等の特例に関する法律（平成10年法律第25号。次項及び次条において「電子帳簿保存法」という。）第8条第5項（法第68条第1項の重加算税に係る部分に限る。）（他の国税に関する法律の規定の適用）</td></tr>
<tr><td rowspan="2">第27条の3第2項</td><td>又は</td><td>若しくは</td></tr>
<tr><td>限る</td><td>限る。）又は電子帳簿保存法第8条第5項（法第68条第2項の重加算税に係る部分に限る</td></tr>
</table>
</td></tr>
</table>

電子帳簿保存法施行規則

項の重加算税に係る部分に限る。）（他の国税に関する法律の規定の適用）の重加算税に限る。）に係る賦課決定　その賦課決定により納付すべきこれらの国税の第35条第３項の規定による納期限までの期間

三～五　省　略

2～6　省　略

（納税地異動の場合における再調査の請求先等）

第85条　所得税、法人税、地方法人税、相続税、贈与税、地価税、課税資産の譲渡等に係る消費税、電源開発促進税又は国際観光旅客税（国際観光旅客税法第18条第１項（国際観光旅客等による納付）の規定により納付すべきものを除く。次条第１項において同じ。）に係る税務署長、国税局長又は税関長（以下この条及び次条において「税務署長等」という。）の処分（国税の徴収に関する処分及び滞納処分（その例による処分を含む。）を除く。）又は第36条第１項（納税の告知）の規定による納税の告知のうち同項第１号（不納付加算税及び第68条第３項若しくは第４項（同条第３項の重加算税に係る部分に限る。）（重加算税）又は電子帳簿保存法第８条第５項（第68条第３項の重加算税に係る部分に限る。）（他の国税に関する法律の規定の適用）の重加算税に係る部分に限る。）若しくは第２号に係るもの（以下この条及び次条第１項において単に「処分」という。）があつた時以後にその納税地に異動があつた場合において、その処分の際における納税地を所轄する税務署長等と当該処分について第75条第１項第１号イ又は第２項（第１号に係る部分に限る。）（国税に関する処分についての不服申立て）の規定による再調査の請求をする際における納税地（以下この条において「現在の納税地」という。）を所轄する税務署長等とが異なることとなるときは、その再調査の請求は、これらの規定にかかわらず、現在の納税地を所轄する税務署長等に対してしなければならない。この場合においては、その処分は、現在の納税地を所轄する税務署長等がしたものとみなす。

2～4　省　略

○　国税通則法施行令（昭和37年政令第135号）

（加重された過少申告加算税等が課される場合における重加算税に代えられるべき過少申告加算税等）

第27条の３　法第68条第１項若しくは第４項（同条第１項の重加算税に係る部分に限る。）（重加算税）又は電子計算機を使用して作成する国税関係帳簿書類の保存方法等の特例に関する法律（平成10年法律第25号。次項及び次条において「電子帳簿保存法」という。）第八条第五項（法第68条第１項の重加算税に係る部分に限る。）（他の国税に関する法律の規定の適用）の規定により過少申告加算税に代えて重加算税を課する場合において、当該過少申告加算税について法第65条第２項（過少申告加算税）の規定により加算すべき金額があるときは、当該重加算税の額の計算の基礎となるべ

第３編　関係法令等

電子帳簿保存法	電子帳簿保存法施行令			
		第28条第1項	同条第4項	同条第4項又は電子帳簿保存法第8条第5項（他の国税に関する法律の規定の適用）
		第28条第2項及び第3項	同条第4項	同条第4項又は電子帳簿保存法第8条第5項
	輸入品に対する内国消費税の徴収等に関する法律（昭和30年法律第37号）	第6条第5項	）の重加算税	）若しくは電子帳簿保存法第8条第5項（第68条第1項の重加算税に係る部分に限る。）の重加算税
	輸入品に対する内国消費税の徴収等に関する法律施行令（昭和30年政令第100号）	第16条の2第1項第1号	）の重加算税	）並びに電子計算機を使用して作成する国税関係帳簿書類の保存方法等の特例に関する法律（平成10年法律第25号。第26条の6において「電子帳簿保存法」という。）第8条第5項（国税通則法第68条第1項又は第2項の重加算税に係る部分に限る。）（他の国税に関する法律の規定の適用）の重加算税

電子帳簿保存法施行規則

き税額に相当する金額を当該過少申告加算税の額の計算の基礎となるべき税額から控除して計算するものとした場合における過少申告加算税以外の部分の過少申告加算税に代え、重加算税を課するものとする。

2　法第68条第２項若しくは第４項（同条第２項の重加算税に係る部分に限る。）又は電子帳簿保存法第８条第５項（法第68条第２項の重加算税に係る部分に限る。）の規定により無申告加算税に代えて重加算税を課する場合において、当該無申告加算税について法第66条第２項（無申告加算税）（同条第四項の規定により適用される場合を含む。）の規定により加算すべき金額があるときは、当該重加算税の額の計算の基礎となるべき税額に相当する金額を当該無申告加算税の額の計算の基礎となるべき税額から控除して計算するものとした場合における無申告加算税以外の部分の無申告加算税に代え、重加算税を課するものとする。

（重加算税を課さない部分の税額の計算）

第28条　法第68条第１項（重加算税）（同条第四項又は電子帳簿保存法第８条第５項（他の国税に関する法律の規定の適用）の規定により適用される場合を含む。）に規定する隠蔽し、又は仮装されていない事実に基づく税額として政令で定めるところにより計算した金額は、過少申告加算税の額の計算の基礎となるべき税額のうち当該事実のみに基づいて修正申告書の提出又は更正があつたものとした場合におけるその申告又は更正に基づき法第35条第２項（申告納税方式による国税等の納付）の規定により納付すべき税額とする。

2　法第68条第２項（同条第４項又は電子帳簿保存法第８条第５項の規定により適用される場合を含む。）に規定する隠蔽し、又は仮装されていない事実に基づく税額として政令で定めるところにより計算した金額は、無申告加算税の額の計算の基礎となるべき税額のうち当該事実のみに基づいて法第18条第２項（期限後申告）に規定する期限後申告書若しくは修正申告書の提出又は決定若しくは更正があつたものとした場合におけるその申告又は決定若しくは更正に基づき法第35条第２項の規定により納付すべき税額とする。

3　法第68条第３項（同条第４項又は電子帳簿保存法第８条第５項の規定により適用される場合を含む。）に規定する隠蔽し、又は仮装されていない事実に基づく税額として政令で定めるところにより計算した金額は、不納付加算税の額の計算の基礎となるべき税額のうち納税者が当該事実のみに基づいてその国税の法定納期限までに納付しなかつた税額とする。

○　輸入品に対する内国消費税の徴収等に関する法律（昭和30年法律第37号）

（引取りに係る課税物品についての申告、納税等の特例）

第６条　省　略

２～４　省　略

5　保税地域から引き取られる課税物品に係る内国消費税（石油石炭税法第

電子帳簿保存法	電子帳簿保存法施行令

	第26条の6	）の	）並びに電子帳簿保存法第8条　第5項（国税通則法第68条第1項の重加算税に係る部分に限る。）（他の国税に関する法律の規定の適用）の
内国税の適正な課税の確保を図るための国外送金等に係る調書の提出等に関する法律施行令（平成9年政令第363号）	第11条第2項第1号	同条第4項	同条第4項又は電子計算機を使用して作成する国税関係帳簿書類の保存方法等の特例に関する法律（平成10年法律第25号。次号及び次条第2項において「電子帳簿保存法」という。）第8条第5項
	第11条第2項第2号	又は第4項	若しくは第4項
		の規定	又は電子帳簿保存法第8条第5項（国税通則法第68条第1項又は第2項の重加算税に係る部分に限る。次条第2項において同じ。）の規定
	第12条第2項	又は第4項の規定の適用があり、同条第1項、	若しくは第4項又は電子帳簿保存法第8条第5項の規定の適用があり、国税通則法第68条第1

電子帳簿保存法施行規則

３条（課税物件）に規定する原油若しくは石油製品、ガス状炭化水素又は石炭（第12条及び第16条において「原油等」という。）で同法第15条第１項の承認を受けている者により引き取られるものに係る石油石炭税を除く。第19条において同じ。）に対する国税通則法第35条第３項（申告納税方式による国税等の納付）の規定の適用については、同項中「限る。以下この項において同じ」とあるのは「限る」と、「経過する日」とあるのは「経過する日（過少申告加算税又は同条第１項若しくは第４項（同条第１項の重加算税に係る部分に限る。）若しくは電子帳簿保存法第８条第５項（第68条第１項の重加算税に係る部分に限る。）の重加算税であつて、当該１月を経過する日がその納付の基因となつた内国消費税（輸入品に対する内国消費税の徴収等に関する法律（昭和30年法律第37号）第２条第１号（定義）に規定する内国消費税をいう。）に係る課税物品（同法第２条第２号に規定する課税物品をいう。）の関税法第67条（輸出又は輸入の許可）の規定による輸入の許可の日前であるものについては、当該輸入の許可の日)」とする。

6　省　略

○　輸入品に対する内国消費税の徴収等に関する法律施行令（昭和30年政令第100号）

（相殺関税等が還付される場合の消費税の還付額）

第16条の２　法第14条第１項に規定する政令で定めるところにより計算した金額は、第１号に掲げる金額から第２号に掲げる金額を控除した金額の合計額とする。

一　法第14条第１項の規定の適用を受ける課税物品につき課された消費税額（延滞税、過少申告加算税、無申告加算税並びに国税通則法第68条第１項、第２項及び第４項（同条第１項又は第２項の重加算税に係る部分に限る。）（重加算税）並びに電子計算機を使用して作成する国税関係帳簿書類の保存方法等の特例に関する法律（平成10年法律第25号。第26条の６において「電子帳簿保存法」という。）第８条第５項（国税通則法第68条第１項又は第２項の重加算税に係る部分に限る。）（他の国税に関する法律の規定の適用）の重加算税（次号、第19条第２項各号、第23条の２及び第28条において「重加算税」という。）の額を除く。）

二　省　略

2　省　略

（輸入時と同一状態で再輸出される場合の還付の額）

第26条の６　法第16条の３第１項の規定により還付する内国消費税額に相当する金額は、同項に規定する輸出をした課税物品について納付された、又は納付されるべき内国消費税額（延滞税、過少申告加算税並びに国税通則法第68条第１項及び第４項（同条第１項の重加算税に係る部分に限る。）（重加算税）並びに電子帳簿保存法第８条第５項（国税通則法第68条第１

電子帳簿保存法	電子帳簿保存法施行令
	<table><tr><td></td><td></td><td>第２項又は第４項</td><td>項、第２項若しくは第４項又は電子帳簿保存法第８条第５項</td></tr><tr><td></td><td></td><td>同法第65条</td><td>国税通則法第65条</td></tr></table>

電子帳簿保存法施行規則

項の重加算税に係る部分に限る。）（他の国税に関する法律の規定の適用）の重加算税の額を除く。）に相当する金額とする。

○　内国税の適正な課税の確保を図るための国外送金等に係る調書の提出等に関する法律施行令（平成９年政令第363号）
（国外財産に係る過少申告加算税又は無申告加算税の特例の対象となる所得の範囲等）

第11条　省　略

2　法第６条第１項に規定する国外財産に係るもの以外の事実等に基づく税額として政令で定めるところにより計算した金額は、国税通則法（昭和37年法律第66号）第65条又は第66条の規定による過少申告加算税の額又は無申告加算税の額の計算の基礎となるべき税額（以下この条、次条第２項及び第12条の３第５項において「過少申告加算税等基礎税額」という。）のうち次の各号に掲げる場合（次項から第６項まで又は第12条の３第５項の規定の適用がある場合を除く。）の区分に応じ当該各号に定める税額の合計額とする。

一　法第６条第１項に規定する税額の計算の基礎となるべき事実（以下第４項まで並びに第12条の３第３項及び第５項第１号において「税額の計算の基礎となるべき事実」という。）で法第６条第１項に規定する国外財産に係るもの以外の事実（国税通則法第68条第１項又は第２項（これらの規定が同条第４項又は電子計算機を使用して作成する国税関係帳簿書類の保存方法等の特例に関する法律（平成10年法律第25号。次号及び次条第２項において「電子帳簿保存法」という。）第８条第５項の規定により適用される場合を含む。）に規定する隠蔽し、又は仮装されていない事実（以下この条並びに第12条の３第３項及び第５項において「隠蔽仮装されていない事実」という。）に係るものに限る。以下この号及び次項において「国外財産に係るもの以外の事実」という。）がある場合　当該国外財産に係るもの以外の事実のみに基づいて修正申告等（法第６条第１項に規定する修正申告等をいう。以下この条、次条及び第12条の３第５項において同じ。）があったものとした場合における当該修正申告等に基づき国税通則法第35条第２項の規定により納付すべき税額

二　税額の計算の基礎となるべき事実で隠蔽し、又は仮装された事実（次項、第４項第２号及び第12条の３第５項第２号において「隠蔽仮装された事実」という。）がある場合　国税通則法第68条第１項、第２項若しくは第４項（同条第１項又は第２項の重加算税に係る部分に限る。次条第２項において同じ。）又は電子帳簿保存法第８条第５項（国税通則法第68条第１項又は第２項の重加算税に係る部分に限る。次条第２項において同じ。）の規定により過少申告加算税又は無申告加算税に代えて重加算税を課する場合における当該過少申告加算税又は無申告加算税の額の計算の基礎となるべき税額

電子帳簿保存法	電子帳簿保存法施行令
	（財務省令への委任） **第6条**　この政令に定めるもののほか、法第8条第4項及び第5項の規定の適用に関し必要な事項は、財務省令で定める。

電子帳簿保存法施行規則

3～7　省　略

（死亡した者に係る修正申告等の場合の国外財産に係る過少申告加算税又は無申告加算税の特例の規定が適用される場合における国外財産調書等の取扱い）

第12条　省　略

2　法第6条第1項又は第3項（同条第7項第2号の規定により読み替えて適用する場合を含む。以下この条において同じ。）の規定及び国税通則法第68条第1項、第2項若しくは第4項又は電子帳簿保存法第8条第5項の規定の適用があり、国税通則法第68条第1項、第2項若しくは第4項又は電子帳簿保存法第8条第5項の規定により過少申告加算税又は無申告加算税に代えて重加算税を課する場合において、国税通則法第65条又は第66条の規定による過少申告加算税の額又は無申告加算税の額の計算の基礎となるべき事実（法第6条第1項又は第3項の規定の適用がある国外財産に係る事実を含む。）で隠蔽し、又は仮装されていないものに基づくことが明らかであるものがあるときは、当該重加算税の額の計算の基礎となるべき税額は、過少申告加算税等基礎税額から当該隠蔽し、又は仮装されていない事実のみに基づいて修正申告等があったものとした場合における当該修正申告等に基づき国税通則法第35条第2項の規定により納付すべき税額を控除した税額とする。

3　省　略

6　法第8条第5項の規定の適用がある場合における国税通則法施行規則（昭和37年大蔵省令第28号）第12条第1項（審査請求に係る書類の提出先）の規定の適用については、同項ただし書中「又は第4項」とあるのは「若しくは第4項」と、「）の重加算税」とあるのは「）又は電子計算機を使用して作成する国税関係帳簿書類の保存方法等の特例に関する法律（平成10年法律第25号）第8条第5項（法第68条第3項の重加算税に係る部分に限る。）（他の国税に関する法律の規定の適用）の重加算税」とする。

7　法第8条第5項の規定の適用がある場合における相続税法施行規則（昭和25年大蔵省令第17号）附則第7項（事業が適正に行われていると認められる場合）の規定の適用については、同項第3号中「重加算税）の」とあるのは「重加算税）若しくは電子計算機を使用して作成する国税関係帳簿書類の保存方法等の特例に関する法律（平成10年法律第25号。以下この号において「電子帳簿保存法」という。）第8条第5項（国税通則法第68条第1項又は第2項の重加算税に係る部分に限る。）（他の国税に関する法律の規定の適用）の」と、「。）の」とあるのは「。）若しくは電子帳簿保存法第8条第5項（国税通則法第68条第3項の重加算税に係る部分に限る。）の」とする。

8　法第8条第4項又は第5項の規定の適用がある場合における過少申告加算税又は重加算税に係る国税通則法第32条第3項（賦課決定）に規定する賦課決定通知書には、当該過少申告加算税又は重加算税について法第8条第4項又は第5項の規定の適用がある旨を付記するものとする。

第3編　関係法令等

■ 電子帳簿保存法告示

○ 電子計算機を使用して作成する国税関係帳簿書類の保存方法等の特例に関する法律施行規則第２条第６項第５号ニに規定する国税庁長官が定めるところ（平成17年国税庁告示第３号）

【最終改正　令和３年国税庁告示第５号】

電子計算機を使用して作成する国税関係帳簿書類の保存方法等の特例に関する法律施行規則（以下「規則」という。）第２条第６項第５号ニに規定する国税庁長官が定めるところは、日本産業規格（産業標準化法（昭和24年法律第185号）第20条第１項（日本産業規格）に規定する日本産業規格をいう。以下同じ。）X6933又は国際標準化機構の規格12653―３に準拠したテストチャートを規則第２条第６項の保存義務者が使用する同項第２号の電子計算機処理システムで入力し、当該テストチャートに係る電磁的記録を出力した画面及び書面において、日本産業規格X6933における４の相対サイズの文字及びISO図形言語又は国際標準化機構の規格12653―３における４ポイントの文字及び140図票を認識することができることとする。

○ 電子計算機を使用して作成する国税関係帳簿書類の保存方法等の特例に関する法律施行規則第２条第７項に規定する国税庁長官が定める書類（平成17年国税庁告示第４号）

【最終改正　令和３年国税庁告示第６号】

電子計算機を使用して作成する国税関係帳簿書類の保存方法等の特例に関する法律施行規則第２条第７項に規定する国税庁長官が定める書類は、電子計算機を使用して作成する国税関係帳簿書類の保存方法等の特例に関する法律（平成10年法律第25号）第２条第２号に規定する国税関係書類のうち、次に掲げる書類以外の書類とする。

一　所得税法施行規則（昭和40年大蔵省令第11号）第63条第３項に規定する現金預金取引等関係書類のうち、帳簿に同令第58条第１項に規定する取引に関する事項を個別に記載することに代えて日々の合計金額の一括記載をした場合における当該一括記載に係る取引に関する事項を確認するための書類

二　所得税法施行規則第102条第３項第２号に掲げる書類のうち、帳簿に同条第１項に規定する総収入金額及び必要経費に関する事項を記録することに代えて日々の合計金額を一括して記録した場合の当該事項の記載のあるもの

三　法人税法施行規則（昭和40年大蔵省令第12号）第８条の３の10第４項（同令第26条の３第４項及び第37条の３の２第３項において準用する場合を含む。）に規定する帳簿代用書類

四　法人税法施行規則第59条第４項（同令第26条の３第３項、第26条の５第２項、第37条の３の２第４項、第62条及び第67条第３項において準用する場合を含む。）に規定する帳簿代用書類

五　次に掲げる書類（前各号に掲げる書類を除く。）

　イ　契約書、契約の申込書（当該契約に係る定型的な約款があらかじめ定められている場合における当該契約の申込書（ロに掲げる書類に該当するものを除く。）を除く。）その他これらに準ずる書類

　ロ　預貯金（所得税法（昭和40年法律第33号）第２条第１項第10号に規定する預貯金をいう。以下同じ。）の預入又は引出しに際して作成された書類、預貯金の口座の設定又は解約に際して作成された書類、為

替取引に際して作成された書類（契約の申込書であって対価の支払を口座振替の方法によるものとする契約の申込みに際して作成されたものを除く。）その他これらに準ずる書類

ハ　領収書その他現金の収受又は払出しその他の支払手段（外国為替及び外国貿易法（昭和24年法律第228号）第６条第１項第７号に規定する支払手段をいう。以下同じ。）の授受に際して作成された書類

ニ　請求書その他これに準ずる書類（支払手段による対価の支払を求めることを内容とするものに限る。）

ホ　支払のために提示された手形又は小切手

ヘ　納品書その他棚卸資産の引渡しに際して作成された書類（棚卸資産の引渡しを受けた者が作成したものを除く。）

ト　所得税法施行規則第68条の３第１号又は法人税法施行規則第62条の３第１号に規定する内部取引に該当する資産の移転、役務の提供その他の事実を記載したイからヘまでに掲げる書類に相当する書類

チ　消費税法（昭和63年法律第108号）第30条第10項に規定する本人確認書類

リ　自己の作成したイからニまでに掲げる書類の写し及びトに掲げる書類のうちイからニまでに掲げる書類に相当する書類の写し

■ 電子帳簿保存法取扱通達

電子帳簿保存法取扱通達の制定について（平成10年５月28日付課法５－４ほか６課共同）

【最終改正　令和３年７月９日付課総10－10ほか７課共同】

用語の意義

電子帳簿保存法取扱通達において、次に掲げる用語の意義は、別に定める場合を除き、それぞれ次に定めるところによる。

法・・・・・・・・・・・・・・・・　電子計算機を使用して作成する国税関係帳簿書類の保存方法等の特例に関する法律をいう。

令・・・・・・・・・・・・・・・・　電子計算機を使用して作成する国税関係帳簿書類の保存方法等の特例に関する法律施行令をいう。

規則・・・・・・・・・・・・・・・　電子計算機を使用して作成する国税関係帳簿書類の保存方法等の特例に関する法律施行規則をいう。

e －文書整備法・・・・・・・・・・　民間事業者等が行う書面の保存等における情報通信の技術の利用に関する法律の施行に伴う関係法律の整備等に関する法律をいう。

国税・・・・・・・・・・・・・・・　法第２条第１号《定義》に規定する国税をいう。

国税関係帳簿書類・・・・・・・・　法第２条第２号《定義》に規定する国税関係帳簿書類をいう。

国税関係帳簿・・・・・・・・・・　法第２条第２号《定義》に規定する国税関係帳簿をいう。ただし、法第４条《国税関係帳簿書類の電磁的記録による保存等》関係及び第８条《他の国税に関する法律の規定の適用》関係においては、規則第2条第1項に定めるものを除いたものをいう。

国税関係書類・・・・・・・・・・・ 法第2条第2号《定義》に規定する国税関係書類をいう。

電磁的記録・・・・・・・・・・・・ 法第2条第3号《定義》に規定する電磁的記録をいう。

保存義務者・・・・・・・・・・・・ 法第2条第4号《定義》に規定する保存義務者をいう。

電子取引・・・・・・・・・・・・・ 法第2条第5号《定義》に規定する電子取引をいう。

電子計算機出力マイクロフィルム・ 法第2条第6号《定義》に規定する電子計算機出力マイクロフィルムをいう。

電子計算機処理・・・・・・・・・・ 規則第1条第2項第1号《定義》に規定する電子計算機処理をいう。

納税地等・・・・・・・・・・・・・ 規則第1条第2項第2号《定義》に規定する納税地等をいう。

プログラム・・・・・・・・・・・・ 規則第2条第2項第1号《電磁的記録による国税関係帳簿の保存等の要件》に規定するプログラムをいう。

システム・・・・・・・・・・・・・ 規則第2条第2項第1号イ《電磁的記録による国税関係帳簿の保存等の要件》に規定する電子計算機処理システムをいう。

特例国税関係帳簿・・・・・・・・・ 規則第5条第1項《軽減された過少申告加算税の対象となる国税関係帳簿》に規定する特例国税関係帳簿をいう。

スキャナ保存・・・・・・・・・・・ 法第4条第3項前段《国税関係書類の電磁的記録による保存》の規定の適用を受けている国税関係書類に係る電磁的記録による保存をいう。

第１章　通則

法第２条《定義》関係

（国税関係帳簿の範囲）

２－１　法第２条第２号《国税関係帳簿書類の意義》に規定する「国税関係帳簿」には、酒税法第46条《記帳義務》に規定する帳簿のように、国税に関する法律において記帳義務を規定することにより保存義務が課されている帳簿も含まれることに留意する。

（電子取引の範囲）

２－２　法第２条第５号《電子取引の意義》に規定する「電子取引」には、取引情報が電磁的記録の授受によって行われる取引は通信手段を問わず全て該当するのであるから、例えば、次のような取引も、これに含まれることに留意する。

⑴　いわゆるEDI取引

⑵　インターネット等による取引

⑶　電子メールにより取引情報を授受する取引（添付ファイルによる場合を含む。）

⑷　インターネット上にサイトを設け、当該サイトを通じて取引情報を授受する取引

（保存義務者が国税関係帳簿書類に係る納税者でない場合の例示）

２－３　法第２条第５号《納税地等の意義》に規定する「保存義務者が、……国税関係帳簿書類に係る国税の納税者でない場合」の保存義務者には、例えば、次に掲げる者が、これに該当する。

⑴　所得税法施行令第48条《金融機関の営業所等における非課税貯蓄に関する帳簿書類の整理保存等》の規定により、非課税貯蓄の限度額管理に関する帳簿等を保存しなければならないこととされている金融機関の営業所等の長

⑵　酒税法第46条《記帳義務》の規定により、酒類の販売に関する事実を帳簿に記載しなければならないこととされている酒類の販売業者

第２章　適用要件

法第４条《国税関係帳簿書類の電磁的記録による保存等》関係

（国税関係帳簿に係る電磁的記録の範囲）

４－１　法第４条第１項《国税関係帳簿の電磁的記録による保存等》又は第５条第１項《国税関係帳簿の電子計算機出力マイクロフィルムによる保存等》に規定する「国税関係帳簿に係る電磁的記録」とは、規則第２条第２項各号又は第３条第１項各号の要件に従って備付け及び保存（以下「保存等」という。）が行われている当該国税関係帳簿を出力することができる電磁的記録をいう。

したがって、そのような電磁的記録である限り、電子計算機処理において複数の電磁的記録が作成される場合にそのいずれの電磁的記録を保存等の対象とするかは、保存義務者が任意に選択することができることに留意する。

（注）　この場合の国税関係帳簿に係る電磁的記録の媒体についても保存義務者が任意に選択することができることに留意する。

（法第４条各項の規定を適用する国税関係帳簿書類の単位）

４－２　法第４条各項《国税関係帳簿書類の電磁的記録による保存等》の規定の適用に当たっては、一部の国税関係帳簿又は国税関係書類について適用することもできるのであるから、例えば、保存義務者における次のような国税関係帳簿書類の作成・保存の実態に応じて、それぞれの区分のそれぞれの国税関係帳簿又は国税関係書類ごとに適用することができることに留意する。

⑴　法第４条第１項の規定を適用する場合

①　仕訳帳及び総勘定元帳のみを作成している場合

②　①に掲げる国税関係帳簿のほか、現金出納帳、売上帳、仕入帳、売掛金元帳、買掛金元帳などの国税関係帳簿を作成している場合

③　①又は②に掲げる国税関係帳簿を本店で作成するほか事業部若しくは事業所ごとに作成している場合

⑵　法第４条第２項の規定を適用する場合

①　注文書の写しのみを作成している場合

② ①に掲げる国税関係書類のほか、領収書の写し、見積書の写し、請求書の写しなどの国税関係書類を作成している場合

③ ①又は②に掲げる国税関係書類を本店で作成するほか事業部若しくは事業所ごとに作成している場合

(3) 法第４条第３項の規定を適用する場合

① 作成又は受領した注文書、領収書、見積書、請求書などの国税関係書類を保存している場合

② ①に掲げる国税関係書類を本店で保存しているほか事業部若しくは事業所ごとに保存している場合

なお、国税関係帳簿書類の電磁的記録による保存等に当たっては、電磁的記録による保存等を開始した日（保存等に代える日）及び電磁的記録による保存等を取りやめた日（保存等に代えることをやめた日）を明確にしておく必要があることに留意する。

(自己が作成することの意義)

4－3 法第４条第１項及び第２項《国税関係帳簿書類の電磁的記録による保存等》並びに第５条《国税関係帳簿書類の電子計算機出力マイクロフィルムによる保存等》に規定する「自己が」とは、保存義務者が主体となってその責任において行うことをいい、例えば、国税関係帳簿書類に係る電子計算機処理を会計事務所や記帳代行業者に委託している場合も、これに含まれることに留意する。

(最初の記録段階から一貫して電子計算機を使用して作成することの意義)

4－4 法第４条第１項《国税関係帳簿の電磁的記録による保存等》及び第５条第１項《国税関係帳簿の電子計算機出力マイクロフィルムによる保存等》に規定する「最初の記録段階から一貫して電子計算機を使用して作成する場合」とは、帳簿を備え付けて記録を蓄積していく段階の始めから終わりまで電子計算機の使用を貫いて作成する場合をいうことに留意する。

なお、帳簿を備え付けて記録を蓄積していく段階の始めとは、帳簿の備付け等開始の日を指すが、課税期間（国税通則法第２条第９号《定義》に規定する課税期間をいう。以下４－４、４－10、８－１、８－６及び８－14において同じ。）の定めのある国税に係る帳簿については、原則として

課税期間の初日となることに留意する。

(保存義務者が開発したプログラムの意義)

4－5　規則第2条第2項第1号《システム関係書類等の備付け》(同条第3項及び第6項第7号において準用する場合を含む。)に規定する「保存義務者が開発したプログラム」とは、保存義務者が主体となってその責任において開発したプログラムをいい、システム開発業者に委託して開発したものも、これに含まれることに留意する。

(備付けを要するシステム関係書類等の範囲)

4－6　規則第2条第2項第1号イからニまで《システム関係書類等の備付け》(同条第3項及び第6項第7号において準用する場合を含む。)に掲げる書類は、それぞれ次に掲げる書類をいう。

なお、当該書類を書面以外の方法により備え付けている場合であっても、その内容を同条第2項第2号《電子計算機等の備付け等》(同条第3項において準用する場合を含む。以下4－7及び4－8において同じ。)に規定する電磁的記録の備付け及び保存をする場所並びに同条第6項第5号《スキャナ保存における電子計算機等の備付け等》に規定する電磁的記録の保存をする場所(以下4－7において「保存場所」という。)で、画面及び書面に、速やかに出力することができることとしているときは、これを認める。

(1)　同条第2項第1号イに掲げる書類　システム全体の構成及び各システム間のデータの流れなど、電子計算機による国税関係帳簿書類の作成に係る処理過程を総括的に記載した、例えば、システム基本設計書、システム概要書、フロー図、システム変更履歴書などの書類

(2)　同号ロに掲げる書類　システムの開発に際して作成した(システム及びプログラムごとの目的及び処理内容などを記載した)、例えば、システム仕様書、システム設計書、ファイル定義書、プログラム仕様書、プログラムリストなどの書類

(3)　同号ハに掲げる書類　入出力要領などの具体的な操作方法を記載した、例えば、操作マニュアル、運用マニュアルなどの書類

(4)　同号ニに掲げる書類　入出力処理(記録事項の訂正又は削除及び追加

をするための入出力処理を含む。）の手順、日程及び担当部署並びに電磁的記録の保存等の手順及び担当部署などを明らかにした書類

（電磁的記録の保存場所に備え付ける電子計算機及びプログラムの意義）

4－7　規則第２条第２項第２号及び第６項第５号《電子計算機等の備付け等》に規定する「当該電磁的記録の電子計算機処理の用に供することができる電子計算機、プログラム」とは、必ずしも国税関係帳簿書類の作成に使用する電子計算機及びプログラムに限られないのであるから留意する。

（注）　規則第２条第２項第２号及び第６項第５号の規定の適用に当たり、保存場所に電磁的記録が保存等をされていない場合であっても、例えば、保存場所に備え付けられている電子計算機と国税関係帳簿書類の作成に使用する電子計算機とが通信回線で接続されているなどにより、保存場所において電磁的記録をディスプレイの画面及び書面に、それぞれの要件に従った状態で、速やかに出力することができるときは、当該電磁的記録は保存場所に保存等がされているものとして取り扱う。

（整然とした形式及び明瞭な状態の意義）

4－8　規則第２条第２項第２号《電子計算機等の備付け等》及び第３条第１項第２号《マイクロフィルムリーダプリンタの備付け等》に規定する「整然とした形式及び明瞭な状態」とは、書面により作成される場合の帳簿書類に準じた規則性を有する形式で出力され、かつ、出力される文字を容易に識別することができる状態をいう。

（検索機能の意義）

4－9　規則第２条第６項第６号《検索機能の確保》及び第５条第５項第１号ハ《優良な電子帳簿に関する検索機能の確保》に規定する「電磁的記録の記録事項の検索をすることができる機能」とは、蓄積された記録事項から設定した条件に該当する記録事項を探し出すことができ、かつ、検索により探し出された記録事項のみが、ディスプレイの画面及び書面に、整然とした形式及び明瞭な状態で出力される機能をいう。この場合、検索項目について記録事項がない電磁的記録を検索できる機能を含むことに留意する。

（範囲を指定して条件を設定することの意義）

4－10　規則第２条第６項第６号ロ《検索機能の確保》及び第５条第５項第１号ハ(2)《優良な電子帳簿に関する検索機能の確保》に規定する「その範囲を指定して条件を設定することができる」とは、課税期間ごとに、日付又は金額の任意の範囲を指定して条件設定を行い検索ができることをいうことに留意する。

（二以上の任意の記録項目の組合せの意義）

4－11　規則第２条第６項第６号ハ《検索機能の確保》及び第５条第５項第１号ハ(3)《優良な電子帳簿に関する検索機能の確保》に規定する「二以上の任意の記録項目を組み合わせて条件を設定することができること」とは、個々の国税関係帳簿書類に係る電磁的記録の記録事項を検索するに当たり、当該国税関係帳簿書類に係る検索の条件として設定した記録項目（取引年月日その他の日付、取引金額及び取引先）（同号ハについては、取引年月日、取引金額及び取引先）から少なくとも二の記録項目を任意に選択して、これを検索の条件とする場合に、いずれの二の記録項目の組合せによっても条件を設定することができることをいうことに留意する。

（検索できることの意義）

4－12　規則第２条第６項第６号《検索機能の確保》に規定する「検索をすることができる機能を確保しておくこと」とは、システム上検索機能を有している場合のほか、次に掲げる方法により検索できる状態であるときは、当該要件を満たしているものとして取り扱う。

(1)　国税関係書類に係る電磁的記録のファイル名に、規則性を有して記録項目を入力することにより電子的に検索できる状態にしておく方法

(2)　当該電磁的記録を検索するために別途、索引簿等を作成し、当該索引簿等を用いて電子的に検索できる状態にしておく方法

（国税に関する法律の規定による提示又は提出の要求）

4－13　規則第２条第２項第３号及び第６項、第４条第１項並びに第５条第５項第１号及び第２号ホに規定する「国税に関する法律の規定による……提示又は提出の要求」については、国税通則法第74条の２から第74条の６

までの規定による質問検査権の行使に基づく提示又は提出の要求のほか、以下のものが対象となる。

(1) 国税通則法の規定を準用する租税特別措置法、東日本大震災からの復興のための施策を実施するために必要な財源の確保に関する特別措置法（復興特別所得税・復興特別法人税）及び一般会計における債務の承継等に伴い必要な財源の確保に係る特別措置に関する法律（たばこ特別税）の規定による質問検査権の行使に基づくもの（措法87の６⑪等、復興財確法32①、62①、財源確保法19①）

(2) 非居住者の内部取引に係る課税の特例、国外所得金額の計算の特例等に係る同種の事業を営む者等に対する質問検査権の行使に基づくもの（措法40の３の３、措法41の19の５等）

(3) 国外財産調書・財産債務調書を提出する義務がある者に対する質問検査権の行使に基づくもの（国送法７②）

(4) 支払調書等の提出に関する質問検査権の行使に基づくもの（措法９の４の２等）

(5) 相手国等から情報の提供要請があった場合の質問検査権の行使に基づくもの（実特法９①）

(6) 報告事項の提供に係る質問検査権の行使に基づくもの（実特法10の９①等）

(電磁的記録の提示又は提出の要求に応じる場合の意義)

4－14 規則第２条第２項第３号及び第６項、第４条第１項並びに第５条第５項の「国税に関する法律の規定による……電磁的記録の提示又は提出の要求に応じること」とは、法の定めるところにより備付け及び保存が行われている国税関係帳簿又は保存が行われている国税関係書類若しくは電子取引の取引情報に係る電磁的記録について、税務職員から提示又は提出の要求（以下４－14において「ダウンロードの求め」という。）があった場合に、そのダウンロードの求めに応じられる状態で電磁的記録の保存等を行い、かつ、実際にそのダウンロードの求めがあった場合には、その求めに応じることをいうのであり、「その要求に応じること」とは、当該職員の求めの全てに応じた場合をいうのであって、その求めに一部でも応じない場合はこれらの規定の適用（電子帳簿等保存制度の適用・検索機能の確

第３編 関係法令等

保の要件の緩和）は受けられないことに留意する。

したがって、その求めに一部でも応じず、かつ、規則第２条第６項第６号に掲げる要件（検索機能の確保に関する要件の全て）又は第５条第５項に定める要件（優良な電子帳簿に関する要件。なお、国税関係書類については、これに相当する要件）が備わっていなかった場合には、規則第２条第２項、第３項、若しくは第６項、第３条又は第４条第１項の規定の適用に当たって、要件に従って保存等が行われていないこととなるから、その保存等がされている電磁的記録又は電子計算機出力マイクロフィルムは国税関係帳簿又は国税関係書類とはみなされないこととなる（電子取引の取引情報に係る電磁的記録については国税関係書類以外の書類とみなされないこととなる）ことに留意する。

また、当該ダウンロードの求めの対象については、法の定めるところにより備付け及び保存が行われている国税関係帳簿又は保存が行われている国税関係書類若しくは電子取引の取引情報に係る電磁的記録が対象となり、ダウンロードの求めに応じて行われる当該電磁的記録の提出については、税務職員の求めた状態で提出される必要があることに留意する。

（入力すべき記載事項の特例）

4－15　法第４条第３項《国税関係書類の電磁的記録による保存》の適用に当たっては、国税関係書類の表裏にかかわらず、印刷、印字又は手書きの別、文字・数字・記号・符号等の別を問わず、何らかの記載があるときは入力することとなるが、書面に記載されている事項が、取引によって内容が変更されることがない定型的な事項であり、かつ、当該記載されている事項が規則第２条第６項第５号《スキャナ保存における電子計算機等の備付け等》に規定する電磁的記録の保存をする場所において、同一の様式の書面が保存されていることにより確認できる場合には、当該記載されている事項以外の記載事項がない面については入力しないこととしても差し支えないこととする。

（スキャナの意義）

4－16　規則第２条第５項に規定する「スキャナ」とは、書面の国税関係書類を電磁的記録に変換する入力装置をいう。したがって、例えば、スマートフォンやデジタルカメラ等も、上記の入力装置に該当すれば、同項に規定する「スキャナ」に含まれることに留意する。

(速やかに行うことの意義)

4－17　規則第２条第６項第１号イ《入力方法》に規定する「速やかに」の適用に当たり、国税関係書類の作成又は受領後おおむね７営業日以内に入力している場合には、速やかに行っているものとして取り扱う。

なお、同号ロに規定する「速やかに」の適用に当たり、その業務の処理に係る通常の期間を経過した後、おおむね７営業日以内に入力している場合には同様に取り扱う。

また、タイムスタンプを付す場合の期限である、同項第２号ロ《スキャナ保存に係るタイムスタンプの付与》及び規則第４条第１項第２号《電子取引に係るタイムスタンプの付与》にそれぞれ規定する「速やかに」の適用に当たっても、同様に取り扱う。

(業務の処理に係る通常の期間の意義)

4－18　規則第２条第６項第１号ロ及び第２号ロ《入力方法》に規定する「その業務の処理に係る通常の期間」とは、国税関係書類の作成又は受領からスキャナで読み取り可能となるまでの業務処理サイクルの期間をいうことに留意する。

なお、月をまたいで処理することも通常行われている業務処理サイクルと認められることから、最長２か月の業務処理サイクルであれば、「その業務の処理に係る通常の期間」として取り扱うこととする。

また、電子取引の取引情報に係る電磁的記録の保存の要件であるタイムスタンプに係る規則第４条第１項第２号ロ《タイムスタンプの付与》に規定する「その業務の処理に係る通常の期間」の適用に当たっても、同様に取り扱う。

(一の入力単位の意義)

4－19　規則第２条第６項第２号ロ《タイムスタンプの付与》に規定する「一の入力単位」とは、複数枚で構成される国税関係書類は、その全てのページをいい、台紙に複数枚の国税関係書類（レシート等）を貼付した文書は、台紙ごとをいうことに留意する。

（タイムスタンプと電磁的記録の関連性の確保）

4－20　規則第2条第6項第2号ロ《タイムスタンプの付与》に規定する「タイムスタンプ」は、当該タイムスタンプを付した国税関係書類に係る電磁的記録の記録事項の訂正又は削除を行った場合には、当該タイムスタンプを検証することによってこれらの事実を確認することができるものでなければならないことに留意する。

（タイムスタンプの有効性を保持するその他の方法の例示）

4－21　規則第2条第6項第2号ロ(1)《タイムスタンプ》に規定する「その他の方法」とは、国税関係書類に係る電磁的記録に付したタイムスタンプが当該タイムスタンプを付した時と同じ状態にあることを当該国税関係書類の保存期間を通じて確認できる措置をいう。

（認定業務）

4－22　規則第2条第6項第2号ロ《タイムスタンプの付与》に規定する一般財団法人日本データ通信協会が認定する業務とは、当該財団法人が認定する時刻認証業務をいう。

（日本産業規格A列4番以下の大きさの書類の解像度の意義）

4－23　規則第2条第6項第2号ハ括弧書に規定する「当該国税関係書類の作成又は受領をする者が当該国税関係書類をスキャナで読み取る場合において、当該国税関係書類の大きさが日本産業規格A列4番以下であるとき」における、同号ハ(1)に規定する「解像度に関する情報」の保存については当該国税関係書類の電磁的記録に係る画素数を保存すれば足りることに留意する。

（対面で授受が行われない場合における国税関係書類の受領をする者の取扱い）

4－24　規則第2条第6項第2号ハ《大きさに関する情報等の入力》の規定の適用に当たり、郵送等により送付された国税関係書類のうち、郵便受箱等に投函されることにより受領が行われるなど、対面で授受が行われない場合における国税関係書類の取扱いについては、読み取りを行う者のいずれを問わず、当該国税関係書類の受領をする者が当該国税関係書類をスキャナで読み取る場合に該当するものとして差し支えないものとする。

(スキャナ保存における訂正削除の履歴の確保の適用)

4－25　規則第２条第６項第２号ニ(1)《スキャナ保存における訂正削除の履歴の確保》に規定する「国税関係書類に係る電磁的記録の記録事項について訂正又は削除を行った場合」とは、既に保存されている電磁的記録を訂正又は削除した場合をいうのであるから、例えば、受領した国税関係書類の書面に記載された事項の訂正のため、相手方から新たに国税関係書類を受領しスキャナで読み取った場合などは、新たな電磁的記録として保存しなければならないことに留意する。

(スキャナ保存における訂正削除の履歴の確保の特例)

4－26　規則第２条第６項第２号ニ(1)《スキャナ保存における訂正削除の履歴の確保》に規定する「国税関係書類に係る電磁的記録の記録事項について訂正又は削除を行った場合」とは、スキャナで読み取った国税関係書類の書面の情報の訂正又は削除を行った場合をいうのであるが、書面の情報（書面の訂正の痕や修正液の痕等を含む。）を損なうことのない画像の情報の訂正は含まれないことに留意する。

(スキャナ保存における訂正削除の履歴の確保の方法)

4－27　規則第２条第６項第２号ニ(1)《スキャナ保存における訂正削除の履歴の確保》に規定する「これらの事実及び内容を確認することができる」とは、電磁的記録を訂正した場合は、例えば、上書き保存されず、訂正した後の電磁的記録が新たに保存されること、又は電磁的記録を削除しようとした場合は、例えば、当該電磁的記録は削除されずに削除したという情報が新たに保存されることをいう。

したがって、スキャナで読み取った最初のデータと保存されている最新のデータが異なっている場合は、その訂正又は削除の履歴及び内容の全てを確認することができる必要があることに留意する。

なお、削除の内容の全てを確認することができるとは、例えば、削除したという情報が記録された電磁的記録を抽出し、内容を確認することができることをいう。

(国税関係書類に係る記録事項の入力を速やかに行ったこと等を確認することができる場合(タイムスタンプを付す代わりに改ざん不可等のシステムを使用して保存する場合))

4−28 規則第2条第6項第2号ロ《タイムスタンプの付与》に掲げる要件に代えることができる同号柱書に規定する「当該保存義務者が同号(規則第2条第6項第1号)イ又はロに掲げる方法により当該国税関係書類に係る記録事項を入力したことを確認することができる場合」については、例えば、他者が提供するクラウドサーバ(同項第2号ニに掲げる電子計算機処理システムの要件を満たすものに限る。)により保存を行い、当該クラウドサーバがNTP(Network Time Protocol)サーバと同期するなどにより、その国税関係書類に係る記録事項の入力がその作成又は受領後、速やかに行われたこと(その国税関係書類の作成又は受領から当該入力までの各事務の処理に関する規程を定めている場合にあってはその国税関係書類に係る記録事項の入力がその業務の処理に係る通常の期間を経過した後、速やかに行われたこと)の確認ができるようにその保存日時の証明が客観的に担保されている場合が該当する。

(入力を行う者等の意義)

4−29 規則第2条第6項第3号《入力者等情報の確認》に規定する「入力を行う者」とは、スキャナで読み取った画像が当該国税関係書類と同等であることを確認する入力作業をした者をいい、また、「その者を直接監督する者」とは、当該入力作業を直接に監督する責任のある者をいうのであるから、例えば、企業内での最終決裁権者ではあるが、当該入力作業を直接に監督する責任のない管理職の者(経理部長等)はこれに当たらないことに留意する。

また、当該入力作業を外部の者に委託した場合には、委託先における入力を行う者又はその者を直接監督する者の情報を確認することができる必要があることに留意する。

なお、規則第４条第１項第２号《タイムスタンプ及び入力者等の確認》に規定する「保存を行う者」又は「その者を直接監督する者」の適用についても、同様に取り扱う。

（入力者等の情報の確認の意義）

4－30　規則第２条第６項第３号《入力者等の情報の確認》に規定する「入力を行う者又はその者を直接監督する者に関する情報を確認することができるようにしておくこと」とは、これらの者を特定できるような事業者名、役職名、所属部署名及び氏名などの身分を明らかにするものの電子的記録又は書面により、確認することができるようにしておくことに留意する。

（帳簿書類間の関連性の確保の方法）

4－31　規則第２条第６項第４号《帳簿書類間の関連性の確保》に規定する「関連性を確認することができる」とは、例えば、相互に関連する書類及び帳簿の双方に伝票番号、取引案件番号、工事番号等を付し、その番号を指定することで、書類又は国税関係帳簿の記録事項がいずれも確認できるようにする方法等によって、原則として全ての国税関係書類に係る電磁的記録の記録事項と国税関係帳簿の記録事項との関連性を確認することができることをいう。

この場合、関連性を確保するための番号等が帳簿に記載されていない場合であっても、他の書類を確認すること等によって帳簿に記載すべき当該番号等が確認でき、かつ、関連する書類が確認できる場合には帳簿との関連性が確認できるものとして取り扱う。

（注）　結果的に取引に至らなかった見積書など、帳簿との関連性がない書類についても、帳簿と関連性を持たない書類であるということを確認することができる必要があることに留意する。

（関連する国税関係帳簿）

4－32　規則第２条第６項第４号《帳簿書類間の関連性の確保》に規定する「関連する法第２条第２号に規定する国税関係帳簿」には、例えば、次に掲げる国税関係書類の種類に応じ、それぞれ次に定める国税関係帳簿がこれに該当する。

第3編　関係法令等

⑴　契約書　契約に基づいて行われた取引に関連する帳簿（例：売上の場合は売掛金元帳等）等
⑵　領収書　経費帳、現金出納帳等
⑶　請求書　買掛金元帳、仕入帳、経費帳等
⑷　納品書　買掛金元帳、仕入帳等
⑸　領収書控　売上帳、現金出納帳等
⑹　請求書控　売掛金元帳、売上帳、得意先元帳等

（4ポイントの文字が認識できることの意義）

4－33　規則第2条第6項第5号ニ《スキャナ保存における電子計算機等の備付け等》の規定は、全ての国税関係書類に係る電磁的記録に適用されるのであるから、日本産業規格X6933又は国際標準化機構の規格12653－3に準拠したテストチャートを同項第2号の電子計算機処理システムで入力し、同項第5号に規定するカラーディスプレイの画面及びカラープリンタで出力した書面でこれらのテストチャートの画像を確認し、4ポイントの文字が認識できる場合の当該電子計算機処理システム等を構成する各種機器等の設定等で全ての国税関係書類を入力し保存を行うことをいうことに留意する。

なお、これらのテストチャートの文字が認識できるか否かの判断に当たっては、拡大した画面又は書面で行っても差し支えない。

（スキャナ保存の検索機能における記録項目）

4－34　規則第2条第6項第6号《検索機能の確保》に規定する「取引年月日その他の日付、取引金額及び取引先」には、例えば、次に掲げる国税関係書類の区分に応じ、それぞれ次に定める記録項目がこれに該当する。
⑴　領収書　領収年月日、領収金額及び取引先名称
⑵　請求書　請求年月日、請求金額及び取引先名称
⑶　納品書　納品年月日及び取引先名称
⑷　注文書　注文年月日、注文金額及び取引先名称
⑸　見積書　見積年月日、見積金額及び取引先名称
（注）　一連番号等を国税関係帳簿書類に記載又は記録することにより規則第2条第6項第4号《帳簿書類間の関連性の確保》の要件を確保する

こととしている場合には、当該一連番号等により国税関係帳簿（法第4条第1項《国税関係帳簿の電磁的記録による保存等》又は第5条第1項《国税関係帳簿の電子計算機出力マイクロフィルムによる保存等》を適用しているものに限る。）の記録事項及び国税関係書類（法第4条第3項を適用しているものに限る。）を検索することができる機能が必要となることに留意する。

（電磁的記録の作成及び保存に関する事務手続を明らかにした書類の取扱い）

4－35 一般書類や過去分重要書類の保存に当たって、既に、電磁的記録の作成及び保存に関する事務手続を明らかにした書類を備え付けている場合において、これに当該事務の責任者の定めや対象範囲を追加して改訂等により対応するときは、改めて当該書類を作成して備え付けることを省略して差し支えないものとする。

（一般書類及び過去分重要書類の保存における取扱い）

4－36 規則第2条第7項《一般書類の保存》及び第9項《過去分重要書類の保存》のスキャナ保存について、「国税関係書類に係る記録事項を入力したことを確認することができる場合」には、同条第6項第2号ロ《タイムスタンプの付与》の要件に代えることができることに留意する。

なお、この「国税関係書類に係る記録事項を入力したことを確認することができる場合」とは、4－28の方法により確認できる場合はこれに該当する。

また、通常のスキャナ保存の場合と異なり、その国税関係書類に係る記録事項の入力が「同号（規則第2条第6項第1号）イ又はロに掲げる方法」によりされていることの確認は不要であり、入力した時点にかかわらず、入力した事実を確認できれば足りることに留意する。

（災害その他やむを得ない事情）

4－37 規則第2条第8項《災害等があった場合のスキャナ保存の取扱い》及び第11項《災害等があった場合の過去分重要書類のスキャナ保存の取扱い》並びに第4条第3項に規定する「災害その他やむを得ない事情」の意

義は、次に掲げるところによる。

⑴ 「災害」とは、震災、風水害、雪害、凍害、落雷、雪崩、がけ崩れ、地滑り、火山の噴火等の天災又は火災その他の人為的災害で自己の責任によらないものに基因する災害をいう。

⑵ 「やむを得ない事情」とは、前号に規定する災害に準ずるような状況又は当該事業者の責めに帰することができない状況にある事態をいう。

なお、上記のような事象が生じたことを証明した場合であっても、当該事象の発生前から保存に係る各要件を満たせる状態になかったものについては、これらの規定の適用はないのであるから留意する。

(便宜提出ができる相当の理由の例示)

4－38 規則第2条第10項《過去分重要書類の適用届出書の便宜提出》に規定する便宜提出ができる「相当の理由」には、例えば、次に掲げる場合が、これに該当する。

⑴ 法第4条第3項《スキャナ保存》の規定を適用する金融機関の営業所等の長が、非課税貯蓄の限度額管理に関する過去分重要書類について規則第2条第9項の規定の適用を受けようとする場合において、各営業所等ごとに行うべき届出手続を、その本店又は一の営業所等の所在地で一括して行う場合

⑵ 法第4条第3項の規定を適用する複数の製造場を有する酒類製造者が、酒類の製造に関する事実を記載した過去分重要書類について規則第2条第9項の規定の適用を受けようとする場合において、各製造場ごとに行うべき届出手続を、本店又は一の製造場の所在地で一括して行う場合

(途中で電磁的記録等による保存等をやめた場合の電磁的記録等の取扱い)

4－39 保存義務者が法第4条第1項若しくは第2項《国税関係帳簿書類の電磁的記録による保存等》又は第5条第1項若しくは第2項《国税関係帳簿書類の電子計算機出力マイクロフィルムによる保存等》の適用を受けている国税関係帳簿書類について、その保存期間の途中で電磁的記録による保存等を取りやめることとした場合には、当該取りやめることとした国税関係帳簿については、取りやめることとした日において保存等をしている電磁的記録及び保存している電子計算機出力マイクロフィルムの内容を書

面に出力して保存等をしなければならないことに留意する。

また、法第4条第3項前段に規定する財務省令で定めるところにより保存が行われている国税関係書類に係る電磁的記録について、その保存期間の途中でその財務省令で定めるところに従った電磁的記録による保存を取りやめることとした場合には、電磁的記録の基となった国税関係書類を保存しているときは当該国税関係書類を、廃棄している場合には、その取りやめることとした日において適法に保存している電磁的記録を、それぞれの要件に従って保存することに留意する。

(システム変更を行った場合の取扱い)

4－40 保存義務者がシステムを変更した場合には、変更前のシステムにより作成された国税関係帳簿又は国税関係書類に係る電磁的記録（電子計算機出力マイクロフィルムにより保存している場合における規則第5条第5項第2号ホ《電磁的記録の並行保存等》の規定により保存すべき電磁的記録を含む。以下4－40において「変更前のシステムに係る電磁的記録」という。）については、原則としてシステム変更後においても、規則第2条《国税関係帳簿書類の電磁的記録による保存等》、第3条《国税関係帳簿書類の電子計算機出力マイクロフィルムによる保存等》又は第5条第5項《優良な電子帳簿に関する保存要件》に規定する要件に従って保存等をしなければならないことに留意する。

この場合において、当該要件に従って変更前のシステムに係る電磁的記録の保存等をすることが困難であると認められる事情がある場合で、変更前のシステムに係る電磁的記録の保存等をすべき期間分の電磁的記録（法第4条第1項又は第2項《国税関係帳簿書類の電磁的記録による保存等》に規定する財務省令で定めるところにより保存等が行われていた国税関係帳簿又は国税関係書類に係る電磁的記録に限る。）を書面に出力し、保存等をしているときには、これを認める。

また、上記の場合において、法第4条第3項前段に規定する財務省令で定めるところにより保存が行われている国税関係書類に係る電磁的記録については、変更前のシステムに係る電磁的記録の基となった書類を保存しているときは、これを認めるが、当該書類の保存がない場合は、同項後段の規定によりそのシステム変更日において適法に保存している電磁的記録の保存を行うことに留意する（４－39参照)。

（注）法第８条第４項《過少申告加算税の軽減措置》の規定の適用を受けようとする保存義務者の特例国税関係帳簿の保存等に係るシステム変更については、書面に出力し保存する取扱いによることはできないのであるから留意する。

法第７条《電子取引の取引情報に係る電磁的記録の保存》関係

(電磁的記録等により保存すべき取引情報)

７－１　法第７条《電子取引の取引情報に係る電磁的記録の保存》の規定の適用に当たっては、次の点に留意する。

(1) 電子取引の取引情報に係る電磁的記録は、ディスプレイの画面及び書面に、整然とした形式及び明瞭な状態で出力されることを要するのであるから、暗号化されたものではなく、受信情報にあってはトランスレータによる変換後、送信情報にあっては変換前のもの等により保存することを要する。

(2) 取引情報の授受の過程で発生する訂正又は加除の情報を個々に保存することなく、確定情報のみを保存することとしている場合には、これを認める。

(3) 取引情報に係る電磁的記録は、あらかじめ授受されている単価等のマスター情報を含んで出力されることを要する。

(4) 見積りから決済までの取引情報を、取引先、商品単位で一連のものに組み替える、又はそれらの取引情報の重複を排除するなど、合理的な方法により編集（取引情報の内容を変更することを除く。）をしたものを保存することとしている場合には、これを認める。

（注）いわゆるEDI取引において、電磁的記録により保存すべき取引情報は、一般に「メッセージ」と称される見積書、注文書、納品書及び支払通知書等の書類に相当する単位ごとに、一般に「データ項目」と称される注文番号、注文年月日、注文総額、品名、数量、単価及び金額等の各書類の記載項目に相当する項目となることに留意する。

(速やかに行うことの意義)【４－17の再掲】

７－２　規則第２条第６項第１号イ《入力方法》に規定する「速やかに」の

適用に当たり、国税関係書類の作成又は受領後おおむね７営業日以内に入力している場合には、速やかに行っているものとして取り扱う。

なお、同号ロに規定する「速やかに」の適用に当たり、その業務の処理に係る通常の期間を経過した後、おおむね７営業日以内に入力している場合には同様に取り扱う。

また、タイムスタンプを付す場合の期限である、同項第２号ロ《スキャナ保存に係るタイムスタンプの付与》及び規則第４条第１項第２号《電子取引に係るタイムスタンプの付与》にそれぞれ規定する「速やかに」の適用に当たっても、同様に取り扱う。

（業務の処理に係る通常の期間の意義）【４－18の再掲】

７－３　規則第２条第６項第１号ロ及び第２号ロ《入力方法》に規定する「その業務の処理に係る通常の期間」とは、国税関係書類の作成又は受領からスキャナで読み取り可能となるまでの業務処理サイクルの期間をいうことに留意する。

なお、月をまたいで処理することも通常行われている業務処理サイクルと認められることから、最長２か月の業務処理サイクルであれば、「その業務の処理に係る通常の期間」として取り扱うこととする。

また、電子取引の取引情報に係る電磁的記録の保存の要件であるタイムスタンプに係る規則第４条第１項第２号ロ《タイムスタンプの付与》に規定する「その業務の処理に係る通常の期間」の適用に当たっても、同様に取り扱う。

（規則第４条第１項第３号に規定するシステムの例示）

７－４　規則第４条第１項第３号イに規定する「当該電磁的記録の記録事項について訂正又は削除を行った場合には、これらの事実及び内容を確認することができること」とは、例えば、電磁的記録の記録事項を直接に訂正又は削除を行った場合には、訂正前又は削除前の記録事項及び訂正又は削除の内容がその電磁的記録又はその電磁的記録とは別の電磁的記録（訂正削除前の履歴ファイル）に自動的に記録されるシステム等をいう。

また、同号ロに規定する「当該電磁的記録の記録事項について訂正又は削除を行うことができないこと」とは、例えば、電磁的記録の記録事項に係る訂正又は削除について、物理的にできない仕様とされているシステム等をいう。

（訂正及び削除の防止に関する事務処理の規程）

7－5　規則第4条第1項第4号《電子取引の取引情報に係る電磁的記録の訂正削除の防止》に規定する「正当な理由がない訂正及び削除の防止に関する事務処理の規程」とは、例えば、次に掲げる区分に応じ、それぞれ次に定める内容を含む規程がこれに該当する。

(1)　自らの規程のみによって防止する場合

①　データの訂正削除を原則禁止

②　業務処理上の都合により、データを訂正又は削除する場合（例えば、取引相手方からの依頼により、入力漏れとなった取引年月日を追記する等）の事務処理手続（訂正削除日、訂正削除理由、訂正削除内容、処理担当者の氏名の記録及び保存）

③　データ管理責任者及び処理責任者の明確化

(2)　取引相手との契約によって防止する場合

①　取引相手とデータ訂正等の防止に関する条項を含む契約を行うこと。

②　事前に上記契約を行うこと。

③　電子取引の種類を問わないこと。

（国税に関する法律の規定による提示又は提出の要求）【4－13の再掲】

7－6　規則第2条第2項第3号及び第6項、第4条第1項並びに第5条第5項第1号及び第2号ホに規定する「国税に関する法律の規定による……提示又は提出の要求」については、国税通則法第74条の2から第74条の6までの規定による質問検査権の行使に基づく提示又は提出の要求のほか、以下のものが対象となる。

(1)　国税通則法の規定を準用する租税特別措置法、東日本大震災からの復興のための施策を実施するために必要な財源の確保に関する特別措置法（復興特別所得税・復興特別法人税）及び一般会計における債務の承継等に伴い必要な財源の確保に係る特別措置に関する法律（たばこ特別税）の規定による質問検査権の行使に基づくもの（措法87の6⑪等、復興財確法32①、62①、財源確保法19①）

⑵　非居住者の内部取引に係る課税の特例、国外所得金額の計算の特例等に係る同種の事業を営む者等に対する質問検査権の行使に基づくもの（措法40の３の３、措法41の19の５等）
⑶　国外財産調書・財産債務調書を提出する義務がある者に対する質問検査権の行使に基づくもの（国送法７②）
⑷　支払調書等の提出に関する質問検査権の行使に基づくもの（措法９の４の２等）
⑸　相手国等から情報の提供要請があった場合の質問検査権の行使に基づくもの（実特法９①）
⑹　報告事項の提供に係る質問検査権の行使に基づくもの（実特法10の９①等）

（電磁的記録の提示又は提出の要求に応じる場合の意義）【４－14の再掲】

７－７　規則第２条第２項第３号及び第６項、第４条第１項並びに第５条第５項の「国税に関する法律の規定による……電磁的記録の提示又は提出の要求に応じること」とは、法の定めるところにより備付け及び保存が行われている国税関係帳簿又は保存が行われている国税関係書類若しくは電子取引の取引情報に係る電磁的記録について、税務職員から提示又は提出の要求（以下７－７において「ダウンロードの求め」という。）があった場合に、そのダウンロードの求めに応じられる状態で電磁的記録の保存等を行い、かつ、実際にそのダウンロードの求めがあった場合には、その求めに応じることをいうのであり、「その要求に応じること」とは、当該職員の求めの全てに応じた場合をいうのであって、その求めに一部でも応じない場合はこれらの規定の適用（電子帳簿等保存制度の適用・検索機能の確保の要件の緩和）は受けられないことに留意する。

したがって、その求めに一部でも応じず、かつ、規則第２条第６項第６号に掲げる要件（検索機能の確保に関する要件の全て）又は第５条第５項に定める要件（優良な電子帳簿に関する要件。なお、国税関係書類については、これに相当する要件）が備わっていなかった場合には、規則第２条第２項、第３項、若しくは第６項、第３条又は第４条第１項の規定の適用に当たって、要件に従って保存等が行われていないこととなるから、その保存等がされている電磁的記録又は電子計算機出力マイクロフィルムは国税関係帳簿又は国税関係書類とはみなされないこととなる（電子取引の取引情報に係る電磁的記録については国税関係書類以外の書類とみなされないこととなる）ことに留意する。

また、当該ダウンロードの求めの対象については、法の定めるところにより備付け及び保存が行われている国税関係帳簿又は保存が行われている国税関係書類若しくは電子取引の取引情報に係る電磁的記録が対象となり、ダウンロードの求めに応じて行われる当該電磁的記録の提出については、税務職員の求めた状態で提出される必要があることに留意する。

（ファクシミリの取扱いについて）

7－8　ファクシミリを使用して取引に関する情報をやり取りする場合については、一般的に、送信側においては書面を読み取ることにより送信し、受信側においては受信した電磁的記録について書面で出力することにより、確認、保存することを前提としているものであることから、この場合においては、書面による取引があったものとして取り扱うが、複合機等のファクシミリ機能を用いて、電磁的記録により送受信し、当該電磁的記録を保存する場合については、法第２条第５号に規定する電子取引に該当することから、規則第４条に規定する要件に従って当該電磁的記録の保存が必要となることに留意する。

（災害その他やむを得ない事情）【４－37の再掲】

7－9　規則第２条第８項《災害等があった場合のスキャナ保存の取扱い》及び第11項《災害等があった場合の過去分重要書類のスキャナ保存の取扱い》並びに第４条第３項に規定する「災害その他やむを得ない事情」の意義は、次に掲げるところによる。

(1)　「災害」とは、震災、風水害、雪害、凍害、落雷、雪崩、がけ崩れ、地滑り、火山の噴火等の天災又は火災その他の人為的災害で自己の責任によらないものに基因する災害をいう。

(2)　「やむを得ない事情」とは、前号に規定する災害に準ずるような状況又は当該事業者の責めに帰することができない状況にある事態をいう。

なお、上記のような事象が生じたことを証明した場合であっても、当該事象の発生前から保存に係る各要件を満たせる状態になかったものについては、これらの規定の適用はないのであるから留意する。

法第8条《他の国税に関する法律の規定の適用》関係

（過少申告加算税の軽減措置）

8－1　課税期間を通じて規則第5条第5項《優良な電子帳簿に関する保存要件》に定める要件を満たして特例国税関係帳簿の保存等を行っていなければ、当該課税期間について法第8条第4項《過少申告加算税の軽減措置》の規定の適用はないことに留意する。

（軽減対象となる過少申告の範囲）

8－2　法第8条第4項《過少申告加算税の軽減措置》の規定の対象となるのは、過少申告加算税の額の計算の基礎となるべき税額のうち、「電磁的記録等に記録された事項に係る事実に係る税額」であるが、当該税額とは、法人税、地方法人税及び消費税（地方消費税を含む。）であれば当該基礎となるべき税額の全てをいい、所得税（復興特別所得税を含む。）であれば、当該基礎となるべき税額のうち、国税関係帳簿の備付け義務があり、かつ、当該帳簿に基づき計算される所得に係る税額が対象となる。

したがって、所得税（復興特別所得税を含む。）については、帳簿に基づき計算されない所得のほか、所得税の所得控除（保険料控除、扶養控除等）の適用誤りについても法第8条第4項の規定の対象外となることに留意する。

（「隠蔽し、又は仮装」の意義）

8－3　法第8条第4項《過少申告加算税の軽減措置》及び第5項《重加算税の加重措置》に規定する「隠蔽し、又は仮装」とは、国税通則法第68条《重加算税》に規定する「隠蔽し、又は仮装」と同義であることに留意する。

なお、法第8条第4項の規定の適用に当たって、国税通則法第119条第4項《国税の確定金額の端数計算等》の規定により重加算税の全額が切り捨てられた場合についても、法第8条第4項ただし書に規定する「隠蔽し、又は仮装」に該当することに留意する。

(「あらかじめ」の意義)

8－4　規則第5条第1項に規定する特例国税関係帳簿に係る電磁的記録又は電子計算機出力マイクロフィルムに記録された事項に関し修正申告等があった場合に法第8条第4項《過少申告加算税の軽減措置》の規定の適用を受ける旨等を記載した届出書（以下8－4において「適用届出書」という。）が、同項の規定の適用を受けようとする国税の法定申告期限までに規則第5条第1項に規定する所轄税務署長等に提出されている場合には、その適用届出書は、あらかじめ、所轄税務署長等に提出されているものとして取り扱うこととする。

(合併又は営業譲渡があった場合の法第8条第4項の規定の適用の取扱い)

8－5　合併又は営業譲渡があった場合において、被合併法人又は営業譲渡を行った者（以下8－5において「被合併法人等」という。）が提出していた法第8条第4項の規定の適用を受ける旨等を記載した届出書は、合併法人又は営業譲渡を受けた者（以下8－5において「合併法人等」という。）の特例国税関係帳簿には及ばないことから、合併法人等は、被合併法人等が当該届出書を提出していたことをもって、その特例国税関係帳簿について同項の規定の適用を受けられることにはならないことに留意する。

(国税関係帳簿の備付けを開始する日の意義)

8－6　規則第5条第1項第3号に規定する「届出に係る特例国税関係帳簿に係る電磁的記録の備付け及び保存……をもって当該特例国税関係帳簿の備付け及び保存に代える日」とは、課税期間の定めのある国税に係る特例国税関係帳簿については、原則として課税期間の初日となることに留意する。

（注）　課税期間の定めのない国税に係る特例国税関係帳簿の当該保存義務者が備え付ける特例国税関係帳簿の備付け及び保存に代える日については、保存義務者が、電磁的記録の備付け及び保存をもって特例国税関係帳簿の備付け及び保存に代えようとしたと確認できる日としている場合には、これを認める。

（特例国税関係帳簿に係る電磁的記録の訂正又は削除の意義）

8－7　規則第5条第5項第1号イ(1)《訂正削除の履歴の確保》に規定する「訂正又は削除」とは、電子計算機処理によって、特例国税関係帳簿に係る電磁的記録の該当の記録事項を直接に変更することのみをいうのではなく、該当の記録事項を直接に変更した場合と同様の効果を生じさせる新たな記録事項（いわゆる反対仕訳）を追加することもこれに含まれることに留意する。

（特例国税関係帳簿に係る電磁的記録の訂正削除の履歴の確保の方法）

8－8　規則第5条第5項第1号イ(1)《訂正削除の履歴の確保》の規定の適用に当たり、例えば、次に掲げるシステム等によることとしている場合には、当該規定の要件を満たすものとして取り扱うこととする。

(1)　電磁的記録の記録事項を直接に訂正し又は削除することができるシステムで、かつ、訂正前若しくは削除前の記録事項及び訂正若しくは削除の内容がその電磁的記録又はその電磁的記録とは別の電磁的記録に自動的に記録されるシステム

(2)　電磁的記録の記録事項を直接に訂正し又は削除することができないシステムを使用し、かつ、その記録事項を訂正し又は削除する必要が生じた場合には、これを直接に訂正し又は削除した場合と同様の効果を生じさせる新たな記録事項（当初の記録事項を特定するための情報が付加されたものに限る。）を記録する方法（いわゆる反対仕訳による方法）

（特例国税関係帳簿に係る電磁的記録の訂正削除の履歴の確保の特例）

8－9　規則第5条第5項第1号イ(1)《訂正削除の履歴の確保》の規定の適用に当たり、電磁的記録の記録事項の誤りを是正するための期間を設け、当該期間が当該電磁的記録の記録事項を入力した日から1週間を超えない場合であって、当該期間内に記録事項を訂正し又は削除したものについて、その訂正又は削除の事実及び内容に係る記録を残さないシステムを使用し、規則第2条第2項第1号ニ《電磁的記録の保存等に関する事務手続を明らかにした書類の備付け》に掲げる書類に当該期間に関する定めがあるときは、要件を充足するものとして取り扱う。

（追加入力の履歴の確保の方法）

8－10　規則第５条第５項第１号イ(2)《追加入力の履歴の確保》の規定の適用に当たり、例えば、国税関係帳簿に係る電磁的記録の記録事項の入力時に、個々の記録事項に入力日又は一連番号等が自動的に付され、それを訂正し又は削除することができないシステムを使用する場合には、当該規定の要件を満たすこととなることに留意する。

（帳簿間の関連性の確保の方法）

8－11　規則第５条第５項第１号ロ《帳簿間の関連性の確保》の規定の適用に当たり、例えば、次に掲げる場合の区分に応じ、それぞれ次に掲げる情報が記録事項として記録されるときは、同号の要件を満たすものとして取り扱うことに留意する。

(1)　一方の国税関係帳簿に係る記録事項（個々の記録事項を合計したものを含む。）が他方の国税関係帳簿に係る記録事項として個別転記される場合　相互の記録事項が同一の取引に係る記録事項であることを明確にするための一連番号等の情報

(2)　一方の国税関係帳簿に係る個々の記録事項が集計されて他方の国税関係帳簿に係る記録事項として転記される場合（(1)に該当する場合を除く。）一方の国税関係帳簿に係るどの記録事項を集計したかを明らかにする情報

（検索機能の意義）【４－９の再掲】

8－12　規則第２条第６項第６号《検索機能の確保》及び第５条第５項第１号ハ《優良な電子帳簿に関する検索機能の確保》に規定する「電磁的記録の記録事項の検索をすることができる機能」とは、蓄積された記録事項から設定した条件に該当する記録事項を探し出すことができ、かつ、検索により探し出された記録事項のみが、ディスプレイの画面及び書面に、整然とした形式及び明瞭な状態で出力される機能をいう。この場合、検索項目について記録事項がない電磁的記録を検索できる機能を含むことに留意する。

(特例国税関係帳簿に係る電磁的記録の検索機能における記録項目)

8－13 規則第5条第5項第1号ハ(1)《検索機能の確保》に規定する「取引年月日、取引金額及び取引先」とは、例えば、次に掲げる特例国税関係帳簿の区分に応じ、それぞれ次に定める記録項目がこれに該当する。

(1) 仕訳帳　取引年月日及び取引金額

(2) 総勘定元帳　記載年月日及び取引金額

(3) 現金出納帳、売上帳及び仕入帳などの補助記入帳　取引年月日、取引金額及び取引先名称

(4) 売掛金元帳、買掛金元帳などの補助元帳　記録又は取引の年月日、取引金額及び取引先名称

(5) 固定資産台帳、有価証券台帳及び給与台帳など資産名や社員名で区分して記録している帳簿　資産名又は社員名

(注) 一連番号等により規則第5条第5項第1号ロ《帳簿間の関連性の確保》の要件を確保することとしている場合には、当該一連番号等により特例国税関係帳簿の記録事項を検索することができるときについても要件を充足するものとして取り扱うことに留意する。

(範囲を指定して条件を設定することの意義)【4－10の再掲】

8－14 規則第2条第6項第6号ロ《検索機能の確保》及び第5条第5項第1号ハ(2)《優良な電子帳簿に関する検索機能の確保》に規定する「その範囲を指定して条件を設定することができる」とは、課税期間ごとに、日付又は金額の任意の範囲を指定して条件設定を行い検索ができることをいうことに留意する。

(二以上の任意の記録項目の組合せの意義)【4－11の再掲】

8－15 規則第2条第6項第6号ハ《検索機能の確保》及び第5条第5項第1号ハ(3)に規定する「二以上の任意の記録項目を組み合わせて条件を設定することができること」とは、個々の国税関係帳簿書類に係る電磁的記録の記録事項を検索するに当たり、当該国税関係帳簿書類に係る検索の条件として設定した記録項目（取引年月日その他の日付、取引金額及び取引先）（同号ハについては、取引年月日、取引金額及び取引先）から少なくとも二の記録項目を任意に選択して、これを検索の条件とする場合に、いずれ

の二の記録項目の組合せによっても条件を設定することができることをいうことに留意する。

(国税に関する法律の規定による提示又は提出の要求)【4－13の再掲】

8－16 規則第2条第2項第3号及び第6項、第4条第1項並びに第5条第5項第1号及び第2号ホに規定する「国税に関する法律の規定による……提示又は提出の要求」については、国税通則法第74条の2から第74条の6までの規定による質問検査権の行使に基づく提示又は提出の要求のほか、以下のものが対象となる。

(1) 国税通則法の規定を準用する租税特別措置法、東日本大震災からの復興のための施策を実施するために必要な財源の確保に関する特別措置法（復興特別所得税・復興特別法人税）及び一般会計における債務の承継等に伴い必要な財源の確保に係る特別措置に関する法律（たばこ特別税）の規定による質問検査権の行使に基づくもの（措法87の6⑪等、復興財確法32①、62①、財源確保法19①）

(2) 非居住者の内部取引に係る課税の特例、国外所得金額の計算の特例等に係る同種の事業を営む者等に対する質問検査権の行使に基づくもの（措法40の3の3、措法41の19の5等）

(3) 国外財産調書・財産債務調書を提出する義務がある者に対する質問検査権の行使に基づくもの（国送法7②）

(4) 支払調書等の提出に関する質問検査権の行使に基づくもの（措法9の4の2等）

(5) 相手国等から情報の提供要請があった場合の質問検査権の行使に基づくもの（実特法9①）

(6) 報告事項の提供に係る質問検査権の行使に基づくもの（実特法10の9①等）

(電磁的記録の提示又は提出の要求に応じる場合の意義)【4－14の再掲】

8－17 規則第2条第2項第3号及び第6項、第4条第1項並びに第5条第5項の「国税に関する法律の規定による……電磁的記録の提示又は提出の要求に応じること」とは、法の定めるところにより備付け及び保存が行われている国税関係帳簿又は保存が行われている国税関係書類若しくは電子取引の取引情報に係る電磁的記録について、税務職員から提示又は提出の要求（以下８－17において「ダウンロードの求め」という。）があった場合に、そのダウンロードの求めに応じられる状態で電磁的記録の保存等を行い、かつ、実際にそのダウンロードの求めがあった場合には、その求めに応じることをいうのであり、「その要求に応じること」とは、当該職員の求めの全てに応じた場合をいうのであって、その求めに一部でも応じない場合はこれらの規定の適用（電子帳簿等保存制度の適用・検索機能の確保の要件の緩和）は受けられないことに留意する。

したがって、その求めに一部でも応じず、かつ、規則第２条第６項第６号に掲げる要件（検索機能の確保に関する要件の全て）又は第５条第５項に定める要件（優良な電子帳簿に関する要件。なお、国税関係書類については、これに相当する要件）が備わっていなかった場合には、規則第２条第２項、第３項、若しくは第６項、第３条又は第４条第１項の規定の適用に当たって、要件に従って保存等が行われていないこととなるから、その保存等がされている電磁的記録又は電子計算機出力マイクロフィルムは国税関係帳簿又は国税関係書類とはみなされないこととなる（電子取引の取引情報に係る電磁的記録については国税関係書類以外の書類とみなされないこととなる）ことに留意する。

また、当該ダウンロードの求めの対象については、法の定めるところにより備付け及び保存が行われている国税関係帳簿又は保存が行われている国税関係書類若しくは電子取引の取引情報に係る電磁的記録が対象となり、ダウンロードの求めに応じて行われる当該電磁的記録の提出については、税務職員の求めた状態で提出される必要があることに留意する。

（索引簿の備付けの特例）

８－18　規則第５条第５項第２号ハ《索引簿の備付け》の規定の適用に当たり、次に掲げる場合には、同号ハの要件を満たすものとして取り扱う。

(1)　日本産業規格Ｚ6007に規定する計算機出力マイクロフィッシュ（以下８－18において「COM フィッシュ」という。）を使用している場合において、COM フィッシュのヘッダーに同号に規定する事項が明瞭に出力されており、かつ、COM フィッシュがフィッシュアルバムに整然と収納されている場合

(2) 規則第５条第５項第２号ホ《電磁的記録の並行保存等》に規定する「電子計算機出力マイクロフィルムの記録事項の検索をすることができる機能」が確保されている場合（当該機能が確保されている期間に限る。）

（注） 索引簿の備付方法については、４－６の本文なお書に掲げる方法と同様の方法によることを認める。

（電子計算機出力マイクロフィルムの記録事項の検索をすることができる機能の意義）

８－19 規則第５条第５項第２号ホ《電磁的記録の並行保存等》に規定する「電子計算機出力マイクロフィルムの記録事項の検索をすることができる機能（同号ハに規定する機能に相当するものに限る。）」とは、規則第５条第５項第１号ハ《検索機能の確保》に規定する検索機能に相当する検索機能をいうのであるから、当該検索により探し出された記録事項を含む電子計算機出力マイクロフィルムのコマの内容が自動的に出力されることを要することに留意する。

（システム変更を行った場合の取扱い）【４－40の再掲】

８－20 保存義務者がシステムを変更した場合には、変更前のシステムにより作成された国税関係帳簿又は国税関係書類に係る電磁的記録（電子計算機出力マイクロフィルムにより保存している場合における規則第５条第５項第２号ホ《電磁的記録の並行保存等》の規定により保存すべき電磁的記録を含む。以下８－20において「変更前のシステムに係る電磁的記録」という。）については、原則としてシステム変更後においても、規則第２条《国税関係帳簿書類の電磁的記録による保存等》、第３条《国税関係帳簿書類の電子計算機出力マイクロフィルムによる保存等》又は第５条第５項《優良な電子帳簿に関する保存要件》に規定する要件に従って保存等をしなければならないことに留意する。

この場合において、当該要件に従って変更前のシステムに係る電磁的記録の保存等をすることが困難であると認められる事情がある場合で、変更前のシステムに係る電磁的記録の保存等をすべき期間分の電磁的記録（法第４条第１項又は第２項《国税関係帳簿書類の電磁的記録による保存等》

に規定する財務省令で定めるところにより保存等が行われていた国税関係帳簿又は国税関係書類に係る電磁的記録に限る。）を書面に出力し、保存等をしているときには、これを認める。

また、上記の場合において、法第４条第３項前段に規定する財務省令で定めるところにより保存が行われている国税関係書類に係る電磁的記録については、変更前のシステムに係る電磁的記録の基となった書類を保存しているときは、これを認めるが、当該書類の保存がない場合は、同項後段の規定によりそのシステム変更日において適法に保存している電磁的記録の保存を行うことに留意する（４－39参照）。

(注)　法第８条第４項《過少申告加算税の軽減措置》の規定の適用を受けようとする保存義務者の特例国税関係帳簿の保存等に係るシステム変更については、書面に出力し保存する取扱いによることはできないのであるから留意する。

(重加算税の加重措置の対象範囲)

8－21　法第８条第５項に規定する「電磁的記録に記録された事項に関し……同法（国税通則法）第68条第１項から第３項まで（重加算税）の規定に該当するとき」とは、保存義務者が電磁的記録を直接改ざん等する場合のみならず、紙段階で不正のあった請求書等（作成段階で不正のあった電子取引の取引情報に係る電磁的記録を含む。）のほか、通謀等により相手方から受領した架空の請求書等を電磁的記録により保存している場合又は通謀等により相手方から受領した架空の電子取引の取引情報に係る電磁的記録を保存している場合等も含むことに留意する。

なお、法第８条第５項の規定による重加算税の加重措置と消費税法第59条の２第１項の規定による重加算税の加重措置については重複適用がないことに留意する。

(電磁的記録に係る重加算税の加重措置と国税通則法第68条第４項の重複適用)

8－22　法第８条第５項《電磁的記録の記録事項に関連した仮装・隠蔽の場合の重加算税の加重措置》の規定の適用がある場合であっても、国税通則法第68条第４項《短期間に繰り返して無申告又は仮装・隠蔽が行われた場合の加算税の加重措置》の規定に該当するときは、重加算税の加重措置について重複適用があることに留意する。

(編著者)

川上　文吾（かわかみ　ぶんご）

(著　者)

中村　隼一朗

上田　岳徳

和栗　佑介

解説とQ＆Aでわかる
電子帳簿等保存制度の実務

令和３年11月12日　印刷
令和３年11月30日　発行

編著者　川　上　文　吾

（一財）大蔵財務協会　理事長
発行者　木　村　幸　俊

発行所　一般財団法人　大蔵財務協会
〔郵便番号　130-8585〕
東京都墨田区東駒形１丁目14番１号
（販　売　部）TEL03(3829)4141・FAX03(3829)4001
（出版編集部）TEL03(3829)4142・FAX03(3829)4005
http://www.zaikyo.or.jp

乱丁・落丁はお取替えいたします。
ISBN978-4-7547-2957-8

印刷　㈱恵友社